성경강독 2

알파와 오메가 성경강해 시리즈

성경강독 2

레위기 | 민수기

이현민 지음

올리브 북스
Olive Books

| 추천의 글 |

이현민 목사의 《성경강독1》 〈창세기 · 출애굽기〉에 이어 두 번째로 내놓은 《성경강독2》 〈레위기 · 민수기〉는 세상 이야기를 최소화하고 오직 성경에 초점을 맞추었습니다. 레위기는 핵심 개념인 '거룩'을 중심으로 예배, 사역, 생활, 사회에 관한 율법에 따라 네 개의 소단락으로, 민수기는 시내산을 떠나 모압 평지로 향하는 이동 경로에 따라 네 개의 소단락으로 구분하여 강해했습니다.

《성경강독2》 〈레위기 · 민수기〉는 일반적인 강해서가 보여 주는 절 단위가 아닌 몇 개의 절을 통일된 주제로 엮었습니다. 본문의 전후 맥락을 살려 앞에서 설명한 단어와 개념을 현 본문의 해석과 연관해서 적극적으로 해석할 뿐만 아니라, 신약성경의 단어와 개념까지도 포괄하여 설명합니다. 레위기와 민수기 본문 안의 단어와 개념을 정경적 맥락에서 풀어냈습니다. 가장 바람직한 해석 방법인 성경으로 성경의 의미를 해석합니다. 단어와 개념을 정밀하게 설명하기 위해 성서 원어를 간략하게 제시하여 본문 속의 의미와 어떻게 연결되는지를 설명합니다. 어떤 개념이나 단어에 대한 상세한 설명이 필요하면 '강독 가이드'를 제시합니다. 개념과 단어에 대한 정확한 이해를 돕는 한편,

이 개념과 연관된 실천적 적용 원리까지 설명해 줍니다. 해당 구절에 대한 역사 · 지리적 배경 설명이 필요하면 보충 설명으로 본문을 명확하게 이해하도록 돕습니다. 때때로 본문 속에 묻혀 있는 수사적 기교를 부각시키거나 주요 사건(예, 인구조사)을 한눈에 비교하여 파악할 수 있도록 도표를 제시해서 본문의 의미를 더욱 생생하고 설득력 있게 표현했습니다. 궁극적으로 이 모든 해석의 초점을 예수 그리스도께로 모으는 기독론적 해석으로 나아갑니다.

이 책을 정독하는 사람은 누구나 성경의 전후좌우를 세밀히 살피고 연결해서 말씀을 통전적으로 풀어낼 뿐만 아니라 도도한 세속주의 물결 속에서도 신앙 원리에 따라 올곧은 일상의 삶을 살 수 있는 말씀의 나침판을 지니게 될 것을 확신하며 적극 추천합니다.

노세영 | 서울신학대학교 총장

이 책의 특징은 첫째, 철저히 하나님의 관점에서 성경을 본다는 것입니다. 성경은 하나님의 책입니다. 따라서 우리는 성경을 읽을 때 하나님께서 어떤 의도를 가지고 이 본문을 우리에게 주셨는지 묵상해야 합니다.

그러나 유감스럽게도 현대의 많은 그리스도인은 자신의 필요를 채우기 위해 자신의 관점에서 성경을 읽으려 합니다. 《성경강독》은 철저하게 하나님의 관점에서 성경을 해석합니다.

둘째, 구약 율법 특히 제사 제도와 그리스도의 십자가를 연결해서 해석합니다. 신 · 구약성경의 중심축은 예수 그리스도의 십자가입니다. 우리는 모든 성경 본문을 십자가를 통해 바라보아야 하고 그 본문이 십자가의 의미를 밝히 드러내는데 어떤 도움이 될 수 있는지를 연구해야 합니다. 이 책은 우리가 구약 율법을 통해 십자가의 의미를 더 자세히 깨닫고 은혜받을 수 있는 방법을 알려줍니다.

셋째, 상세한 부분과 커다란 줄거리 사이의 조화를 잘 이루고 있습니다. 어떤 책들은 너무 상세한 단어 설명과 문법 설명에 치우쳐서 하나님께서 그 본문을 통해 우리에게 말씀하시는 것이 무엇인지를 놓치게 만드는 경우가 있는데 이 책은 상세한 설명을 제시하면서도 문단의 중심을 잘 잡아줍니다.

그래서 우리는 핵심 내용을 놓치지 않고 책을 읽을 수 있습니다. 《성경강독》은 우리를 하나님의 깊은 은혜 속으로 안내해 줍니다. 하나님 말씀의 은혜를 사모하는 모든 분께 이 책을 권합니다.

김병국 | 백석대학교 기독교학부 교수

예배 중 하나님께서 말씀을 알아야 한다는 마음을 주셨을 때, 이현민 목사의 '알파와 오메가 성경 강해'를 우연히 접했습니다. 말씀 한 절 한 절, 한 단어 한 단어에 숨어 있는 하나님의 계획과 언약으로 약속하시며 일방적인 사랑을 보이시는 하나님 마음이 그려지기 시작했습니다. 아브라함의 웃음이, 요셉의 눈물이, 모세의 환희가, 밭에 감추인 보화의 신비가, 눈뜬 소경이 보았던 빛이, 물이 포도주가 된 잔칫집의 기쁨이 내 삶이 되었고 하나님 나라가 임하는 것을 경험했습니다.

곤고한 삶, 불안한 미래, 약해진 육신, 열심히 수고해도 결실 없는 듯한 내 빈손. 그러나 말씀으로 나 자신을 돌아보았을 때 창조자 하나님 안에서 모든 것이 새롭고 자유로웠습니다. 모든 것이 평안이고 기쁨이고 감격이었습니다.

《성경강독》을 통해 하나님의 섭리와 은혜를 깨달아 가는 형제자매가 많아지기를 소망하며 기도합니다.

김용애 | 고척장로교회 권사

| 추천의 글 |

“하나님의 사람들이 그분의 일을 하는 것은 복을 받기 위해서가 아니라, 복을 받았기 때문이다.”《성경강독1》〈창세기 · 출애굽기〉에 나오는 글입니다. 나는 그분이 아닌 또 다른 하나님이 주실 거라고 기대하고 세상의 어떤 부스러기를 바란다는 것을 깨닫고 얼굴이 화끈거렸습니다. 하나님이 누구시고 내게 베푸신 구원이 무엇인지 몰라서 어떤 삶을 살아야 하는지 몰랐던 것입니다.

《성경강독2》〈레위기 · 민수기〉에서 다루는 본문은 평소 성경을 읽을 때 매우 지루하고 어려웠습니다. 의미를 알 수 없는 규례와 절기, 그리고 광야에서 일어난 일들이 대체 나와 무슨 상관이 있는 것일까? 생각했습니다. 그러나 내가 죄인이라는 것에 깊이 절망한 적이 없다는 것을 절실히 깨닫게 되었습니다. 때때로 분노하고 억울해하며, 만족하지 못한 것은 바로 율법이 비춰주는 저 자신을 보지 못하고, 예수님을 주님으로 섬기지 않았기 때문입니다.

다시 오실 주님의 날이 점점 다가오는 이 시대에 《성경강독》은 그분 말씀과 예배자인 우리 사이에 견고한 다리가 되어줄 것입니다.

김보영 | 산오름교회 집사

| 들어가는 글 |

성경에서 가장 중요한 개념은 '하나님의 언약'이다. 하나님과 그분을 믿는 자들의 관계를 규정하고 그 완성을 담고 있기 때문이다. 성경을 구약(옛 언약)과 신약(새 언약)으로 구분해 부르는 것도 그 때문이다. 하나님의 언약은 시내산 언약을 기반으로 갈보리산 언약으로 완성된다. 언약의 내용은 '하나님 나라'이며, 그 정점에는 '예수 그리스도'가 계신다. 어거스틴은 "신약은 구약 속에 감추어져 있고, 구약은 신약 속에 열려져 있다"라고 말했다. 창세기의 천지창조는 역사적인 사실을 넘어, 요한계시록 새 하늘과 새 땅 창조도 감추고 있다. 이처럼 구약의 모든 역사와 율법에는 예수 그리스도의 은혜가 감추어져 있고, 신약의 모든 역사와 은혜에는 예수 그리스도 율법의 완성이 열려져 있다.

구약성경 중 가장 어렵고 지루한 책을 든다면 단연 '레위기'일 것이다. 레위기는 3400년이라는 시간과 지역과 문화적 차이 때문에 우리에게는 생소해 성경 중 제일 읽지 않는 책 중 하나다. 그러나 레위기는 가장 어렵게 느껴지고 지루하지만 매우 중요한 책이다. 율법의 완성이신 예수 그리스도의 복음을 제대로 이해하기 위해서는 율법을 알아야 한다.

율법(律法)은 하나님께서 피조물의 질서를 계시해 주시는 원리적 말씀으로, 모든 성도가 이 땅에서 생활양식으로 삼아야 하는 법률(法律)이다. 그 교훈은 하나님의 뜻을 알게 하고 지극히 선한 것을 분별하게 한다. 또한 적법하게만 쓰면 선한 것이다.

예수님은 분명 "내가 율법이나 선지자를 폐하러 온 줄로 생각하지 말라 폐하러 온 것이 아니요 완전하게 하려 함이라"고 하시며 "천지가 없어지기 전에는 율법의 일점 일획도 결코 없어지지 아니하고 다 이루리라"(마 5:17, 18)고 말씀하셨다. 바울 사도는 "우리가 믿음으로 말미암아 율법을 파기하느냐 그럴 수 없느니라 도리어 율법을 굳게 세우느니라"(롬 3:31)고 증거했다.

《성경강독2》〈레위기 · 민수기〉는 구약 율법의 참 의미를 드러내고, 그 속에 완성으로 감춰진 예수 그리스도를 확증할 것이다. 지금부터 우주와 역사의 처음과 마지막이신 전능자를 만나볼 것이다.

나는 알파와 오메가요 처음과 마지막이요 시작과 마침이라

요한계시록 22:13

| 목차 |

레위기

하나님 나라의 법과 규칙

저자 : 모세

주제 : 거룩하신 하나님께 나아가다.

기록 연대 : 주전 1400년경으로 추정된다.

기록 목적 : 하나님 나라의 백성이 지켜야 할 법과 규칙을 가르치기 위해 기록했다.

주요 인물 : 모세와 아론

핵심 구절 : "너희 이스라엘 자손의 온 회중에게 말하여 이르라 너희는 거룩하라 이는 나 여호와 너희 하나님이 거룩함이니라"(레 19:2).

제1강

거룩한 예배, 5대 제사법

레위기 1~7장

레위기는 유대인이 자녀교육을 위해 성경 중 제일 먼저 가르치는 책이다. 제일 먼저 가르친다는 것은 인생을 살아감에 있어 가장 기본이 되기 때문일 것이다. 레위기는 하나님의 백성이 알아야 할 삶의 기본이자 중요한 생활 원리인 '율법'을 통해 거룩한 생활을 교훈하고 있다. 율법은 모든 성도가 반드시 읽고 알아야 한다. 그래야만 예수 그리스도께서 십자가를 통해 이루신 놀라운 복음을 선명하게 이해할 수 있다. 신약성경은 모든 구약성경을 다 안다는 전제 하에 기록된 것으로, 특히 모세오경은 신 · 구약성경의 뿌리가 되기 때문에 올바른 이해가 필요하다. 율법의 깊이를 제대로 모르면 복음의 높이도 온전히 깨달을 수 없다.

번제(레 1:1–17)

> 여호와께서 회막에서 모세를 부르시고 그에게 말씀하여 이르시되 (레 1:1).

레위기는 이스라엘 백성이 성막을 하나님께 봉헌했던 출애굽 제2년 1월 1일(출 40:17)과 이스라엘이 시내산을 떠나는 출애굽 제2년 2월 20일(민 10:11) 사이에 하나님께서 주신 말씀이다. 하나님은 모세를 시내산 꼭대기에서 부르셨던 이전과 달리, 시내산 아래 회막에서 부르셨다. 팔십 세 모세가 시내산을 오르내리는 것도 쉽지 않았을 것이다. 하나님은 이스라엘에게 창세기에서는 하늘에서, 출애굽기에서는 시내산에서, 레위기에서는 시내산 아래 회막에서 말씀하셨다.

죄인이 하나님을 찾아가는 것이 아니라, 하나님께서 친히 죄인에게 다가오셔서 그 가운데 거하신 것이다. 레위기에서 제일 처음 등장하는 히브리어 '와이크라'는 불러주셨다는 의미로, 레위기의 히브리어 책명이기도 하다. 레위기는 하나님께서 그분의 백성을 찾아오셔서 거룩으로 불러주시는 책이다. 하나님께서 그곳에 거하시고 불러주셨다는 것은 이스라엘 백성에게 큰 은혜가 아닐 수 없었다.

> 모세가 회막에 들어갈 수 없었으니 이는 구름이 회막 위에 덮이고 여호와의 영광이 성막에 충만함이었으며(출 40:35).

하나님은 친히 모세를 통해 성막 설계도를 이스라엘 백성에게 주시며 지으라 명령하셨다. 그래서 그들은 자원해 예물을 넉넉히 드렸고,

성막도 직접 세웠다. 하지만 하나님의 영광이 성막에 임하자 이스라엘 백성은커녕 모세조차 성막에 접근할 수 없었다. 이스라엘 백성이 하나님 말씀에 순종해 성막을 세웠는데도 아무도 그곳에 나아갈 수 없었다.

"모든 사람이 죄를 범하였으매 하나님의 영광에 이르지 못하더니"(롬 3:23).

그러나 하나님께서 모세를 부르셨고 그에게 말씀해 주셨다. 출애굽기는 성막의 완성으로 마무리되었고, 레위기는 그곳에서 들려오는 하나님의 부르심으로 시작된다. 우리가 하나님께로 나아가는 것은 오직 하나님의 부르심으로 시작된다.

> 이스라엘 자손에게 말하여 이르라 너희 중에 누구든지 여호와께 예물을 드리려거든 가축 중에서 소나 양으로 예물을 드릴지니라 그 예물이 소의 번제이면 흠 없는 수컷으로 회막 문에서 여호와 앞에 기쁘게 받으시도록 드릴지니라(레 1:2, 3).

하나님은 레위기 첫머리에서부터 모세에게 "율법을 이스라엘 자손에게 말하여 이르라"고 명령하셨다. 하나님은 시간과 공간을 넘어 하나님을 섬기는 모든 백성에게 레위기 율법을 말하여 이르라고 명령하신 것이다. 율법은 하나님의 백성이 그분의 백성답게 생활할 수 있도록 가르치는 하나님의 원리적 말씀이고, 하나님의 백성을 위한 거룩한 '생활양식(life style)법'이다.

거룩한 제사에 사용되는 제물은 음식법(레 11:1-47)에서 이스라엘 백성에게 먹어도 된다고 규정된, 가축으로 기를 수 있는 정결한 짐승들이다. 번제는 드리는 순서가 있다. 첫 번째, 예배자는 가축 중에서 소나 양을 예물로 드려야 했다. 하나님께 야생동물을 예물로 드릴 수 없었고, 반드시 가축 중에서 드려야 했다. 예배자가 정성스럽게 키운 흠 없는 짐승을 하나님께 예물로 드려야 했다. 만일 가축이 아니라 야생동물을 드린다면 포획하는 과정에서 흠이 생기는 것을 피할 수 없을 것이다.

하나님께 드리는 번제 예물은 소, 양과 염소, 그리고 비둘기 새끼다. 예물은 히브리어로 '고르반'이고, 하나님께 드림이 되었다(막 7:11)는 의미다. 또한 고르반은 나아가다, 드리다라는 의미의 동사 '케라브'에서 파생된 말로, 하나님께 가까이 나아갈 수 있다는 것이다. 따라서 하나님께 나아가는 제사를 드릴 때는 반드시 예물을 준비해야 했다.

> 그는 번제물의 머리에 안수할지니 그를 위하여 기쁘게 받으심이 되어 그를 위하여 속죄가 될 것이라 그는 여호와 앞에서 그 수송아지를 잡을 것이요 아론의 자손 제사장들은 그 피를 가져다가 회막 문 앞 제단 사방에 뿌릴 것이며 그는 또 그 번제물의 가죽을 벗기고 각을 뜰 것이요 제사장 아론의 자손들은 제단 위에 불을 붙이고 불 위에 나무를 벌여 놓고 아론의 자손 제사장들은 그 뜬 각과 머리와 기름을 제단 위의 불 위에 있는 나무에 벌여 놓을 것이며 그 내장과 정강이를 물로 씻을 것이요 제사장은 그 전부를 제단 위에서 불살라 번제를 드릴지니 이는 화제라 여호와께 향기로운 냄새니라(레 1:4-9).

두 번째, 예배자가 제물 머리에 직접 안수했다. 자기 죄를 하나님께 고백하고, 안수를 통해 그 죄를 제물에게 전가시키는 것이다. 세 번째, 하나님 앞에서 일 년 된 수소, 즉 수송아지를 잡았다. 과거 시내산 아래에서 아론과 이스라엘 백성은 금으로 송아지를 새겨 만들어 하나님으로 섬기는 큰 죄를 범했다. 소는 섬김의 대상이 아니라 하나님을 섬기는 제물일 뿐이다. 네 번째, 제물의 피를 받아 제단 사방에 뿌렸다. 다섯 번째, 제물의 가죽을 벗겼다. 여섯 번째, 제물을 조각냈다. 일곱 번째, 제단에 불을 붙이고 나무를 벌여 놓았다. 여덟 번째, 제단 위에 제물을 벌여 놓았다. 아홉 번째, 제물에서 나온 내장과 정강이를 물로 씻었다. 내장 속에 남은 음식물 찌꺼기와 똥과 오물을 씻어내기 위해서다. 열 번째, 그 전부를 제단 위에서 불살라 하나님께 향기로운 냄새로 올려 드렸다.

하나님께 드리는 제사에서 중요한 것은 '제사장의 역할'과 '예배자의 역할'의 구분이다. 제사장의 역할은 제물의 피를 제단 사방에 뿌리기, 제단 위에 불을 붙이고 불 위에 나무 벌여 놓기, 제물을 제단 위 나무에 벌여 놓기, 제물을 제단 위에서 불사르기다.

반면에 예배자의 역할은 가축 중에서 흠 없는 수컷을 제물로 드리기, 제물 머리에 안수하기, 수송아지를 잡아 피 받기, 제물 가죽 벗기기, 제물 토막 내기, 제물 내장과 정강이를 물로 씻기다. 제사장은 예배자의 제사를 도울 뿐 실제적 역할은 모두 예배자의 몫이다. 예배는 보는 것이 아니라, 하나님께 직접 드리는 것이다.

예배자는 수송아지를 긴 칼로 직접 도살해야 했다. 전문 도축업자가 아닌 일반인이 수송아지를 잡을 때 도대체 몇 번을 찔러야 죽을까? 숙련된 제사장과 레위 지파 사람은 제물의 급소를 알고 단번에 정확하게 찔러 죽였고, 수송아지가 당하는 죽음의 고통도 훨씬 덜했을 것이다.

제사장과 레위 지파 사람은 예배자에게 수송아지의 급소를 알려주었을 것이다. 하지만 미숙한 예배자에게는 힘든 일이었다. 찌르고 또 찔러서 사방에 피가 분수처럼 솟구쳤을 것이다. 수송아지는 예배자가 지난 일 년 동안 정성을 다해 기른 누렁이였다. 하나님께 드리는 제물은 예배자가 기른 짐승을 끌고 와 직접 죽여 그 피를 받고 가죽도 벗기고 토막도 내고 내장과 정강이도 씻어야 했다.

하나님은 예배자의 손과 몸에 제물의 피를 묻히고, 직접 오물을 씻게 해서 자신이 당해야 할 죽음을 제물이 대신한다는 것을 뼈저리게 느끼게 하셨다. 죽는 것으로만 끝나지 않았다. 번제단 불에도 살라져야 했다. 죄인이 죽은 후에 지옥, 즉 꺼지지 않는 불에 들어간다는 것까지 두 눈으로 보게 하셨다. 하나님께서 예배자에게 직접 제물을 잡게 하신 것은 그분께서 죄를 얼마나 싫어하는지, 죄의 대가가 얼마나 참혹한 것인지를 절실히 깨닫게 하기 위해서다.

> 만일 그 예물이 가축 떼의 양이나 염소의 번제이면 흠 없는 수컷으로 드릴지니 그가 제단 북쪽 여호와 앞에서 그것을 잡을 것이요 아론의 자손 제사장들은 그것의 피를 제단 사방에 뿌릴 것이며 그는 그것의 각을 뜨고 그것의 머리와 그것의 기름을 베어낼 것이요 제사장은 그것을 다 제단 위의 불 위에 있는 나무 위에 벌여 놓을 것이며 그 내장과 그 정강이를 물로 씻을 것이요 제사장은 그 전부를 가져다가 제단 위에서 불살라 번제를 드릴지니 이는 화제라 여호와께 향기로운 냄새니라(레 1:10-13).

양과 염소는 제단 북쪽에서 잡아야 했다. 제단 북쪽은 희생제물을 잡기에 가장 적합했다. 제단 동쪽에는 잿더미가, 서쪽에는 물두멍이, 남쪽에는 제단에 오르는 계단이 있었고, 북쪽만 비어 있었다. 상징적 의미도 있다. 시편 기자는 하나님의 산을 북방에 있는 시온산이라고 했다. 이사야 선지자는 사탄의 정체를 드러내며 하나님의 뭇 별 위에 자기 자리를 높이겠다고 한 그가 '북극'(사 14:13) 집회의 산 위에 앉겠다고 말했음을 증거했다. 그리고 예수님께서 십자가에 달리신 갈보리 산은 예루살렘 성전 '북쪽'에 있다. 북쪽은 하나님의 보좌를 상징하는 방향이다.

> 만일 여호와께 드리는 예물이 새의 번제이면 산비둘기나 집비둘기 새끼로 예물을 드릴 것이요 제사장은 그것을 제단으로 가져다가 그것의 머리를 비틀어 끊고 제단 위에서 불사르고 피는 제단 곁에 흘릴 것이며 그것의 모이주머니와 그 더러운 것은 제거하여 제단 동쪽 재 버리는 곳에 던지고 또 그 날개 자리에서 그 몸을 찢되 아주 찢지 말고 제사장이 그것을 제단 위의 불 위에 있는 나무 위에서 불살라 번제를 드릴지니 이는 화제라 여호와께 향기로운 냄새니라(레 1:14-17).

제물 중 비둘기는 크기가 작아 예배자가 머리를 비틀다가 피를 잘못 흘릴 수 있었다. 그래서 숙련된 제사장이 대신 비둘기를 잡았다. 제사장은 반드시 손바닥을 위로 향하게 하고 그 위에서 비둘기를 잡아야 했다. 비둘기 잡는 모습이 제사장의 손등에 가려, 예배자에게 제물을 잡는 모습이 제대로 보이지 않을 수 있기 때문이다. 자신이 지은 죄 때문에 처절한 심판을 받아 죽어가는 제물의 모습을 두 눈으로 똑바로 지켜봐야 했다.

번제 제물은 소의 수컷, 양의 수컷, 염소의 수컷, 그리고 집비둘기와 산비둘기의 새끼를 드릴 수 있었고, 예배자는 각자의 형편에 맞게 제물들 중 하나를 선택해 드릴 수 있었다. 하나님은 모든 이스라엘 백성이 드리는 번제를 받으시길 원하셨다. 만일 예배자가 집비둘기 새끼마저 드릴 수 없는 형편이라면, 산비둘기 새끼라도 잡아 제물로 드릴 수 있게 하셨다. 제물로 드리는 비둘기는 암수 구분을 하지 않았다. 하나님께 드리고자 하는 마음만 있으면 누구나 드릴 수 있게 하신 것이다. 그래서 각 제물을 언급하는 끝에는 동일하게 "여호와께 향기로운 냄새"(레 1:9, 13, 17)라고 말씀하셨다.

사실 고기를 내장과 함께 불사를 때 나는 연기는 결코 향기로운 냄새가 아니다. 하나님께서 그 냄새를 맡으시는 것도 아니다. 하나님께서 향기롭게 받으시는 것은 명령하신 그대로 번제를 드리겠다는 예배자의 마음과 순종이다.

"내가 수소의 고기를 먹으며 염소의 피를 마시겠느냐"(시 50:13).

번제는 태울 번(燔)과 제사 제(祭)로 히브리어 '올라'다. 올라는 향기로운 냄새가 하늘로 올라간다는 의미로 제물의 모든 부위를 불살라 하나님께 올려 드리는 제사다. 예배자의 온전한 헌신을 의미하고 오직 하나님의 뜻을 위해 자기 전부를 내어주는 제사다.

"모든 것이 주께로 말미암았사오니 우리가 주의 손에서 받은 것으로 주께 드렸을 뿐이니이다"(대상 29:14).

모든 소유가 하나님에게서 온 것을 인정하고, 자기 존재 자체가 하나님의 소유임을 고백하는 것이다. 하나님만이 하나님 되심을 선포하는 것이다. 스스로 하나님이 되겠다는 원죄를 속죄하는 제사다. 단, 번제물의 가죽은 제사장에게 돌렸다(레 7:8). 가죽은 하나님께서 금단의 열매를 먹고 원죄를 지은 아담과 하와의 수치를 가려주신 것으로 궁극적으로 죄인의 모든 죄를 가려주시는 '그리스도라는 옷'(갈 3:27)을 상징하기 때문이다. 예수님은 우리의 수치까지 대신 받으시기 위해 실오라기 하나도 걸치지 않고 십자가 위에 오르신 것이다. 예수님의 십자가는 하나님께 드려진 온전한 번제였다.

소제(레 2:1–16)

> 누구든지 소제의 예물을 여호와께 드리려거든 고운 가루로 예물을 삼아 그 위에 기름을 붓고 또 그 위에 유향을 놓아 아론의 자손 제사장들에게로 가져갈 것이요 제사장은 그 고운 가루 한 움큼과 기름과 그 모든 유향을 가져다가 기념물로 제단 위에서 불사를지니 이는 화제라 여호와께 향기로운 냄새니라 그 소제물의 남은 것은 아론과 그의 자손에게 돌릴지니 이는 여호와의 화제물 중에 지극히 거룩한 것이니라(레 2:1–3).

소제는 흴 소(素)와 제사 제(祭)로 히브리어 '민하'다. 민하는 선물이라는 의미로 다른 제사와 달리 흰 곡식으로 하나님께 드리는 제사다. 곡식은 반드시 고운 가루로 드려야 해서 밀알을 맷돌에 갈아 가는 체로 걸렀다. 맷돌에 갈려진 밀알처럼 자아가 온전히 빻아져 자기가 부인되는 예배자의 겸손을 의미한다.

제사장은 예배자가 가져온 소제물 중 고운 가루 한 움큼에 기름과 유향을 섞어 제단에서 기념물로 불살랐다. 고운 가루의 일부만 제물로 하나님께 드렸지만, 하나님은 전부를 받으시는 것으로 여기셨다. 남은 고운 가루는 제사장 아론과 그의 자손에게 돌렸다. 제사장이 속한 레위 지파는 하나님께 농사지을 땅을 기업으로 받지 못한다. 하나님은 그분을 전적으로 섬기는 자들에게 제단에서 나오는 것으로 먹고 살 수 있도록 하셨다.

> 네가 화덕에 구운 것으로 소제의 예물을 드리려거든 고운 가루에 기름을 섞어 만든 무교병이나 기름을 바른 무교전병을 드릴 것이요 철판에 부친 것으로 소제의 예물을 드리려거든 고운 가루에 누룩을 넣지 말고 기름을 섞어 조각으로 나누고 그 위에 기름을 부을지니 이는 소제니라 네가 냄비의 것으로 소제를 드리려거든 고운 가루와 기름을 섞어 만들지니라 너는 이것들로 만든 소제물을 여호와께로 가져다가 제사장에게 줄 것이요 제사장은 그것을 제단으로 가져가서 그 소제물 중에서 기념할 것을 가져다가 제단 위에서 불사를지니 이는 화제라 여호와께 향기로운 냄새니라 소제물의 남은 것은 아론과 그의 아들들에게 돌릴지니 이는 여호와의 화제물 중에 지극히 거룩한 것이니라(레 2:4-10).

소제는 고운 가루로만 드릴 수 있는 것은 아니다. 고운 가루를 화덕에 구운 빵으로, 철판에 구운 전병으로, 냄비에 찐 빵으로 드릴 수 있었다. 제사에 사용되는 모든 제물은 예배자가 직접 키우고 경작한 것이어야 했다. 번제물도 야생동물이 아니라 가축을 드렸던 것처럼, 소제물도 직접 경작한 곡식이어야 했다. 직접 고운 가루를 빻고 직접 굽고 부치고 쪄서 드려야 했다. 예배자의 수고가 없는 예배는 예배가 아니기 때문이다.

모든 소제물에는 기름과 유향과 소금을 첨가했다. 소제물에 첨가하는 기름은 짐승 제물에서 나오는 동물성 기름이 아니라, 식물성 기름 감람유다. 유향은 감람과에 속하는 유향 나무에서 짜낸 고급 향료다. 그래서 유향을 섞은 제물을 불사를 때 향기로운 냄새가 났다.

소금은 신실함을 상징한다. 소금은 아무리 가공해도 그 맛이 변하지 않는다. 불에 타지도, 세월이 지나도 맛이 변하지 않는다. 소금 자체도 변하지 않지만 다른 것들도 변하지 않게 하는 방부제 역할도 한다. 고대 근동에서는 각종 계약 체결식에서 소금이 많이 사용되었다. 무엇보다 하나님께서 그분의 언약을 가리켜 '소금 언약'(민 18:19)이라고 하셨다. 변하지 않고 신실하신 하나님 언약의 영원성을 소금에 빗대어 말씀하신 것이다.

기름은 성령 하나님의 임재를, 유향은 성자 예수 그리스도의 향기를, 소금은 변하지 않는 성부 하나님의 언약을 상징한다.

> 너희가 여호와께 드리는 모든 소제물에는 누룩을 넣지 말지니 너희가 누룩이나 꿀을 여호와께 화제로 드려 사르지 못할지니라 처음 익은 것으로는 그것을 여호와께 드릴지나 향기로운 냄새를 위하여는 제단에 올리지 말지며 네 모든 소제물에 소금을 치라 네 하나님의 언약의 소금을 네 소제에 빼지 못할지니 네 모든 예물에 소금을 드릴지니라 너는 첫 이삭의 소제를 여호와께 드리거든 첫 이삭을 볶아 찧은 것으로 네 소제를 삼되 그 위에 기름을 붓고 그 위에 유향을 더할지니 이는 소제니라 제사장은 찧은 곡식과 기름을 모든 유향과 함께 기념물로 불사를지니 이는 여호와께 드리는 화제니라(레 2:11-16).

모든 소제물에는 누룩과 꿀을 첨가할 수 없었다. 누룩은 소제물을 실제보다 크게 부풀게 했고, 꿀은 소제물의 본질을 변하게 했기 때문이다. 하나님께 드리는 제사에는 예배자의 불순한 의도가 있어서는 안 된다는 의미다. 예배는 하나님께 그 무엇을 받아내기 위한 것이 아니라, 자신을 하나님께 드리는 것이다.

5대 제사 중 소제가 가장 많이 드려졌다. 하나님께서 이스라엘 백성에게 바치라고 명령하신 '곡식과 포도주와 기름'도 소제를 가리키는 표현이다. 소제는 다른 제사들과 항상 함께 드려졌기 때문에 가장 빈번히 드려질 수밖에 없었다.

곡식은 소, 양, 염소, 비둘기에 결코 뒤처지지 않는 귀중한 제물이었다. 가축은 이스라엘 백성이 이집트에서 몰고 나온 것들이다. 하지만 당시에는 광야에서 이동 생활을 했기 때문에 만나만 있을 뿐 농사를 통해 얻을 수 있는 곡식이 없었다. 소제는 예배자가 하나님과 이웃에게 항상 범사에 쉬지 말고 겸손한 태도로 대해야 한다는 의미다.

> 또 그들에게 이르라 너희가 여호와께 드릴 화제는 이러하니 일 년 되고 흠 없는 숫양을 매일 두 마리씩 상번제로 드리되 어린 양 한 마리는 아침에 드리고 어린 양 한 마리는 해 질 때에 드릴 것이요 또 고운 가루 십분의 일 에바에 빻아 낸 기름 사분의 일 힌을 섞어서 소제로 드릴 것이니 이는 시내산에서 정한 상번제로서 여호와께 드리는 향기로운 화제며(민 28:3-6).

이스라엘은 하나님께 상번제(常燔祭)로 매일 아침과 저녁에 번제와 더불어 소제를 항상 드렸다. 상번제는 끊임없는 헌신과 겸손의 의미로, 하루의 시작인 해질 때 드린 제물은 아침까지 불사르고, 해 뜰 때 드린 제물은 저녁까지 불사르도록 했다. 따라서 제단에서는 언제나 번제물이 타올라 연기가 하나님께 피어오르도록 했다. 모든 하나님의 백성은 매일 아침과 저녁에 번제의 의미인 헌신의 태도와 소제의 의미인 겸손한 마음을 묵상하고 가져야 한다.

> 내가 진실로 진실로 너희에게 이르노니 한 알의 밀이 땅에 떨어져 죽지 아니하면 한 알 그대로 있고 죽으면 많은 열매를 맺느니라 (요 12:24).

밀알의 용도는 두 가지다. 가루가 되어야 한 덩어리 빵이 될 수 있고, 죽어야 열매를 맺을 수 있다. 예수 그리스도는 하나님의 백성을 온유하고 겸손하게 섬기셨고, 매와 채찍을 맞아 고운 가루로 으스러지셨다. 마침내 십자가에 달리셔서 숨을 거두시고, 영원한 속죄를 이루셨다. 예수님의 십자가는 바로 하나님께 드린 온전한 소제일 뿐 아니라 영원한 상번제다.

화목제(레 3:1–17)

> 사람이 만일 화목제의 제물을 예물로 드리되 소로 드리려면 수컷이나 암컷이나 흠 없는 것으로 여호와 앞에 드릴지니 그 예물의 머리에 안수하고 회막 문에서 잡을 것이요 아론의 자손 제사장들은 그 피를 제단 사방에 뿌릴 것이며 그는 또 그 화목제의 제물 중에서 여호와께

> 화제를 드릴지니 곧 내장에 덮인 기름과 내장에 붙은 모든 기름과 두 콩팥과 그 위의 기름 곧 허리 쪽에 있는 것과 간에 덮인 꺼풀을 콩팥과 함께 떼어낼 것이요 아론의 자손은 그것을 제단 위의 불 위에 있는 나무 위의 번제물 위에서 사를지니 이는 화제라 여호와께 향기로운 냄새니라(레 3:1-5).

화목제는 화할 화(和), 화목할 목(睦)으로 히브리어 '셜라밈'이다. 셜라밈은 평안이란 의미의 히브리어 샬롬의 복수형이다. 일방적이 아니라 쌍방 간의 평안을 이루는 제사라는 의미다. 일방적인 용서를 넘어 서로가 화해하는 것이다. 용서를 해도 상대가 받아들이지 않으면 화해는 이루어질 수 없다. 화목제는 예배자가 하나님과 화목을 도모하고, 이웃과도 화목을 도모하는 교제의 제사다.

번제물 위에 화목제를 드리는 것은 제사 순서상 화목제보다 번제가 먼저 드려지기 때문이다. 매일 아침 번제를 상번제로 가장 먼저 드려 번제물은 하루 종일 불에 타고 있어서 화목제를 번제물 위에 드린 것이다. 화목제는 감사나 서원, 자원의 의미로 드렸다. 감사제는 베풀어 주신 구원과 복에 대해 감사할 때, 서원제는 간구가 이루어진 혹은 이루어질 줄 믿고 믿음으로 드릴 때, 자원제는 조건 없이 즐거운 마음(낙헌)으로 하나님께 기쁨을 고백할 때 드렸다.

> 만일 여호와께 예물로 드리는 화목제의 제물이 양이면 수컷이나 암컷이나 흠 없는 것으로 드릴지며 만일 그의 예물로 드리는 것이 어린 양이면 그것을 여호와 앞으로 끌어다가 그 예물의 머리에 안수하고 회막 앞에서 잡을 것이요 아론의 자손은 그 피를 제단 사방에 뿌릴 것

이며 그는 그 화목제의 제물 중에서 여호와께 화제를 드릴지니 그 기름 곧 미골에서 벤 기름진 꼬리와 내장에 덮인 기름과 내장에 붙은 모든 기름과 두 콩팥과 그 위의 기름 곧 허리쪽에 있는 것과 간에 덮인 꺼풀을 콩팥과 함께 떼어낼 것이요 제사장은 그것을 제단 위에서 불사를지니 이는 화제로 여호와께 드리는 음식이니라 만일 그의 예물이 염소면 그것을 여호와 앞으로 끌어다가 그것의 머리에 안수하고 회막 앞에서 잡을 것이요 아론의 자손은 그 피를 제단 사방에 뿌릴 것이며 그는 그 중에서 예물을 가져다가 여호와께 화제를 드릴지니 곧 내장에 덮인 기름과 내장에 붙은 모든 기름과 두 콩팥과 그 위의 기름 곧 허리 쪽에 있는 것과 간에 덮인 꺼풀을 콩팥과 함께 떼어낼 것이요 제사장은 그것을 제단 위에서 불사를지니 이는 화제로 드리는 음식이요 향기로운 냄새라 모든 기름은 여호와의 것이니라(레 3:6-16).

화목제 역시 예배자가 제물에 안수하고 가죽을 벗기고 토막을 냈다. 제물의 내장과 정강이를 물로 씻었고, 제사장은 제단 사방에 그 피를 뿌렸다. 번제는 모든 부위를 불살라 하나님께 드렸지만, 화목제는 제물의 내장과 기름과 콩팥만 불살라 드렸다. 제일 맛있고 좋은 부위인 가슴살과 우편 뒷다리는 제사장 몫이고(레 7:34), 나머지 고기는 공동체가 나누어 먹었다. 시내산에서 이스라엘이 하나님과 언약을 맺을 때도 이스라엘 지도자들이 하나님 앞에서 먹고 마셨다(출 24:11). 어린 양의 피로 말미암아 하나님과 화목을 이루었기 때문이다.

고기의 유통기한도 정해져 있었다. 감사제의 경우는 하루 내에 다 먹어야 했고(레 7:15), 서원과 자원의 경우는 이틀 내에 먹어야 했으며(레 7:16), 남은 고기는 반드시 불살라 버려야 했다(레 7:17). 만일 기한

넘긴 고기를 조금이라도 먹으면 그 화목제는 하나님께서 받지 않으셨다. 예물답지 못하고 가증한 것이 되며, 먹는 자는 죄를 범하는 것이고, 불순종한 죄로 예물의 기능을 상실해 버린다. 무더운 광야라는 기후적 영향도 있었을 것이다.

소 한 마리에서 나오는 고기는 대략 350킬로그램 정도라고 한다. 그 많은 화목제물의 고기를 정해진 시간 내에 먹기 위해서는 많은 이웃을 초대해야 했다. 하나님은 이렇게 하지 않으면 죄인이 이웃과 나누지 않는다는 것을 잘 아셨고, 반드시 나누도록 기한을 정하신 것이다. 하나님과의 화목이건, 사람과의 화목이건 화목은 지체해서는 안 되고, 감사와 서원과 자원은 모두 함께 나누라는 것이다.

당시 넉넉한 집은 수컷 여러 마리를 키울 수 있었지만, 대부분 번식을 위해 수컷 한 마리에 여러 마리의 암컷을 키웠다. 흠 없는 수송아지는 농부가 일 년 동안 거두는 소출과 맞먹는 값비싼 제물이었다. 하나님은 나눔을 이스라엘 백성에게 장려하기 위해, 화목제는 번제나 속죄제나 속건제와 달리 가축의 암컷까지 제물로 사용할 수 있도록 허용하셨다. 그러나 비둘기는 화목제물로 사용할 수가 없었다. 비둘기는 이웃과 나눠 먹기에는 너무 작기 때문이다.

> 이스라엘 자손에게 말하여 이르라 화목제물을 여호와께 드리려는 자는 그 화목제물 중에서 그의 예물을 여호와께 가져오되 여호와의 화제물은 그 사람이 자기 손으로 가져올지니 곧 그 제물의 기름과 가슴을 가져올 것이요 제사장은 그 가슴을 여호와 앞에 흔들어 요제를 삼고 그 기름은 제단 위에서 불사를 것이며 가슴은 아론과 그의 자손에게 돌릴 것이며 또 너희는 그 화목제물의 오른쪽 뒷다리를 제사장에

게 주어 거제를 삼을지니 아론의 자손 중에서 화목제물의 피와 기름을 드리는 자는 그 오른쪽 뒷다리를 자기의 소득으로 삼을 것이니라(레 7:29-33).

제사는 하나님께 나아가는 법이다. 드리는 의미에 따라서 5대 제사로 구분했다. 헌신을 의미하는 번제, 겸손을 의미하는 소제, 교제를 의미하는 화목제, 회개를 의미하는 속죄제, 그리고 책임을 의미하는 속건제가 있었다.

제사를 드리는 방법에 따라서는 네 가지 제사로 구분했다. 제물을 불살라 드리는 화제(火祭), 전후 수평으로 흔들어 드리는 요제(搖祭), 상하 수직으로 들어 드리는 거제(擧祭), 그리고 포도주 등을 부어 드리는 전제(奠祭)가 있다.

요제는 제사장이 제단 앞에서 양 손 위에 올린 제물을 전후 수평으로 흔들어 드리는 제사다. 제단 앞으로 내미는 동작은 여호와께 바친다는 것이고, 제사장 쪽으로 가져오는 동작은 하나님께서 그 제물을 다시 제사장 몫으로 허락하신다는 의미다. 요제로 드려진 제물의 가슴 부분은 성막에서 봉사하는 제사장들 몫으로 돌려졌다.

거제는 제사장이 제단 앞에서 양 손으로 제물의 우편 뒷다리 부분을 잡고, 위로 높이 들어올렸다가 다시 아래로 내려 드리는 제사다. 제물을 들어올리는 동작은 여호와께 바친다는 것이고, 아래로 내려놓는 동작은 하나님께서 그 제물을 제사장 몫으로 주신다는 의미다. 거제로 드려진 제물의 뒷다리는 제사를 집행한 제사장 몫으로 돌려졌다.

하나님은 어차피 제사장 몫이 될 제물의 가슴 부위와 오른편 뒷다리를 왜 전후 수평으로 내밀었다가 다시 가져오는 요제를 드리고, 상하 수직으로 들었다 다시 내려놓는 거제를 드린 후에 취하라고 하셨을까? 이스라엘 백성과 제사장에게 제사에 대한 바른 의미를 알려주기 위해서다. 이스라엘이 드린 가슴 부위와 오른편 뒷다리는 제사장이 아니라, 하나님께서 취하셨다는 의미다. 제사장 몫으로 돌려진 가슴 부위와 오른편 뒷다리도 이스라엘이 아니라, 하나님께서 주셨다는 것이다.

> 너희는 기름과 피를 먹지 말라 이는 너희의 모든 처소에서 너희 대대로 지킬 영원한 규례니라(레 3:17).

하나님은 이스라엘에게 다른 제사와 마찬가지로 화목제에서도 제물의 기름과 피는 먹지 말고, 불살라 하나님 몫이 되게 하라고 명령하셨다. 피는 생물의 생명이고 기름은 생명을 유지하는 힘으로 생물의 가장 귀한 부분이다. 하나님께 믿음으로 제사를 드린 아벨이 바친 부분도 양의 첫 새끼와 그 기름이었다(창 4:4). 피와 기름을 하나님께 불살라 드리는 것은 생명의 근원과 힘은 오직 하나님께 있음을 고백하는 것이다. 하나님은 피와 기름을 먹으면 그분의 백성 중에서 끊어질 것이라고 말씀하셨다(레 7:27).

번제에서는 양과 염소를 구별해 설명하지 않았지만, 화목제에서는 구별해 설명한다. 이유는 기름 때문이다. 기름을 하나님께 드려야 하는 화목제는 기름진 꼬리를 가진 양과 꼬리에 기름이 없는 염소를 구분해야만 했다.

성경에서 콩팥은 기름이 많은 부분이며, 내장은 사람의 경우 오장육부로 생각과 감정과 생명의 중심으로 언급되고 있다(렘 17:10, 20:12). 화목제는 교제를 위해 제물을 나눠 먹는 제사인데도 제물 중 가장 귀하고 중심을 이루는 피와 기름과 내장만은 하나님께 불살라 드렸다. 사람이 하나님께 드려야 하는 것은 심령에서 우러나오는 가장 귀하고 진실된 것이어야 하며, 간도 쓸개도 내어드릴 수 있어야 한다는 의미다. 하나님께 드리는 제사는 최선의 것이 아니면 아무것도 아니라는 생각으로 드려야 한다.

> 내 살을 먹고 내 피를 마시는 자는 영생을 가졌고 마지막 날에 내가 그를 다시 살리리니(요 6:54).

예수님은 제자들에게 화목제 고기처럼 주님의 살과 피를 나눠 먹으라고 하셨다. 예수님의 살과 피를 어떻게 나눠 먹을 수 있을까? 예수님은 "말씀이 육신이 되신 분"(요 1:14)이기 때문에 주님 말씀을 듣고 믿고 순종하면 예수님의 살과 피를 생명의 양식으로 먹는 것이다. 살과 피를 먹으면 마지막 날에 부활해 영생하는 것이다.

> 제육시로부터 온 땅에 어둠이 임하여 제구시까지 계속되더니 제구시쯤에 예수께서 크게 소리 질러 이르시되 엘리 엘리 라마 사박다니 하시니 이는 곧 나의 하나님, 나의 하나님, 어찌하여 나를 버리셨나이까 하는 뜻이라(마 27:45, 46).

예수님의 고통은 십자가의 달리는 것이 아니었다. 하나님께 버림받는 단절이다. 제육시부터 온 땅에 어둠이 임했다. 하나님께서 독생자의 죽어가는 처참한 모습을 차마 보실 수가 없어 하늘에 흑암으로 휘장을 치시고, 두 눈을 감으시고 돌아앉으셨던 것은 아닐까? 그렇게 예수님과 단절하심으로 하나님은 죄인과 화목을 이루시고 막힌 담을 허셨다(엡 2:14). 예수님의 십자가는 바로 하나님께 드린 '온전한 화목제'였다.

속죄제(레 4:1~5:13)

> 여호와께서 모세에게 말씀하여 이르시되 이스라엘 자손에게 말하여 이르라 누구든지 여호와의 계명 중 하나라도 그릇 범하였으되(레 4:1, 2).

속죄제는 속할 속(贖)과 허물 죄(罪)로 히브리어 '하타트'다. 하타트는 빗나가다 혹은 죄를 짓는다는 동사 '하타'에서 파생된 단어다. 속죄제는 하나님의 계명과 율법에서 빗나간 모든 죄를 용서받기 위해 드리는 제사다. 번제, 소제, 화목제와는 성격이 판이하게 다르다. 이 세 제사는 감사를 기반으로 드리는 '자원제'이지만, 속죄제는 하나님의 백성이라면 누구나 드려야 하는 '의무제'다.

번제의 의미인 헌신이 좀 부족하고, 소제의 의미인 겸손이 좀 부족하고, 화목제의 의미인 교제가 좀 부족할 수 있다. 그러나 속죄제의 의미인 '회개'를 통해 받는 속죄만큼은 부족해서도 없어서도 안 된다. 속죄제는 모두 온전히 반드시 드려야 하는 제사다. 하나님께 죄를 처리하지 않고는 하나님의 백성이 될 수도, 그분의 백성답게 살 수도 없기 때문이다.

속죄제는 번제와 순서는 동일하지만, 예배자의 신분에 따라 그 내용이 조금씩 달랐다. 속죄제 예배자는 제사장(레 4:3-12), 이스라엘 회중(레 4:13-21), 족장(레 4:22-26), 그리고 평민(레 4:27-35) 네 부류로 나뉘었다.

> 만일 기름 부음을 받은 제사장이 범죄해 백성의 허물이 되었으면 그가 범한 죄로 말미암아 흠 없는 수송아지로 속죄제물을 삼아 여호와께 드릴지니 그 수송아지를 회막 문 여호와 앞으로 끌어다가 그 수송아지의 머리에 안수하고 그것을 여호와 앞에서 잡을 것이요 기름 부음을 받은 제사장은 그 수송아지의 피를 가지고 회막에 들어가서 그 제사장이 손가락에 그 피를 찍어 여호와 앞 곧 성소의 휘장 앞에 일곱 번 뿌릴 것이며 제사장은 또 그 피를 여호와 앞 곧 회막 안 향단 뿔들에 바르고 그 송아지의 피 전부를 회막 문 앞 번제단 밑에 쏟을 것이며 또 그 속죄제물이 된 수송아지의 모든 기름을 떼어낼지니 곧 내장에 덮인 기름과 내장에 붙은 모든 기름과 두 콩팥과 그 위의 기름 곧 허리쪽에 있는 것과 간에 덮인 꺼풀을 콩팥과 함께 떼어내되 화목제 제물의 소에게서 떼어냄 같이 할 것이요 제사장은 그것을 번제단 위에서 불사를 것이며 그 수송아지의 가죽과 그 모든 고기와 그것의 머리와 정강이와 내장과 똥 곧 그 송아지의 전체를 진영 바깥 재 버리는 곳인 정결한 곳으로 가져다가 불로 나무 위에서 사르되 곧 재 버리는 곳에서 불사를지니라(레 4:3-12).

제사장의 허물에 대한 속죄제는 번제, 소제, 화목제와 달랐다. 수송아지 피를 성소에 가지고 들어가 그 피를 찍어 성소 휘장 앞에 일곱 번 뿌렸다. 피를 성소 내 향단 뿔들에도 발랐다. 나머지 피는 성소 밖 번제단 밑에 쏟았다. 모든 기름과 내장은 번제단에서 불살랐고, 제물의 나머지 부위는 진영 바깥 재 버리는 곳에서 모두 불살랐다. 진영 바깥은 이스라엘 중 나병 환자, 유출증이 있는 자, 주검으로 부정하게 된 자 등을 내보내는 곳으로, 거룩한 이스라엘 진영을 더럽히는 자들을 분리시키는 곳이다. 특별한 점은 성소에 들어가 성소 휘장 앞에 피를 일곱 번 뿌렸다는 것이다. 또한 제물을 모두 불살라 드리되 기름과 내장은 번제단에서, 나머지 부위는 진영 바깥에서 불살랐다는 것이다.

> 만일 이스라엘 온 회중이 여호와의 계명 중 하나라도 부지중에 범하여 허물이 있으나 스스로 깨닫지 못하다가 그 범한 죄를 깨달으면 회중은 수송아지를 속죄제로 드릴지니 그것을 회막 앞으로 끌어다가 회중의 장로들이 여호와 앞에서 그 수송아지 머리에 안수하고 그것을 여호와 앞에서 잡을 것이요 기름 부음을 받은 제사장은 그 수송아지의 피를 가지고 회막에 들어가서 그 제사장이 손가락으로 그 피를 찍어 여호와 앞, 휘장 앞에 일곱 번 뿌릴 것이며 또 그 피로 회막 안 여호와 앞에 있는 제단 뿔들에 바르고 그 피 전부는 회막 문 앞 번제단 밑에 쏟을 것이며 그것의 기름은 다 떼어 제단 위에서 불사르되 그 송아지를 속죄제의 수송아지에게 한 것 같이 할지며 제사장이 그것으로 회중을 위하여 속죄한즉 그들이 사함을 받으리라 그는 그 수송아지를 진영 밖으로 가져다가 첫번 수송아지를 사름 같이 불사를지

니 이는 회중의 속죄제니라(레 4:13-21).

이스라엘 온 회중의 허물에 대한 속죄제도 제사장의 속죄제와 동일한 과정을 거쳤다. 역시 성소에 들어가 성소 휘장 앞에 수송아지 피를 일곱 번 뿌렸다. 또한 제물을 모두 불살라 드리되 기름과 내장은 번제단에서 제물의 나머지 부위는 진영 바깥에서 불살랐다.

만일 족장이 그의 하나님 여호와의 계명 중 하나라도 부지중에 범하여 허물이 있었는데 그가 범한 죄를 누가 그에게 깨우쳐 주면 그는 흠 없는 숫염소를 예물로 가져다가 그 숫염소의 머리에 안수하고 여호와 앞 번제물을 잡는 곳에서 잡을지니 이는 속죄제라 제사장은 그 속죄제물의 피를 손가락에 찍어 번제단 뿔들에 바르고 그 피는 번제단 밑에 쏟고 그 모든 기름은 화목제 제물의 기름 같이 제단 위에서 불사를지니 이같이 제사장이 그 범한 죄에 대하여 그를 위하여 속죄한즉 그가 사함을 얻으리라(레 4:22-26).

족장의 허물에 대한 속죄제 제물은 수송아지를 제물로 드린 제사장과 이스라엘 온 회중의 경우와 달리 숫염소였다. 피를 번제단 뿔들에 바르고, 나머지 피는 번제단 밑에 쏟았다. 모든 기름과 내장을 번제단에서 불살랐다. 앞선 두 속죄제와 다른 점은 성소 안에 들어가지 않았다는 것이다. 피도 성소 내 향단 뿔들이 아니라, 성소 밖 번제단 뿔들에 발랐다. 진영 바깥에서 불사르는 것도 없이, 모든 기름과 내장만 번제단에서 불살랐다.

> 만일 평민의 한 사람이 여호와의 계명 중 하나라도 부지중에 범하여 허물이 있었는데 그가 범한 죄를 누가 그에게 깨우쳐 주면 그는 흠 없는 암염소를 끌고 와서 그 범한 죄로 말미암아 그것을 예물로 삼아 그 속죄제물의 머리에 안수하고 그 제물을 번제물을 잡는 곳에서 잡을 것이요 제사장은 손가락으로 그 피를 찍어 번제단 뿔들에 바르고 그 피 전부를 제단 밑에 쏟고 그 모든 기름을 화목제물의 기름을 떼어낸 것 같이 떼어내 제단 위에서 불살라 여호와께 향기롭게 할지니 제사장이 그를 위하여 속죄한즉 그가 사함을 받으리라 그가 만일 어린 양을 속죄제물로 가져오려거든 흠 없는 암컷을 끌어다가 그 속죄제 제물의 머리에 안수하고 번제물을 잡는 곳에서 속죄제물로 잡을 것이요 제사장은 그 속죄제물의 피를 손가락으로 찍어 번제단 뿔들에 바르고 그 피는 전부 제단 밑에 쏟고 그 모든 기름을 화목제 어린 양의 기름을 떼낸 것 같이 떼내어 제단 위 여호와의 화제물 위에서 불사를지니 이같이 제사장이 그가 범한 죄에 대하여 그를 위하여 속죄한즉 그가 사함을 받으리라(레 4:27-35).

평민의 허물에 대한 속죄제도 제물을 제외하고는 족장의 속죄제와 동일한 과정을 거쳤다. 제물은 암염소와 암양이었다. 역시 성소 안에 들어가지 않았다. 피도 성소 내 향단 뿔들이 아니라, 성소 밖 번제단 뿔들에 발랐다. 진영 바깥에서 불사르지 않고 모든 기름과 내장만 번제단에서 불살랐다.

> 여호와께서 모세에게 말씀하여 이르시되 아론과 그의 아들들에게 말하여 이르라 속죄제의 규례는 이러하니라 속죄제 제물은 지극히 거

룩하니 여호와 앞 번제물을 잡는 곳에서 그 속죄제 제물을 잡을 것이요 죄를 위하여 제사 드리는 제사장이 그것을 먹되 곧 회막 뜰 거룩한 곳에서 먹을 것이며 그 고기에 접촉하는 모든 자는 거룩할 것이며 그 피가 어떤 옷에든지 묻었으면 묻은 그것을 거룩한 곳에서 빨 것이요 그 고기를 토기에 삶았으면 그 그릇을 깨뜨릴 것이요 유기에 삶았으면 그 그릇을 닦고 물에 씻을 것이며 제사장인 남자는 모두 그것을 먹을지니 그것은 지극히 거룩하니라 그러나 피를 가지고 회막에 들어가 성소에서 속죄하게 한 속죄제 제물의 고기는 먹지 못할지니 불사를지니라(레 6:24-30).

속죄제는 크게 두 가지로 나누었다. 피를 가지고 성소에 들어가는 속죄제와 성소에 들어가지 않는 속죄제다. 성소에 들어가지 않은 속죄제물의 고기는 제사장이 먹을 수 있었지만, 성소에 들어가 휘장에 피를 뿌린 속죄제물은 먹을 수 없었다. 모든 기름과 내장을 번제단에서 불살랐을 뿐 아니라, 나머지도 진영 바깥에서 모두 불살랐기 때문이다.

제물의 모든 부위를 불살라 제사장이 고기를 먹을 수 없는 속죄제의 예배자는 제사장과 이스라엘 온 회중이었고, 제물의 고기를 제사장이 먹을 수 있는 속죄제의 예배자는 족장과 평민이었다. 제사장과 이스라엘 온 회중을 위해 드리는 속죄제는 제사장도 포함되기 때문에 그 고기를 먹는 것은 하나님의 성물을 범하는 죄가 되었다.

제사장과 이스라엘 온 회중은 하나님의 백성이 갖는 영적 공동체 지위였고, 족장과 평민은 하나님의 백성이 갖는 육적 개인의 신분이다. 따라서 속죄제는 영적 공동체의 죄와 육적 개인의 죄를 회개하는 제사였다. 보다 근본적인 영적 공동체의 속죄를 위해서는 성소에 들어가 반드시 휘장에 피를 일곱 번 뿌려야만 했다. 그 너머에는 하나님께서 임재하시는 언약궤가 있고, 그 속에는 이스라엘을 그분 백성으로 인정해 주신다는 십계명 두 돌판, 계약문서가 들어 있기 때문이다.

속죄제는 하나님의 백성이 교회 공동체적으로, 개인적으로 하나님 앞에서 거룩에 힘써야 한다는 것을 의미한다. 제사장과 이스라엘 온 회중 그리고 족장과 평민, 지위와 신분을 모두 언급한 것은 속죄제는 모든 하나님의 백성이 반드시 드려야 하는 의무제이기 때문이다.

> 만일 그의 힘이 어린 양을 바치는 데에 미치지 못하면 그가 지은 죄를 속죄하기 위하여 산비둘기 두 마리나 집비둘기 새끼 두 마리를 여호와께로 가져가되 하나는 속죄제물을 삼고 하나는 번제물을 삼아 제사장에게로 가져갈 것이요 제사장은 그 속죄제물을 먼저 드리되 그 머리를 목에서 비틀어 끊고 몸은 아주 쪼개지 말며 … 만일 그의 손이 산비둘기 두 마리나 집비둘기 두 마리에도 미치지 못하면 그의 범죄로 말미암아 고운 가루 십분의 일 에바를 예물로 가져다가 속죄제물로 드리되 이는 속죄제인즉 그 위에 기름을 붓지 말며 유향을 놓지 말고 그것을 제사장에게로 가져갈 것이요 제사장은 그것을 기념물로 한 움큼을 가져다가 제단 위 여호와의 화제물 위에서 불사를지니 이는 속죄제라 제사장이 그가 이 중에서 하나를 범하여 얻은 허물을 위하여 속죄한즉 그가 사함을 받으리라 그 나머지는 소제물 같이 제사장에게 돌릴지니라(레 5:7-13).

번제물은 송아지, 양과 염소의 수컷, 비둘기 새끼, 소제물은 곡식,

화목제물은 수소, 암소, 숫양, 암양이다. 이렇게 다양한 것은 하나님께서 예배자의 형편에 맞는 제물을 선택해 드릴 수 있게 한 것이다. 그러나 속죄제물은 달랐다. 예배자의 지위와 신분에 따라 드릴 수 있는 제물이 지정되어 있었다. 제사장과 이스라엘 온 회중은 수송아지, 족장은 숫염소, 평민은 암염소나 암양을 드려야 했다.

형편이 어려운 사람은 산비둘기 두 마리나 집비둘기 새끼 두 마리(레 5:7)를 드릴 수 있었고, 그것도 어려울 때는 고운 가루(레 5:11)를 드릴 수도 있었다. 하나님은 죄를 처리하는 속죄제만큼은 모든 이스라엘 백성이 의무제로 반드시 드릴 수 있게 하셨다.

형편이 어려워 고운 가루 십분의 일 에바를 속죄제물로 드릴 때는 소제와 달리 기름과 유향을 첨가할 수 없었다(레 5:11). 기름과 유향은 기쁨을 상징하는 것으로 속죄제와는 어울리지 않기 때문이다.

하나님께서 모든 이스라엘 백성이 속죄제를 반드시 드리게 한 것은, 어떤 죄도 반드시 하나님께 회개해야 한다는 것이다. 또한 속죄제물을 지정하신 것은 죄인이 하나님께 죄 사함 받는 길은 오직 정해진 '유일한 길'로만 가능하기 때문이다.

"다른 이로써는 구원을 받을 수 없나니 천하 사람 중에 구원을 받을 만한 다른 이름을 우리에게 주신 일이 없음이라"(행 4:12).

> 우리에게 제단이 있는데 장막에서 섬기는 자들은 그 제단에서 먹을 권한이 없나니 이는 죄를 위한 짐승의 피는 대제사장이 가지고 성소에 들어가고 그 육체는 영문 밖에서 불사름이라 그러므로 예수도 자기 피로써 백성을 거룩하게 하려고 성문 밖에서 고난을 받으셨느니라(히 13:10-12).

장막에서 섬기는 제사장들이 그 고기를 먹을 수 없고, 대제사장이 피를 가지고 성소에 들어간다고 했다. 따라서 주님의 십자가는 제사장과 이스라엘 온 회중이 드린 속죄제인 것이다. 주님은 성문 밖에서 고난을 받으셨다. 제사가 드려진 예루살렘 성전 밖 북쪽 갈보리산에서 십자가에 못 박히셨다. 마치 기름과 내장은 번제단에서, 제물의 나머지 부위는 진영 바깥에서 불살랐던 속죄제와 그 형태가 동일하다. 예수님의 십자가는 하나님께 드린 온전한 속죄제였다.

속죄제는 알지 못하고 부지중에 범한 죄(레 4:13, 22, 27, 5:2, 3)를 깨닫고 회개했을 때 용서받는 제사다. 그래서 고의로 범한 죄, 알지 못하고 범했으나 깨닫지 못한 죄, 알고 지었으나 기억하지 못하는 죄는 용서받을 수 없었다. 그렇다면 출애굽한 이스라엘 백성은 이런 죄를 어떻게 처리했을까?

속건제(레 5:14~6:7)

여호와께서 모세에게 말씀하여 이르시되 누구든지 여호와의 성물에 대하여 부지중에 범죄하였으면 여호와께 속건제를 드리되 네가 지정한 가치를 따라 성소의 세겔로 몇 세겔 은에 상당한 흠 없는 숫양을 양 떼 중에서 끌어다가 속건제로 드려서 성물에 대한 잘못을 보상하되 그것에 오분의 일을 더하여 제사장에게 줄 것이요 제사장은 그 속건제의 숫양으로 그를 위하여 속죄한즉 그가 사함을 받으리라 만일 누구든지 여호와의 계명 중 하나를 부지중에 범하여도 허물이라 벌을 당할 것이니 그는 네가 지정한 가치대로 양 떼 중 흠 없는 숫양을

> 속건제물로 제사장에게로 가져갈 것이요 제사장은 그가 부지중에 범죄한 허물을 위하여 속죄한즉 그가 사함을 받으리라 이는 속건제니 그가 여호와 앞에 참으로 잘못을 저질렀음이니라(레 5:14-19).

속건제는 속죄할 속(贖)과 허물 건(愆)으로 히브리어 '아샴'이다. 아샴은 허물이란 뜻의 명사 '아솨'에서 파생된 단어로 죄로 인해 생긴 결과에 대해 책임을 지고 보상하는 제사다.

> 여호와께서 모세에게 말씀하여 이르시되 누구든지 여호와께 신실하지 못하여 범죄하되 곧 이웃이 맡긴 물건이나 전당물을 속이거나 도둑질하거나 착취하고도 사실을 부인하거나 남의 잃은 물건을 줍고도 사실을 부인하여 거짓 맹세하는 등 사람이 이 모든 일 중의 하나라도 행하여 범죄하면 이는 죄를 범하였고 죄가 있는 자니 그 훔친 것이나 착취한 것이나 맡은 것이나 잃은 물건을 주운 것이나 그 거짓 맹세한 모든 물건을 돌려보내되 곧 그 본래 물건에 오분의 일을 더하여 돌려보낼 것이니 그 죄가 드러나는 날에 그 임자에게 줄 것이요 그는 또 그 속건제물을 여호와께 가져갈지니 곧 네가 지정한 가치대로 양 떼 중 흠 없는 숫양을 속건제물을 위하여 제사장에게로 끌고 갈 것이요 제사장은 여호와 앞에서 그를 위하여 속죄한즉 그는 무슨 허물이든지 사함을 받으리라(레 6:1-7).

거룩한 물건, 성물을 범한 경우 그 원래 값에 '오분의 일'을 더해 보상해야 하고, 하나님께 숫양으로 속건제도 드려야 했다. 오분의 일은 20퍼센트 위자료와 같은 것이다. 이웃이 맡긴 물건이나 전당물을 속이고, 도둑질하거나 착취했을 때도 해당되었다. 심지어 남의 잃은 물건을 주웠지만 사실을 부인하며 거짓으로 맹세해도 마찬가지였다. 반드시 오분의 일을 더해 보상해야 했고, 하나님께 숫양으로 속건제까지 드려야 했다.

> 사람이 소나 양을 도둑질하여 잡거나 팔면 그는 소 한 마리에 소 다섯 마리로 갚고 양 한 마리에 양 네 마리로 갚을지니라(출 22:1).

출애굽기 율법에서는 오분의 일이 아니라, 소는 다섯 배로, 양은 네 배로 보상하라고 했다. 오분의 일은 스스로 자백했을 때다. 타인에게 발각되어 검거되면 네 배와 다섯 배였다. 소와 양에 대한 보상이 차이가 있는 것은, 소는 양보다 훨씬 가격이 높기 때문이다.

속건제물의 피는 번제단 사방에 뿌렸고, 기름과 콩팥은 번제단에서 불살랐으며, 남은 고기는 제사장이 먹었다. 속건제는 하나님의 백성이 입술로만 회개해서는 안 된다는 것을 교훈한다. 금전적으로 끼친 손해와 피해를 보상하고 하나님께도 회개하라는 것이다. 속건제는 속죄제와 더불어 하나님의 백성이 그분께 반드시 드려야 하는 의무제다. 제물도 속죄제와 마찬가지로 지정되어 있었고, 오직 숫양으로만 드릴 수 있었다. 하나님 앞에서 죄인이란 점에서 그 누구도 예외 없이 동일하기 때문이다. 죄인이 하나님께 죄에 대한 결과를 보상할 수 있는 방법은 오직 정해진 유일한 길로만 가능하다는 의미다.

> 예수께서 신 포도주를 받으신 후에 이르시되 다 이루었다 하시고 머리를 숙이니 영혼이 떠나가시니라(요 19:30).

예수님은 십자가에서 "다 이루었다"는 말씀을 남기고 숨을 거두셨다. 주님은 죽음으로 율법을 완전하게 하셨다. 구약의 모든 율법이 예수님의 사역을 예표하고 있음을 온전히 드러내셨고, 율법의 모든 저주를 다 받으셔서 구약시대 성도의 죄까지 사하셨다. 미래의 저주까지 다 받으셔서 하나님의 백성을 율법에서 자유하게 하셨다.

"다 이루었다"는 헬라어 '테텔레스타이'는 '완불되었다' 혹은 '값을 다 치루었다'는 의미다. 죄의 삯은 사망이므로 예수님의 죄 없는 피값으로 모든 죄인의 모든 죄의 결과를 보상하셨다. 주님의 은혜를 믿는 자들에게 값없이 의롭다 함을 주셨다. 예수님의 십자가는 바로 하나님께 드린 온전한 속건제였다.

자원제인 번제, 소제, 화목제보다는 의무제인 속죄제와 속건제가 죄 사함과 직접적인 연관이 있다. 그래서 죄인에게는 자원제보다 의무제가 필수였다. 그런데 레위기에서는 번제를 비롯한 자원제가 먼저 언급되고 이후에 속죄제를 비롯한 의무제가 언급된다. 제사 드리는 죄인을 중심으로 순서를 배열한 것이 아니라, 받으시는 하나님을 중심으로 배열했기 때문이다. 의무제인 속죄제와 속건제는 하나님의 진노를 피하는 제사이지만, 자원제인 번제와 소제와 화목제는 하나님을 기쁘시게 하는 제사였다. 하나님께서 기뻐하시는 제사부터 먼저 배열한 것이다.

5대 제사법에서는 향기로운 냄새라는 언급이 일곱 번 나온다. 번제에서 세 번(레 1:9, 13, 17), 소제에서 두 번(레 2:2, 9), 그리고 화목제에서 두 번(레 3:5, 16)이다. 하지만 속죄제와 속건제에서는 언급하지 않는다. 무엇보다 번제가 제일 먼저 언급된 이유는 하나님께서 번제를 가장 기뻐하시기 때문이다. 모든 제사는 예수 그리스도의 완전한 헌신의 번제로 시작된다. 그러므로 하나님의 백성은 그분 앞에서 회개와 보상을 넘어서, 헌신하는 태도와 겸손한 마음과 화해하는 삶으로 하나님의 기쁨이 되어야 한다.

예수 그리스도는 십자가에서 5대 제사를 모두 드리셨다. 하나님의 뜻에 온전히 순종하신 번제, 겸손하게 자기를 부인하신 소제, 하나님과 죄인을 화해하게 하신 화목제, 예루살렘 성문 밖에 있는 십자가에 달리신 속죄제, 그리고 숨을 거두시며 "다 이루었다"고 선언하신 속건제까지 모두 드리셨다. 예수 그리스도는 율법에 기록된 죄인이 받아야 할 하나님의 모든 저주를 대신 받으셨다(갈 3:13). 예수 그리스도의 이름을 믿는 모든 하나님의 백성에게는 5대 제사의 모든 효력이 온전히 적용된다. 예수 그리스도께서 완성하신 십자가의 공로를 오직 믿음으로 하나님께서 인정하시는 의인이 되는 것이다.

성도가 예배드릴 때도 헌신하는 결단으로 번제를, 겸손한 태도로 소제를, 화해하는 마음으로 화목제를, 회개하는 고백으로 속죄제를, 책임지는 행동으로 속건제를 드려야 한다. 그럴 때 하나님께서 받으시는 흠 없는 진정한 예배가 되며 하나님께서 기뻐 받으시는 것이다.

5대 제사법은 하나님과의 관계를 위해 죄인이 하나님께 나아가는 길이고, 하나님과의 관계를 회복하고 유지하며 발전시키는 은혜의 법이다. 나아가 레위의 의미처럼 이스라엘이 하나님과 연합하는 길이었다. 당시에는 희생 제물을 마련하는 것은 큰 부담이었다. 하지만 하나님께 드리는 예배가 입술로만 고백하고 아무런 부담도, 아무런 희생도 없어서는 안 되기 때문이다.

하나님께서 죄인을 구원하실 때 죄인에게 전적으로 맞추어 주신다. 오직 은혜로 하나님의 백성으로 거듭나게 하시는 것이다. 그래서 하나님 말씀에 대한 믿음만 필요하다. 구원받은 이후에는 하나님의 백성이 그분께 전적으로 맞추어야 한다. 하나님을 닮아가도록 거룩한 생활에 힘써야 한다. 그래서 하나님 말씀에 대한 순종이 필요하다. 하나님께서 이스라엘을 출애굽 시킨 목적은 이스라엘의 자유가 아니었다. 하나님을 섬기게 하는 것이 목적이었다.

"내 백성을 보내라 그러면 그들이 광야에서 내 앞에 절기를 지킬 것이니라"(출 5:1).

강독 가이드

드리는 의미에 따른 제사 구분

제사의 종류	성격	드리는 날	제물	의미
번제	자원	상번제를 매일 아침과 저녁으로, 개인이 헌신을 결단할 때	수송아지, 숫양, 숫염소, 비둘기 새끼	헌신
소제	자원	번제와 동일	곡식 가루, 올리브기름, 누룩 없는 빵, 소금 누룩과 꿀은 금지	겸손
화목제	자원	자원할 때	수소, 암소, 숫양, 암양	교제
속죄제	의무	제사장, 공동체 전체, 개인이 의도치 않은 죄를 지을 때	제사장이나 이스라엘 온 회중은 수송아지, 족장은 숫염소, 평민은 암염소나 암양	회개
속건제	의무	배상이 필요하거나 누군가에게 상해를 입혔을 때	숫양과 입힌 손해의 120%를 피해자에게 배상	책임

5대 제사의 보충 규례(레 6:8~7:38)

> 여호와께서 모세에게 말씀하여 이르시되 아론과 그의 자손에게 명령하여 이르라 번제의 규례는 이러하니라 … 이는 번제와 소제와 속죄제와 속건제와 위임식과 화목제의 규례라 여호와께서 시내 광야에서 이스라엘 자손에게 그 예물을 여호와께 드리라 명령하신 날에 시내 산에서 이같이 모세에게 명령하셨더라(레 6:8~7:38).

5대 제사법은 하나님께서 이스라엘 자손에게 말하라고 명령하셨다. 모든 이스라엘 백성이 알아야 할 제사법이기 때문이다. 그러나 5대 제사법 보충 규례는 제사장 아론과 그의 자손에게 명령하라고 하셨다. 하나님께 제사 드릴 때 제사장들이 상세히 알아야 할 제사법을 말씀하신 것이다.

> 그러므로 주께서 세상에 임하실 때에 이르시되 하나님이 제사와 예물을 원하지 아니하시고 오직 나를 위하여 한 몸을 예비하셨도다 번제와 속죄제는 기뻐하지 아니하시나니 이에 내가 말하기를 하나님이여 보시옵소서 두루마리 책에 나를 가리켜 기록된 것과 같이 하나님의 뜻을 행하러 왔나이다 하셨느니라(히 10:5-7).

복음서에는 위와 같은 예수님 말씀이 없다. 하나님께서 다윗을 통해 예언하신 말씀이다(시 40:6-8). 하나님은 이스라엘이 짐승으로 드리는 제사를 기뻐하지 않으셨다. 죄는 죄인이 지었는데 왜 짐승이 심판을 받아야 하는가? "눈에는 눈, 이에는 이, 생명에는 생명"이라는 하나님 공의의 원칙에도 맞지 않는다. 죄인 대신 짐승이 죽임을 당해 불살라지는 것은 짐승에게 너무 잔인한 행위가 아닌가? 그것도 일 년 동안 정성스레 키웠던 누렁이를.

> 구스인이 그의 피부를, 표범이 그의 반점을 변하게 할 수 있느냐 할 수 있을진대 악에 익숙한 너희도 선을 행할 수 있으리라(렘 13:23).

예레미야 선지자는 사람이 날 때부터 타고나는 죄성을 구스인 피부와 표범 반점에 비유했다. 구스는 아프리카 이디오피아이고 구스인은 흑인이다. 흑인의 피부를 희게 만들 수는 없다. 미국의 한 흑인 가수가 피부색을 조금이라도 희게 하려고 박피수술을 여러 번 받았다는 말을 들은 적 있다. 여러 번 벗겨냈지만 그는 여전히 흑인이었다. "표범이 그의 반점을 변하게 할 수 있느냐?" 표범이 반점을 변하게 하는 것도 마찬가지다. 표범은 이것에 관심조차 없다. 예레미야 선지자는 구스인 피부와 표범 반점을 변하게 할 수 있고, 악에 익숙한 사람도 선을 행할 수 있다고 말했다. 구스인이 정말 피부색을 변하게 하고, 표범이 반점을 변하게 하며, 사람이 선을 행할 수 있다는 말인가? 강조하기 위해 반어법을 사용했을 뿐이다. 절대로 안 된다는 의미다. 구스인의 피부색도 표범의 반점도 절대 변하게 할 수 없는 것처럼, 사람도 결코 선을 행할 수 없다. 왜 행할 수 없는가? 구스인 피부색과 표범 반점과 사람의 죄성에는 공통점이 있는데 타고난다는 것이다. 사람은 날 때부터 죄인이다. 죄를 지어서 죄인이 아니라, 죄인으로 태어나기 때문에 죄를 짓는 것이다. 죄인으로 태어나기 때문에 선이나 구원의 가능성이 전혀 없다. 혹 선한 모양은 있을 수 있어도 결코 선하지는 않다. 구스인 피부색 같고 표범 반점 같은 사람의 죄성은 세상의 것으로는 절대로 변화시킬 수 없다. 오직 전능하신 하나님의 은혜로만 변화될 수 있다.

그래서 하나님의 독생자께서 아버지 하나님의 공의와 사랑을 만족시키기 위해 죄인 대신, 십자가 제단에 올려질 제물로 이 땅에 오신 것이다. 죄인을 위해 독생자를 희생하는 것은 짐승을 드리는 것보다 더 잔인하지 않는가? 분명 더 잔인하다. 그러나 구스인 피부색과 표범 반점과도 같은 사람의 죄는 너무 끔찍해서 용서받을 수 있는 다른 길은 없기 때문이다.

> 그러나 그 날 후에 내가 이스라엘 집과 맺을 언약은 이러하니 곧 내가 나의 법을 그들의 속에 두며 그들의 마음에 기록하여 나는 그들의 하나님이 되고 그들은 내 백성이 될 것이라 여호와의 말씀이니라 그들이 다시는 각기 이웃과 형제를 가리켜 이르기를 너는 여호와를 알라 하지 아니하리니 이는 작은 자로부터 큰 자까지 다 나를 알기 때문이라 내가 그들의 악행을 사하고 다시는 그 죄를 기억하지 아니하리라 여호와의 말씀이니라(렘 31:33-34).

하나님은 그분의 법을 언약궤가 아니라 우리 속에 두며 우리 마음에 기록해, 하나님 백성으로 삼으셔서 우리의 모든 악행을 사하신다고 언약하셨다. 하나님은 그분의 은혜를 믿는 자들의 불의를 긍휼히 여기시기 때문이다. 그뿐 아니라 다시는 그 죄를 기억하지 않겠다고 약속하셨다(히 8:12, 10:17). 기억 못하는 것이 아니라 기억하지 않으신다.

기억하지 않는 것과 기억 못하는 것은 의지의 차이다. 기억 못하는 것은 어떤 의지도 개입되지 않는 자연스러운 상태이고, 기억하지 않는 것은 기억하지만 굳이 기억하지 않겠다는 의지가 개입된 것이다.

하나님은 악행에 대한 대가는 심판이지만, 사해 주실 것을 선택하셨다. 하나님의 용서는 바로 그분의 의지적 선택이다. 기억하지 않는다는 말씀은 '뒤로 가려주신다'라는 의미다. 분명히 죄와 허물이 있지만 덮어주시는 것이다.

예수님께서 어떤 심정으로 십자가에 오르셨을까? 우리를 사랑하는 마음으로 기꺼이 오르셨을까? 아니다. 억지로 오르셨다. 십자가에 달리기 전날 밤 겟세마네 동산에서 분명 그 잔을 피할 수만 있다면 피하게 해달라고 세 번이나 기도하셨고(마 26:39-45), 심한 통곡과 눈물로 간구와 소원을 올려 땀이 핏방울이 되기까지 기도하셨다. 우리를 위해 십자가에 의지적으로 오르신 예수 그리스도의 은혜를 바라보고, 우리 죄를 기억하지 않겠다고 하신 하나님 말씀을 믿고 의지해야 한다.

이스라엘은 죄 사함을 위해 각종 제사에서 짐승을 제물로 삼았다. 그러나 그들이 직접 준비한 제물은 죄를 실제적으로 사함 받게 할 수는 없었다.

"보라 세상 죄를 지고 가는 하나님의 어린 양이로다"(요 1:29). '하나님의 어린 양'은 죄 사함 받기 위해 사람이 준비한 어린 양이 아니라, 죄인의 죄를 사해 주시기 위해 하나님께서 친히 준비하신 제물이다.

> 이삭이 그 아버지 아브라함에게 말하여 이르되 내 아버지여 하니 그가 이르되 내 아들아 내가 여기 있노라 이삭이 이르되 불과 나무는 있

거니와 번제할 어린 양은 어디 있나이까 아브라함이 이르되 내 아들아 번제할 어린 양은 하나님이 자기를 위하여 친히 준비하시리라 하고 두 사람이 함께 나아가서 … 아브라함이 눈을 들어 살펴본즉 한 숫양이 뒤에 있는데 뿔이 수풀에 걸려 있는지라 아브라함이 가서 그 숫양을 가져다가 아들을 대신하여 번제로 드렸더라 아브라함이 그 땅 이름을 여호와 이레라 하였으므로 오늘날까지 사람들이 이르기를 여호와의 산에서 준비되리라 하더라(창 22:7-14).

하나님께서 죄인의 죄를 사해 주시기 위해 친히 준비하신 제물은 짐승이 아니라, 하나님의 어린 양 예수 그리스도다. 제물을 친히 준비하신 여호와의 산도 십자가가 서 있던 갈보리산이다. 오직 사람으로 오신 예수 그리스도만이 모든 죄를 사하실 수 있다. 하나님이 오셨어도 "눈에는 눈, 이에는 이, 생명에는 생명"이라는 그분 공의를 만족시킬 수는 없다.

거룩한 제사에 사용되는 제물은 하나님 앞에서 조금도 흠이 없어야 했다. 그러나 어떤 제물도 하나님 앞에서 흠이 조금도 없을 수는 없기에 사람이 준비한 모든 제물은 자격 미달이다. 따라서 율법에서 언급되는 제물들은 궁극적으로 십자가에서 하나님의 어린 양이란 제물로 돌아가신 예수 그리스도를 예표한다. 짐승으로 드린 5대 제사는 십자가에서 통합되어 완성되었기 때문에 지금은 제사법이 폐해진 것이다.

"율법은 아무 것도 온전하게 못할지라"(히 7:19).

제2강

거룩한 사역, 제사장과 속죄일

레위기 8~10장, 16장

출애굽기는 하나님과 임마누엘을 이루는 거룩한 성막을 세우는 것으로 끝맺었다. 레위기는 이스라엘이 성막을 통해 하나님과 바른 관계를 유지할 수 있는 '5대 제사법'으로 시작되었다. 5대 제사법에 이어 하나님은 제사장을 세우라고 명령하셨다. 모든 제사는 제사장의 집례로만 드릴 수 있기 때문이다. 본질적으로 부정한 죄인은 거룩하신 하나님과 함께할 수도, 그분께 나아갈 수도 없다. 그래서 제사를 집례하는 거룩한 중보자 제사장이 그 간격을 메우고 죄인은 하나님께로 나아올 수 있었다.

거룩한 제사장의 위임식(레 8:1-36)

> 여호와께서 모세에게 말씀하여 이르시되 너는 아론과 그의 아들들과 함께 그 의복과 관유와 속죄제의 수송아지와 숫양 두 마리와 무교병 한 광주리를 가지고 온 회중을 회막 문에 모으라 … 모세가 아론과 그의 아들들을 데려다가 물로 그들을 씻기고 아론에게 속옷을 입히며 띠를 띠우고 겉옷을 입히며 에봇을 걸쳐 입히고 에봇의 장식 띠를 띠워서 에봇을 몸에 매고 흉패를 붙이고 흉패에 우림과 둠밈을 넣고 그의 머리에 관을 씌우고 그 관 위 전면에 금 패를 붙이니 곧 거룩한 관이라 여호와께서 모세에게 명령하신 것과 같았더라(레 8:1-9).

하나님은 레위 지파 중 아론과 그 아들들을 제사장으로 세우라고 명령하셨다. 그들로 하여금 이스라엘이 성막에서 하나님께 드리는 5대 제사를 집례하게 하셨다. 제사장이란 라틴어 '폰티틱스'는 다리를 놓는 사람들이란 의미로, 그들은 죄인 이스라엘이 거룩한 하나님께 나아갈 수 있는 다리 역할을 했다. 아론은 제1대 대제사장으로, 아들들은 제사장으로 세움 받았다.

제사장은 반드시 하나님께서 구분해 입으라고 하신 의복을 입어야 했다. 의복은 일곱 번이나 반복되는 "여호와께서 명령하신 대로"(출 39:1, 5, 7, 21, 26, 29, 31) 지은 것이다. 당시 사람들은 속옷을 입지 않았지만, 하나님은 제사를 집례하는 제사장에게 반드시 속옷을 입으라고 명령하셨다. 제사장이 제단 위에 올라가다가 행여 넘어져 하체가 보이는 등의 실수를 해서는 안 되기 때문이다. 또한 당시 우상을 숭배하는 제사장들은 속옷을 입지 않았다. 그들이 드린 제사는 우상 앞에서 음란한 일을 행하는 것이기 때문이다. 하나님은 제사장들에게 반드시 속옷을 입어 그들의 제사와 거룩하게 구별하라고 명령하신 것이다.

대제사장이 겉옷 위에 걸치는 조끼 '에봇'은 금실, 청색, 자색, 홍색 실과 가늘게 꼰 베실로 정교하고 화려하게 짠 의복이다. 에봇의 두 어깨받이에는 이스라엘 열두 아들의 이름이 여섯 지파씩 새겨진, 호마노 보석 두 개가 달려 있었다(출 28:9-12). 가슴에는 하나님의 뜻을 여쭐 때 사용되는 판결 흉패가 있었고, 판결 흉패에는 이스라엘 열두 지파 이름이 각각 새겨진 서로 다른 열두 보석이 달려 있었다(출 28:15-21).

열두 보석은 이스라엘 열두 지파를 상징한다. 하나님은 시내산에서 이스라엘과 언약을 맺으실 때 그들을 '쎄굴라'라고 부르셨다. 히브리어 쎄굴라는 성경에서 내 소유, 보배, 아끼는 아들 등으로 번역되었다.

홍보석은 유다 지파, 황옥은 잇사갈 지파, 녹주옥은 스불론 지파, 석류석은 르우벤 지파, 남보석은 시므온 지파, 홍마노는 갓 지파, 호박은 에브라임 지파, 백마노는 므낫세 지파, 자수정은 베냐민 지파, 녹보석은 단 지파, 호마노는 아셀 지파, 그리고 벽옥은 납달리 지파를 상징한다. 이스라엘 열두 지파는 열두 보석처럼 서로 다른 다양성을 가지는 동시에, 한 에봇에 달린 한 이스라엘이라는 통일성을 가진 하나님의 백성이다.

대제사장이 여호와 앞에 들어갈 때에는 에봇 판결 흉패 속에 우림(Urim)과 둠밈(Thummim)이란 보석을 넣었다(출 28:30). 우림과 둠밈은 대제사장이 하나님의 뜻을 여쭙기 위해 사용한 보석이다. 두 보석은 크기와 모양은 같지만, 색깔이 다른 흰 돌과 검은 돌로 알려져 있다.

주님께서 버가모 교회에게 말씀하신 이기는 그에게 주신다는 '흰 돌'(계 2:17)이 이 보석으로 여겨진다.

대제사장이 하나님의 뜻을 여쭐 때는 먼저 하나님께 기도하고, 가슴받이 판결 흉패에 들어 있는 두 돌 중 하나를 임의로 뽑았다. 흰 돌이 나오면 하나님께서 '긍정', 검은 돌이 나오면 '부정'하신다는 뜻으로 이해했을 것이다.

대제사장의 에봇에는 열여섯 개의 보석이 달려 있었다. 이 보석들의 현 시가는 족히 30억이 넘을 것이라고 학자들은 추정하고 있다. 대제사장은 하나님의 보석 같은 이스라엘 열두 지파의 모든 수고하고 무거운 짐을 어깨에 메며, 그들을 가슴에 품고 하나님께 나아가 맡기는 소임을 맡은 이들이다.

하나님은 대제사장에게 '청색' 겉옷을 입으라고 명령하셨다. 청색을 명령하신 이유는 하나님의 영광이 '파란 영광'이기 때문이다. 파란 영광은 죄인과 언약을 맺어주시는 하나님의 자비를 상징한다. 하나님과 죄인 사이의 다리 역할을 하는 대제사장은 하나님께 드리는 제사를 통해 하나님의 자비로운 마음을 드러내는 사역자였다.

하나님은 제사장들에게 구분하신 의복을 입지 않으면 죽음을 면치 못할 것이라 말씀하셨다(출 28:43). 이 모든 이유를 대제사장이 머리에 썼던 관 전면 금패가 분명히 드러내고 있었다. 금패에는 '여호와께 성결'이라 새겨져 있다. 글귀는 대제사장이 쓰는 관 전면 금패에 새겨져 있어서 대제사장이 볼 수 있는 것이 아니라, 이스라엘 백성이 볼 수 있었다. 하나님께서 모든 이스라엘 백성에게 요구하신 것은 말씀대로 구분되는 거룩이다.

거룩은 창조 때부터 구분되는 것이다. 첫째 날에는 빛을 창조하심으로 빛과 어둠으로, 둘째 날에는 물 가운데 궁창을 내심으로 궁창 위의 물과 궁창 아래의 물로, 셋째 날에는 물 아래에서 뭍이 드러나게 하심으로 물과 뭍으로, 그리고 첫째 날부터 셋째 날까지와 넷째 날부터 여섯째 날까지도 외형과 내용물을 창조하시는 것으로 구분하셨다. 거룩은 하나님 말씀 그대로 구분되는 것이다. 하나님은 제사장뿐만 아니라 모든 이스라엘 열두 지파가 하나님 말씀으로 세상과 구분되는 존재가 되기 원하셨다.

"너희가 내게 대하여 제사장 나라가 되며 거룩한 백성이 되리라" (출 19:6).

> 모세가 관유를 가져다가 성막과 그 안에 있는 모든 것에 발라 거룩하게 하고 또 제단에 일곱 번 뿌리고 또 그 제단과 그 모든 기구와 물두멍과 그 받침에 발라 거룩하게 하고 또 관유를 아론의 머리에 붓고 그에게 발라 거룩하게 하고 모세가 또 아론의 아들들을 데려다가 그들에게 속옷을 입히고 띠를 띠우며 관을 씌웠으니 여호와께서 모세에게 명령하신 것과 같았더라(레 8:10-13).

관유는 하나님께 바쳐진 사람이나 성물에 바르는 거룩한 기름이다. 액체 몰약 오백 세겔, 향기로운 육계 이백오십 세겔, 향기로운 창포 이백오십 세겔, 계피 오백 세겔, 그리고 감람기름 한 힌으로 만드는 거룩한 향유였다(출 30:23-25). 다른 용도로 제조된 향유를 관유로 사용해서는 안 되고, 관유를 다른 용도로 사용할 수도 없었다. 용도를 어겨 사용하면 하나님의 백성 중에서 끊어질 것이라 말씀하셨다(출 30:33). 하나님께서 명령하신 거룩한 관유는 다른 재료로 제조해서도,

다른 용도로 사용해서도 안 되었다.

구원자를 의미하는 히브리어 '메시아'는 기름 부음을 받은 자다. 관유는 하나님께서 그분의 대리자로 삼으신 왕, 선지자, 제사장을 세우실 때 부었던 거룩한 기름이다. 메시아는 헬라어로 크리스토스이며 우리말로 그리스도다.

> 모세가 또 속죄제의 수송아지를 끌어오니 아론과 그의 아들들이 그 속죄제의 수송아지 머리에 안수하매 모세가 잡고 그 피를 가져다가 손가락으로 그 피를 제단의 네 귀퉁이 뿔에 발라 제단을 깨끗하게 하고 그 피는 제단 밑에 쏟아 제단을 속하여 거룩하게 하고 또 내장에 덮인 모든 기름과 간 꺼풀과 두 콩팥과 그 기름을 가져다가 모세가 제단 위에 불사르고 그 수송아지 곧 그 가죽과 고기와 똥은 진영 밖에서 불살랐으니 여호와께서 모세에게 명령하심과 같았더라 …
> (레 8:14-21).

제사장 위임식에서 하나님께 제일 먼저 드리는 제사는 수송아지로 드리는 속죄제였다. 그들도 죄인이기 때문에 먼저 자기 죄를 속죄받아야 했다. 5대 제사법 중 속죄제는 제사장, 이스라엘 온 회중, 족장, 그리고 평민이 신분에 따라 네 부류로 나누어 드렸는데, 제사장이 가장 먼저 언급된 이유도 이 때문이다. 제사를 집례하는 제사장도 하나님께 속죄받아야 하는 죄인이므로 자신을 위한 속죄제를 드려야 다른 속죄제를 드릴 수 있었다.

"그러므로 백성을 위하여 속죄제를 드림과 같이 또한 자신을 위하여도 드리는 것이 마땅하니라"(히 5:3).

둘째 제사는 그들의 헌신을 의미하는 숫양으로 드리는 번제였다(레 8:18-21).

> 또 다른 숫양 곧 위임식의 숫양을 드릴새 아론과 그의 아들들이 그 숫양의 머리에 안수하매 모세가 잡고 그 피를 가져다가 아론의 오른쪽 귓부리와 그의 오른쪽 엄지 손가락과 그의 오른쪽 엄지 발가락에 바르고 아론의 아들들을 데려다가 모세가 그 오른쪽 귓부리와 그들의 손의 오른쪽 엄지 손가락과 그들의 발의 오른쪽 엄지 발가락에 그 피를 바르고 또 모세가 그 피를 제단 사방에 뿌리고 그가 또 그 기름과 기름진 꼬리와 내장에 덮인 모든 기름과 간 꺼풀과 두 콩팥과 그 기름과 오른쪽 뒷다리를 떼어내고 … 아론과 그의 아들들이 여호와께서 모세를 통하여 명령하신 모든 일을 준행하니라(레 8:22-36).

셋째 제사는 또 다른 숫양으로 드리는 위임식 제사였다. 위임은 맡길 위(委)와 맡길 임(任)이다. 일을 맡겨 짐을 지운다는 의미로 제사장 위임식은 곧 제사장 취임식이었다. 하나님은 아론과 그 아들들에게 제사장 직분을 위임하셨다. 무엇보다 아론이 대제사장으로 위임받은 것은 하나님의 은혜였다.

하나님께서 시내산 위에서 친히 손으로 두 돌판에 십계명을 새기시는 동안, 이스라엘은 아래에서 금 고리를 부어 금송아지를 조각칼로 새겼다. 아론은 이스라엘이 금송아지를 우상으로 숭배하게 한 원인을 제공한 장본인이다. "내가 불에 던졌더니 이 송아지가 나왔나이다"(출 32:24)라며 궁색한 변명을 늘어놓기에 급급했던 사람이다. 하나님께 치명적인 죄를 범한 그는 심판받아 죽는 것이 마땅했다(신 9:20). 그런데도 하나님은 그를 거룩한 대제사장으로 그의 아들들을 제사장으로 삼아주셨다.

모세는 하나님의 명령대로 그들의 오른쪽 귓부리와 오른쪽 엄지손가락과 오른쪽 엄지발가락에 정결하게 하는 위임식 제물의 피를 발랐다. 귓부리에 피를 바르는 것은 제사장은 들어야 할 말과 듣지 말아야 할 말, 엄지손가락에 피를 바르는 것은 해야 할 일과 하지 말아야 할 일, 그리고 엄지발가락에 피를 바르는 것은 가야 할 곳과 가지 말아야 할 곳이 있다는 것이다. 비단 제사장뿐만 아니라, 하나님께서 세우시는 모든 직분자는 들어야 할 말과 해야 할 일과 가야 할 곳을 잘 구분해야 된다. 또한 현실적으로 눈에 보이는 것을 보기보다 보이지 않는 영적 세계를 보고 들을 수 있어야 한다.

아론과 그의 아들들은 위임식이 끝나는 이레 동안 회막에 머물며 매일 이 같은 제사들을 드렸고, 하나님의 모든 명령을 준행해 제사장 위임식을 마쳤다. 제사장은 자원, 투표, 혹은 제비를 뽑아 선출되는 것이 아니다. 오직 하나님께서 지명한 사람이 제사장으로 세워졌다. 아론과 그 아들들은 특별한 조건을 갖추었다. 열두 지파 중에서도 레위 지파였고, 레위 지파 중에서도 아론의 자손들이다.

제사장의 옷을 지을 때와 마찬가지로 제사장 위임식에서도 “여호와께서 명령하심과 같았더라”는 말씀이 일곱 번(레 8:4, 9, 13, 17, 21, 29, 36) 반복된다. 하나님의 백성이 받는 모든 직분과 사명은 그 사람이 갖춘 인간적 조건에 따라 주어지는 것이 아니라, 오직 하나님의 뜻에 의해 지명되어 주어진다는 의미다.

“이 존귀는 아무도 스스로 취하지 못하고 오직 아론과 같이 하나님의 부르심을 받은 자라야 할 것이니라”(히 5:4).

모든 직분과 사명은 사람이 아니라, 하나님께서 주셨다는 믿음이 거룩한 사역자의 태도다. 신약시대에는 "예수 그리스도의 사랑을 입어 그의 피로 죄에서 해방하심을 받은"(계 1:5) 모든 성도가 바로 제사장이다(벧전 2:9).

거룩한 제사와 여호와의 불(레 9:1–24)

> 여덟째 날에 모세가 아론과 그의 아들들과 이스라엘 장로들을 불러다가 아론에게 이르되 속죄제를 위하여 흠 없는 송아지를 가져오고 번제를 위하여 흠 없는 숫양을 여호와 앞에 가져다 드리고 이스라엘 자손에게 말하여 이르기를 너희는 속죄제를 위하여 숫염소를 가져오고 또 번제를 위하여 일 년 되고 흠 없는 송아지와 어린 양을 가져오고 또 화목제를 위하여 여호와 앞에 드릴 수소와 숫양을 가져오고 또 기름 섞은 소제물을 가져오라 하라 오늘 여호와께서 너희에게 나타나실 것임이니라 하매 그들이 모세가 명령한 모든 것을 회막 앞으로 가져오고 온 회중이 나아와 여호와 앞에 선지라 … 가슴들과 오른쪽 뒷다리를 그가 여호와 앞에 요제로 흔드니 모세가 명령한 것과 같았더라(레 9:1–21).

이스라엘은 하나님 말씀대로 성막도 세웠고, 제사법도 받았으며 제사장도 세웠다. 드디어 최초의 제사를 드릴 준비가 되었다. 모세는 이스라엘에게 "오늘 여호와께서 너희에게 나타나실 것임이니라"(레 9:4)고 선포했다. 이스라엘은 모세가 명령한 모든 것을 회막 앞으로 가져왔고 온 회중이 하나님 앞에 섰다.

대제사장 아론과 제사장인 그의 아들들은 모세의 명령대로 먼저 자신들의 죄를 속하기 위해 하나님께 속죄제를 드렸다. 위임식 이레 동안 매일 속죄제를 비롯한 제사들을 드렸는데도 여덟째 날에 또 다시 속죄제를 드려야 했다. 당시 세운 제사장은 온전하지 못했기 때문이다.

이어 자신들을 위한 번제를 드린 후에, 백성을 위한 속죄제, 번제, 소제, 화목제도 드렸다. 그들은 5대 제사법에 따라 하나님 말씀대로 제사를 드렸다. '속건제'의 의미를 포함한 의무제인 속죄제를 먼저 드린 후에, 이어 자원제인 번제와 소제와 화목제를 드린 것이다.

> 아론이 백성을 향하여 손을 들어 축복함으로 속죄제와 번제와 화목제를 마치고 내려오니라 모세와 아론이 회막에 들어갔다가 나와서 백성에게 축복하매 여호와의 영광이 온 백성에게 나타나며 불이 여호와 앞에서 나와 제단 위의 번제물과 기름을 사른지라 온 백성이 이를 보고 소리 지르며 엎드렸더라(레 9:22-24).

> 예수께서 그들을 데리고 베다니 앞까지 나가사 손을 들어 그들에게 축복하시더니 축복하실 때에 그들을 떠나 하늘로 올려지시니(눅 24:50, 51).

하나님께 드리는 제사를 마친 아론은 백성을 향해 손을 들어 축복했다. 모세와 아론이 회막에서 나와 백성을 다시 축복하자, 갑자기 하늘에서 여호와의 영광이 온 백성에게 나타났다. 하나님 말씀대로 성막을 세웠고, 하나님 말씀대로 제사장을 세웠고, 하나님 말씀대로 제사를 드렸고, 대제사장이 손을 들어 축복하자 여호와의 영광이 온 백성에게 나타난 것이다.

"하나님이 이르시되 … 그대로 되니라. 보시기에 심히 좋았더라."

하나님 말씀대로 제사를 드렸기 때문에 하나님께서 보시기에 좋으셨던 것이다. 여호와의 영광 앞에서 불이 떨어져 번제물과 기름을 살랐다. 너무나도 경이로운 광경이다. 이를 본 온 이스라엘은 두려워 소리 지르며 엎드렸다. 그런데 번제물과 기름은 아론이 이미 제단 위에서 불살랐던 것이 아닌가? 그런데도 여호와의 영광 앞에서 떨어진 불이 번제물과 기름을 다시 불살랐다.

하나님의 백성은 그분께서 주신 것은 무엇이든 감사함으로 받아야 한다. 그러나 하나님은 그분의 백성이 그 무엇을 드린다고 해서 다 받으시는 것은 아니다. 하나님은 그들이 준비한 불로 살랐던 번제물과 기름을 받으신 것이 아니라, 그분의 '불'로 살랐던 것을 받으셨다. 하나님의 도우심이 없이는 그 어떤 것도 드려질 수 없다는 것이다.

여호와의 영광 앞에서 떨어진 불이 번제물과 기름을 불살랐다. 그것은 하나님께서 그들이 드린 제사를 받으셨다는 의미다. 그들이 드린 제사가 하나님께서 명령하신 5대 제사법대로 드렸기 때문에 하나님께 온전히 드려진 것이다.

제사장과 이스라엘 백성이 하나님께 제사를 드렸다. 제물을 불사른 연기가 하늘로 올라가긴 했지만, 과연 하나님께서 그 제사를 받으신 것인지 이스라엘은 알 길이 없었다. 여호와의 영광 앞에서 떨어진 불은 그에 대한 하나님의 응답이었다. 하나님의 불은 아론과 그 아들들을 제사장으로 세운 것이 모세가 아니라, 하나님이심을 확증해 주었다. 이스라엘 백성 중에는 모세가 아론과 그 아들들을 제사장으로 세운 것을 못마땅하게 생각하는 이들도 있었을 것이다. 왜냐하면 아론은 모세의 형이고, 그 아들들은 모세의 조카이기 때문이다. 그러나 이는 하나님의 뜻이었음이 그분의 불로 확인되었다.

제단과 제물과 제사장과 예배자가 준비되었어도 '하나님의 불'이 없으면 제사는 완성될 수 없다.

성막 출입도 마찬가지였다. 하나님께서 친히 주신 성막 설계도대로 이스라엘이 자원해 드린 예물로 성막을 세웠다. 하지만 하나님의 충만한 영광이 성막에 임하자 아무도 접근할 수 없었다. 하나님은 모세를 부르셨고 그에게 말씀해 주셔서 모든 이스라엘 백성이 성막으로 나아갈 수 있었다. 하나님께 드려진 최초의 제사는 '하나님의 부르심'(레 1:1)으로 시작되어, 여호와의 영광 앞에 떨어진 하나님의 불로 완성되었다. 제사의 완성은 드리는 예배자가 아닌 제사를 받으시는 하나님께 달린 것이다.

불이 여호와 앞에서 나와 제단 위 번제물과 기름을 살랐다. 이를 본 온 백성이 소리 지르며 엎드렸다. 모든 이스라엘이 지켜본 하나님의 영광과 불은 참으로 경이로운 광경이었고, 제사의 절정이었다. 모든 이스라엘은 이 광경에 감격스러워 눈물을 흘리지 않을 수 없었을 것이다.

이스라엘은 출애굽 제1년 1월 14일에 유월절 장자 재앙으로, 15일 무교절 밤에 출애굽을 했다. 3월 1일에 시내산에 도착해 오순절에 하나님과 시내산 언약을 맺었다. 그때 모든 이스라엘 백성이 하나님의 영광을 처음이자 마지막으로 보았던 것이다. 하나님께서 성막 설계도를 주셨지만 금송아지 우상숭배 사건으로 인해 삼천 명이나 목숨을 잃는 참사가 있었다. 이후 모세가 하나님의 명령이라며 성막 지을 예물을 드리라고 지시했고, 성막은 출애굽 제2년 1월 1일에 완공되었다. 모세가 사십 일 금식을 두 번 한 것을 감안하면, 거의 7개월 만에 세워진 것이다. 모세는 5대 제사를 명령한 후, 형 아론을 대제사장으로 그 아들들을 제사장으로 세웠다. 너무 친족 위주인 것 같다. 아론에게 약 30억이 넘는 열여섯 개의 보석이 달린 에봇을 입히는 것도 심한 사치로 여겨질 수도 있었고, 모세가 내리는 명령이 과연 하나님의 명령인지도 알 수 없었다. 무엇보다 하나님께서 정말로 그들과 함께 계신지 확신할 수 없고 모든 것이 의심스러울 뿐이다.

그런데 이스라엘이 하나님께 최초의 제사를 드리자 여호와의 영광이 모든 이스라엘 백성 앞에 나타났다. 이스라엘은 거의 1년 만에 파란 하나님의 영광을 본 것이다. 영광은 이스라엘의 모든 의심을 단숨에 불식시켰고, 하나님께서 이스라엘과 함께하신다는 임마누엘 약속을 확인시켜 주셨다. 모든 이스라엘 백성이 하나님의 경이로운 영광을 보고 감격하지 않을 수 없었을 것이다.

하나님 말씀대로 성막과 제사장을 세워 제사를 드렸다. 이스라엘이 그분 말씀에 순종했을 때, 마침내 예수 그리스도의 온전한 안식을 상징하는 여덟째 날에 하나님의 영광이 나타났다. 하나님은 그 불로 이스라엘의 모든 의심을 불사르셨다.

> 홀연히 하늘로부터 급하고 강한 바람 같은 소리가 있어 그들이 앉은 온 집에 가득하며 마치 불의 혀처럼 갈라지는 것들이 그들에게 보여 각 사람 위에 하나씩 임하여 있더니 그들이 다 성령의 충만함을 받고 성령이 말하게 하심을 따라 다른 언어들로 말하기를 시작하니라(행 2:2-4).

하늘로부터 급하고 강한 바람 같은 소리가 있어 제자들이 앉은 온 집에 가득했다. 마치 불의 혀처럼 갈라지는 것들이 보이며 제자들 위에 하나씩 임했다. 그들에게는 하나님의 불 정도가 떨어진 것이 아니라, 불 같은 성령 하나님이 임하신 것이다. 우리 주 예수 그리스도의 이름을 믿는 그들은 하나님께서 기뻐하시는 거룩한 산 제물이었다. 죽은 제물을 드리는 유대교가 하나님께서 받으시는 산 제물인 기독교로 완성된 것이다. 그날도 여호와의 영광에서 하나님의 불이 떨어진 여덟째 날과 마찬가지로 주일이었다(레위기 제4강 거룩한 7대 절기 참조).

> 아론과 그의 자손에게 명령하여 이르라 번제의 규례는 이러하니라 번제물은 아침까지 제단 위에 있는 석쇠 위에 두고 제단의 불이 그 위에서 꺼지지 않게 할 것이요 … 제단 위의 불은 항상 피워 꺼지지 않게 할지니 제사장은 아침마다 나무를 그 위에서 태우고 번제물을 그 위에 벌여 놓고 화목제의 기름을 그 위에서 불사를 지며 불은 끊임이 없이 제단 위에 피워 꺼지지 않게 할지니라(레 6:9, 12, 13).

하나님의 불이 번제단에 떨어진 시점은 주전 1449년경이다. 하나님은 그 불을 절대로 꺼지지 않게 하라고 세 번이나 명령하셨다. 이스라엘은 40년 광야 생활 동안 마흔한 번을 이동하면서 그 불을 불씨의 형태로 옮기며 한 번도 꺼뜨리지 않았다. 가나안에 들어가 주전 586년까지도 마찬가지다. 이 불은 약 857년 동안 꺼지지 않고 타올랐다. 그러나 이스라엘이 바벨론에게 멸망당하면서 꺼지고 말았다. 하나님께서 예루살렘 성전을 떠나셨기 때문이다. 하나님의 은혜는 불씨를 간직하듯 정성껏 간직해야 한다. 하나님의 은혜는 받는 것보다 유지하는 것이 더욱 어렵다.

거룩하지 못한 제사와 심판의 불(레 10:1-20)

> 아론의 아들 나답과 아비후가 각기 향로를 가져다가 여호와께서 명령하시지 아니하신 다른 불을 담아 여호와 앞에 분향하였더니 불이 여호와 앞에서 나와 그들을 삼키매 그들이 여호와 앞에서 죽은지라(레 10:1, 2).

아론의 두 아들 제사장 나답과 아비후의 죽음은 출애굽 이후 이스라엘 백성이 목숨을 잃은 두 번째 참사였고, 하나님께서 불로 내리신 첫 번째 심판이었다. 출애굽 제1년 금송아지 우상숭배로 인해 레위 지파에게 도륙당한 삼천 명의 죽음에 이어, 출애굽 제2년 하나님께 레위 지파 두 제사장이 당한 죽음이었다. 하나님께서 모세를 통해 제사장을 세우실 때 "여호와께서 명령하심과 같았더라"는 말씀이 일곱 번이나 언급되는데도 나답과 아비후는 여호와께서 명령하신 것과 전혀 다른 행동을 했다.

> 향로를 가져다가 여호와 앞 제단 위에서 피운 불을 그것에 채우고 또 곱게 간 향기로운 향을 두 손에 채워 가지고 휘장 안에 들어가서(레 16:12).

하나님은 성소에 있는 분향단에 분향할 불을 제사장에게 지정해 주셨다. 그 불은 성막 뜰에 있는 번제단 위에 붙은 불이어야 했다. 하나님의 백성이 하나님께 그 무엇을 드린다고 해서 다 받으시는 것이 아니기 때문이다. 번제단 불은 바로 여호와의 영광 앞에서 떨어진 '하나님의 불'이었다(레 9:24). 하나님께서 받으시는 분향은 반드시 하나님의 불로만 해야 했다. 뿐만 아니라 다른 향을 불살라서도 안 되었다(출 30:9).

나답과 아비후는 번제단 불과 다른 불을 동일한 것으로 여기고 하나님 말씀에 순종하지 않았다. 하나님께는 결코 동일한 불이 아니다. 완전히 다른 불이다. 거룩은 하나님 말씀대로 구분하는 것이다.

> 모세가 아론에게 이르되 이는 여호와의 말씀이라 이르시기를 나는 나를 가까이 하는 자 중에서 내 거룩함을 나타내겠고 온 백성 앞에서 내 영광을 나타내리라 하셨느니라 아론이 잠잠하니 모세가 아론의 삼촌 웃시엘의 아들 미사엘과 엘사반을 불러 그들에게 이르되 나아와 너희 형제들을 성소 앞에서 진영 밖으로 메고 나가라 하매 그들이 나와 모세가 말한 대로 그들을 옷 입은 채 진영 밖으로 메어 내니 모세가 아론과 그의 아들 엘르아살과 이다말에게 이르되 너희는 머리를 풀거나 옷을 찢지 말라 그리하여 너희가 죽음을 면하고 여호와의 진노가 온 회중에게 미침을 면하게 하라 오직 너희 형제 이스라엘 온 족속은 여호와께서 치신 불로 말미암아 슬퍼할 것이니라 여호와의 관유가 너희에게 있은즉 너희는 회막 문에 나가지 말라 그리하면 죽음을 면하리라 그들이 모세의 말대로 하니라 여호와께서 아론에게 말씀하여 이르시되 너와 네 자손들이 회막에 들어갈 때에는 포도주나 독주를 마시지 말라 그리하여 너희 죽음을 면하라 이는 너희 대대

로 지킬 영영한 규례라 그리하여야 너희가 거룩하고 속된 것을 분별하며 부정하고 정한 것을 분별하고 또 나 여호와가 모세를 통하여 모든 규례를 이스라엘 자손에게 가르치리라 … (레 10:3-20).

나답과 아비후는 포도주나 독주를 마시고 분향을 드리다가, 불의 심판을 받은 것으로 여겨진다. 술로 인해 흐려진 판단으로 하나님 말씀을 가벼이 여겼을 것이다. 아론은 불에 탄 두 아들의 주검 앞에서 잠잠했다. 통곡이라도 해야 했지만, 그는 아무 말도 하지 않았다. 왜 잠잠했을까? 아들들의 주검을 보고 한 가지 기억이 머리를 스쳤을 것이다.

아마도 시내산에서 금송아지를 우상으로 섬겨 삼천 명이나 도륙당한 사건이 떠올랐을 것이다. 금송아지든 우상이든 그것을 하나님으로 부르고 번제와 화목제만 드리면 된다는 생각에서 시작한 일이다. 이스라엘의 지도자인 자신이 하나님의 율법을 잘 알고 지도했더라면, 끔찍한 참사를 면할 수도 있었다. 그러나 도리어 앞장서고 말았다. 아론은 그 사건을 거울삼아 자녀들은 바르게 가르쳐야 했다. 하지만 그마저도 가벼이 여겼다. 결국 두 아들마저 하나님의 심판으로 목숨을 잃었고 눈물을 삼키고 잠잠할 수밖에 없었다.

하나님 말씀은 변함이 없다. 나답과 아비후가 하나님 말씀을 가벼이 여긴 금송아지 숭배와 같은 사건이 터지자, 하나님은 여지없이 죽음으로 심판하셨다. 이 사건은 제2년에 벌어진 또 하나의 금송아지 사건이었다. 하나님께 최초로 드린 거룩한 제사에서는 하나님 불의 경이로운 응답이 임했지만, 나답과 아비후가 드린 거룩하지 못한 분향 제사에서는 하나님 불의 끔찍한 심판이 임하고 말았다. 하나님은 오직 그분의 말씀으로만 구분되는 거룩한 분이기 때문이다. 하나님 말씀으로 거룩하게 구분되지 않으면 예배는 굿, 헌금은 복채, 기도는 주문, 십자가는 부적, 그리고 성도는 종교인에 불과하다.

> 웃시야 왕이 죽던 해에 내가 본즉 주께서 높이 들린 보좌에 앉으셨는데 그의 옷자락은 성전에 가득하였고 스랍들이 모시고 섰는데 각기 여섯 날개가 있어 그 둘로는 자기의 얼굴을 가리었고 그 둘로는 자기의 발을 가리었고 그 둘로는 날며 서로 불러 이르되 거룩하다 거룩하다 거룩하다 만군의 여호와여 그의 영광이 온 땅에 충만하도다 하더라(사 6:1-3).

여섯 날개를 가진 스랍들은 보좌에 앉아 계신 여호와 하나님을 찬양했다. 히브리어로 스랍은 '세라핌'으로 하나님의 찬양 천사를 가리킨다. 그들은 서로에게 화답하며 "거룩하다. 거룩하다. 거룩하다. 만군의 여호와여!"라고 찬양했다. 거룩을 세 번 언급하는 것은 최상급의 의미로 하나님은 지극히 거룩하신 분이란 것이다. 하나님의 신성 중의 신성은 사랑도, 전지도, 권능도 아닌 본질이신 말씀으로 구분되는 거룩이다. 역사의 완성을 증거하는 요한계시록에서도 여섯 날개를 가진 그들이 밤낮 쉬지 않고, 하나님께 "거룩하다 거룩하다 거룩하다"(계 4:8)며 동일하게 세 번 찬양한다. 우리 하나님은 거룩이시다.

거룩한 대제사장과 속죄일(레 16:1-34)

> 아론의 두 아들이 여호와 앞에 나아가다가 죽은 후에 여호와께서 모세에게 말씀하시니라 여호와께서 모세에게 이르시되 네 형 아론에게 이르라 성소의 휘장 안 법궤 위 속죄소 앞에 아무 때나 들어오지 말라 그리하여 죽지 않도록 하라 이는 내가 구름 가운데에서 속죄소 위에 나타남이니라 아론이 성소에 들어오려면 수송아지를 속죄제물로 삼고 숫양을 번제물로 삼고 거룩한 세마포 속옷을 입으며 세마포 속바지를 몸에 입고 세마포 띠를 띠며 세마포 관을 쓸지니 이것들은 거룩한 옷이라 물로 그의 몸을 씻고 입을 것이며(레 16:1-4).

속죄일에 대한 말씀은 "아론의 두 아들이 여호와 앞에 나아가다가 죽은 후에"라는 언급으로 시작되며 레위기 10장과 연결된다. 속죄소는 성막 중 지극히 거룩한 장소인 지성소에 있었다. 속죄소는 위가 뚫린 언약궤를 가리는 금판 덮개로, 그 위에 하나님의 영광인 '쉐키나'가 임재했다. 속죄소는 하나님께서 좌정하신 하나님의 보좌였다. 그래서 성막 내 성막기구들 중에서 하나님의 보좌인 속죄소가 가장 거룩하다.

하나님께서 임재하신 지성소에는 아무도 출입할 수 없었다. 오직 대제사장만 가능했다. 대제사장도 일 년 중 7월 10일 속죄일에 네 차례만 들어갈 수 있었다. 그날 외에 지성소를 출입하면 대제사장도 하나님께 죽음을 면할 수 없었다. 뿐만 아니라 그날 대제사장이 지성소에 들어가려면 그도 죄인이기 때문에 반드시 먼저 속죄제와 번제를 드려야 했다.

"선을 행하고 전혀 죄를 범하지 아니하는 의인은 세상에 없기 때문이로다"(전 7:20).

속죄일에는 평소 대제사장이 입는 화려한 에봇과 청색 겉옷을 벗고, 가늘고 흰 베옷, 세마포로 갈아입었다. 세마포 속옷을 입고, 세마포 속바지를 입으며, 세마포 띠를 띠고, 세마포 관을 썼다. 세마포는 시신을 싸는 수의(요 19:40)로 자기부인을, 천사(계 15:6)와 그리스도의 신부(계 19:8)가 입는 옷으로 거룩을 상징한다. 거룩은 유혹의 욕심을 따라 썩어져 가는 구습을 따르는 옛 사람을 벗어버리고, 하나님을 따라 의와 진리의 거룩함으로 지으심을 받은 새 사람을 입는 것이다(엡 4:22-24).

> 이스라엘 자손의 회중에게서 속죄제물로 삼기 위하여 숫염소 두 마리와 번제물로 삼기 위하여 숫양 한 마리를 가져갈지니라 아론은 자기를 위한 속죄제의 수송아지를 드리되 자기와 집안을 위하여 속죄하고 또 그 두 염소를 가지고 회막 문 여호와 앞에 두고 두 염소를 위하여 제비 뽑되 한 제비는 여호와를 위하고 한 제비는 아사셀을 위하여 할지며 아론은 여호와를 위하여 제비 뽑은 염소를 속죄제로 드리고 아사셀을 위하여 제비 뽑은 염소는 산 채로 여호와 앞에 두었다가 그것으로 속죄하고 아사셀을 위하여 광야로 보낼지니라 아론은 자기를 위한 속죄제의 수송아지를 드리되 자기와 집안을 위하여 속죄하고 자기를 위한 그 속죄제 수송아지를 잡고(레 16:5-11).

속죄일 제물은 두 마리 염소였다. 한 마리는 여호와를 위한 것이고, 다른 한 마리는 아사셀을 위한 것이다. 대제사장이 우림과 둠밈을 통해 여호와를 위해 제비 뽑은 염소는 하나님께 속죄제로 드려졌고, 아사셀을 위해 제비 뽑은 염소는 광야로 보내졌다.

> 향로를 가져다가 여호와 앞 제단 위에서 피운 불을 그것에 채우고 또 곱게 간 향기로운 향을 두 손에 채워 가지고 휘장 안에 들어가서 여호와 앞에서 분향하여 향연으로 증거궤 위 속죄소를 가리게 할지니 그리하면 그가 죽지 아니할 것이며 그는 또 수송아지의 피를 가져다가 손가락으로 속죄소 동쪽에 뿌리고 또 손가락으로 그 피를 속죄소 앞에 일곱 번 뿌릴 것이며 또 백성을 위한 속죄제 염소를 잡아 그 피를 가지고 휘장 안에 들어가서 그 수송아지 피로 행함 같이 그 피로 행하여 속죄소 위와 속죄소 앞에 뿌릴지니 곧 이스라엘 자손의 부정과 그들이 범한 모든 죄로 말미암아 지성소를 위하여 속죄하고 또 그들의 부정한 중에 있는 회막을 위하여 그같이 할 것이요 그가 지성소에 속죄하러 들어가서 자기와 그의 집안과 이스라엘 온 회중을 위하여 속죄하고 나오기까지는 누구든지 회막에 있지 못할 것이며 그는 여호와 앞 제단으로 나와서 그것을 위하여 속죄할지니 곧 그 수송아지의 피와 염소의 피를 가져다가 제단 귀퉁이 뿔들에 바르고 또 손가락으로 그 피를 그 위에 일곱 번 뿌려 이스라엘 자손의 부정에서 제단을 성결하게 할 것이요(레 16:12-19).

대제사장은 먼저 번제단에서 하나님의 불로 피운 숯을 향로에 가득 담아, 지성소에 들어가 마치 시내산에서 하나님의 영광을 가렸던 빽빽한 구름처럼 지성소 내를 향연으로 가득 채웠다. 그가 죽음을 면하기 위해서는 하나님의 영광을 절대 보면 안 돼서 고개를 숙이고 뒷걸음쳐 지성소 밖으로 나왔다. 그리고 두 번째로 들어가 대제사장과 제사장들의 속죄제물인 수송아지 피를 가져다가 손가락으로 속죄소 동쪽에 뿌리고 속죄소 앞에 일곱 번 뿌렸다. 이로써 대제사장과 제사장들의 죄가 속죄함을 입었다.

속죄소로 덮인 언약궤는 십계명 두 돌판이 들어 있는 위가 뚫린 나무상자다. 그 안에 있는 계명과 율법은 모든 인류를 끊임없이 죄인이라 정죄하고 있었다. 제물의 피를 계명과 율법을 덮고 있는 속죄소 금판 덮개 위에 뿌림으로, 하나님 대속의 은혜가 모든 죄를 덮어 가려준다는 것을 상징적으로 보여 준다. 속죄소의 히브리어 카포는 '덮는다'는 의미다. 하나님께서 임재하시는 속죄소가 계명과 율법이 죄인에게 뿜어내는 모든 저주를 막아 주었다.

사무엘 선지자 때 이스라엘은 블레셋에게 하나님의 언약궤를 빼앗기고 말았다. 하나님은 온 블레셋 땅에 기이한 재앙을 내리셨고, 그들은 두려워 젖 나는 암소 두 마리가 끄는 수레에 언약궤를 실어 이스라엘로 돌려보냈다. 그때 벧세메스 사람들이 금판 덮개 속죄소를 열고 언약궤 내를 들여다보는 바람에 오만 칠십 명이나 죽음을 당하고 말았다(삼상 6:19). 계명과 율법이 죄인을 향해 뿜어내는 모든 저주를 당해낼 수 없었기 때문이다.

대제사장이 자신과 집안의 속죄제를 드린 후 역시 고개를 숙이고 뒷걸음쳐 지성소 밖으로 나왔다. 그리고 지성소에 세 번째로 들어가서 백성을 위한 속죄제 염소 피를 속죄소 위와 앞에 뿌렸다. 나머지 피는 번제단 귀퉁이 뿔들에 바르고 손가락으로 그 위에 피를 일곱 번 뿌렸다. 그러므로 이스라엘 자손의 모든 부정과 범한 모든 죄가 속죄함을 입었다. 일이 진행되는 동안 오직 대제사장만 홀로 지성소에 출입할 수 있었고, 그 누구도 회막에 있을 수 없었다.

> 그 지성소와 회막과 제단을 위하여 속죄하기를 마친 후에 살아 있는 염소를 드리되 아론은 그의 두 손으로 살아 있는 염소의 머리에 안수하여 이스라엘 자손의 모든 불의와 그 범한 모든 죄를 아뢰고 그 죄를 염소의 머리에 두어 미리 정한 사람에게 맡겨 광야로 보낼지니 염소가 그들의 모든 불의를 지고 접근하기 어려운 땅에 이르거든 그는 그 염소를 광야에 놓을지니라 아론은 회막에 들어가서 지성소에 들어갈 때에 입었던 세마포 옷을 벗어 거기 두고 거룩한 곳에서 물로 그의 몸을 씻고 자기 옷을 입고 나와서 자기의 번제와 백성의 번제를 드려 자기와 백성을 위하여 속죄하고 속죄제물의 기름을 제단에서 불사를 것이요 염소를 아사셀에게 보낸 자는 그의 옷을 빨고 물로 그의 몸을 씻은 후에 진영에 들어갈 것이며 속죄제 수송아지와 속죄제 염소의 피를 성소로 들여다가 속죄하였은즉 그 가죽과 고기와 똥을 밖으로 내다가 불사를 것이요 불사른 자는 그의 옷을 빨고 물로 그의 몸을 씻은 후에 진영에 들어갈지니라(레 16:20-28).

대제사장은 백성을 위한 속죄를 마치고, 역시 고개를 숙이고 뒷걸음쳐 지성소 밖으로 나왔다. 그리고 두 손으로 아사셀을 위한 염소 머리에 안수하며, 이스라엘 자손의 모든 불의와 죄를 하나님께 아뢰었다. 염소는 미리 정한 사람에게 맡겨 광야로 보냈다. 그 사람은 염소가 이스라엘 진영에 접근하기 어려운 곳으로 가서, 벼랑에서 밀어 죽여서 절대로 돌아오지 못하게 했다. 그 염소는 모든 이스라엘의 모든 죄로 "동이 서에서 먼 것 같은"(시 103:12) 곳으로 옮겨져 다시는 발견

되지 않아야 하기 때문이다(렘 50:20).

아사셀의 정체는 학자들 사이에서도 논쟁거리지만, 특정 귀신 이름이나 특정 장소 이름일 것이라고 추정한다. 아사셀을 위해 제비 뽑은 염소를 광야로 보내는 것은 이스라엘 백성의 모든 죄를 죄의 근원으로 돌려보낸다는 의미다. 여호와를 위한 염소는 예수 그리스도의 '대속'을, 아사셀을 위한 염소는 공의로우신 하나님의 '심판'을 상징한다.

> 이튿날 요한이 예수께서 자기에게 나아오심을 보고 이르되 보라 세상 죄를 지고 가는 하나님의 어린 양이로다(요 1:29).

아사셀을 위한 이스라엘의 모든 불의를 지는 염소는 세상 죄를 지시고 십자가로 나아가셨던 '하나님의 어린양' 예수 그리스도를 상징한다. 성경에서 언급되는 어린 양에는 어린 염소까지 포함된다(출 12:5). 아사셀을 위한 염소는 이스라엘 백성의 모든 죄를 사하는 것에 불과했다. 하지만 하나님의 어린 양 예수 그리스도는 모든 이스라엘 뿐 아니라 모든 세상 죄를 사하시는 온 인류의 구원자시다.

> 너희는 영원히 이 규례를 지킬지니라 일곱째 달 곧 그 달 십일에 너희는 스스로 괴롭게 하고 아무 일도 하지 말되 본토인이든지 너희 중에 거류하는 거류민이든지 그리하라 이 날에 너희를 위하여 속죄하여 너희를 정결하게 하리니 너희의 모든 죄에서 너희가 여호와 앞에 정결하리라 이는 너희에게 안식일 중의 안식일인즉 너희는 스스로 괴롭게 할지니 영원히 지킬 규례라 기름 부음을 받고 위임되어 자기의 아버지를 대신하여 제사장의 직분을 행하는 제사장은 속죄하되 세마

포 옷 곧 거룩한 옷을 입고 지성소를 속죄하며 회막과 제단을 속죄하고 또 제사장들과 백성의 회중을 위하여 속죄할지니 이는 너희가 영원히 지킬 규례라 이스라엘 자손의 모든 죄를 위하여 일 년에 한 번 속죄할 것이니라 아론이 여호와께서 모세에게 명령하신 대로 행하니라(레 16:29-34).

유대인은 지금도 하나님의 이름을 직접 부르지 않는다. 실수로라도 십계명 중 "네 하나님 여호와의 이름을 망령되게 부르지 말라"는 제3계명을 범하지 않기 위해서다. 그래서 하나님 이름 대신 '나의 주님'이란 뜻의 '아도나이', 혹은 '그 이름'이라는 의미의 '하쉠'이라 부른다. 그러나 속죄일 하루만큼은 대제사장이 하나님 이름을 딱 한 번 불렀다.

"우리의 모든 죄에서 우리가 여호와 앞에 정결하게 하옵소서"(30절).

7월 10일 속죄일은 이스라엘에게 가장 거룩한 절기다. 유일하게 의무적으로 금식하며 지난 한 해 동안 지은 자신들의 죄를 고백하는 날이다. 하나님은 이스라엘에게 어떤 노동도 하지 말라고 명령하셨다. 왜냐하면 죄 사함은 죄인의 노력으로 받는 것이 아니라, 전적인 하나님의 은혜이기 때문이다. 그래서 하나님께서 이스라엘에게 주신 '안식일 중의 안식일'(레 16:31)이었다.

아사셀을 광야로 보낸 대제사장은 마지막 네 번째로 지성소에 들어가 향연을 피운 향로를 가지고, 고개를 숙이고 뒷걸음쳐 지성소 밖으로 나왔다. 그리고 성막 앞에서 흰 옷을 입고 회개하며 도열해 있는 이스라엘 백성을 향해 큰 소리로 선포했다. "너희의 모든 죄에서 너희가 하나님 앞에 정결함을 입었느니라"(레 16:30). 이스라엘은 일제히 큰 소리로 "아멘"으로 화답하며, 하나님께 속죄의 은혜를 입었음을 기뻐하며 감사드렸다.

속죄일은 모든 이스라엘 백성이 하나님께 지난 한 해 동안 지은 모든 죄를 '단번'에 사함 받는 날이다. 부지중에 범한 죄뿐 아니라, 고의로 범한 죄도, 알지 못하고 범했으나 깨닫지 못한 죄도, 알고 지었으나 기억하지 못한 죄까지 모두 속죄받았다. 5대 제사 중 속죄제는 이스라엘이 부지중에 범한 죄만 사함 받았지만, 속죄일에는 속죄제로 해결할 수 없는 죄까지 사함 받는 하나님의 큰 은혜의 날이었다.

죄인이 거룩하신 하나님께 온전한 죄 사함을 받기 위해서는 반드시 하나님께서 친히 세우신 중보자 대제사장을 통해야만 가능했다. 대제사장의 중보적 기능은 유일한 중보자이신 예수 그리스도의 대제사장적 사역을 예표한다.

> 그들이 섬기는 것은 하늘에 있는 것의 모형과 그림자라 모세가 장막을 지으려 할 때에 지시하심을 얻음과 같으니 이르시되 삼가 모든 것을 산에서 네게 보이던 본을 따라 지으라 하셨느니라(히 8:5).

모세는 시내산에서 성막 설계도를 그려 내려왔다. 설계도는 하나님께서 보여 주신 본을 따라 그린 것이다. 그는 원형이었던 하늘 성막의 환상을 보고, 이스라엘이 땅에 그 모형으로 지을 성막을 그렸다. 이스라엘이 땅에 세운 성막은 실상이 아니라, 하늘 성막의 모형이다. 구약성경에 나오는 성막과 5대 제사와 제물들과 대제사장과 7대 절기 등을 포함하는 모든 율법은 완성이신 예수 그리스도의 모형과 그림자일 뿐이다.

그러므로 주께서 세상에 임하실 때에 이르시되 하나님이 제사와 예물을 원하지 아니하시고 오직 나를 위하여 한 몸을 예비하셨도다 번제와 속죄제는 기뻐하지 아니하시나니 이에 내가 말하기를 하나님이여 보시옵소서 두루마리 책에 나를 가리켜 기록된 것과 같이 하나님의 뜻을 행하러 왔나이다 하셨느니라(히 10:5-7).

하나님은 이스라엘의 제사와 예물을 원하지 않으셨고, 번제와 속죄제도 기뻐하지 않으셨다. 왜냐하면 이스라엘이 드리는 제사로는 죄인의 죄를 조금도 속죄할 수 없기 때문이다. 제사에 사용하는 제물도 마찬가지였다. 죄는 사람이 지었는데, 왜 상관도 없는 소, 양, 염소, 비둘기가 심판을 받아야 하는가? 하나님의 형상대로 창조된 존귀한 사람의 죄를 그 종류대로 창조된 열등한 짐승이 대속할 수 있는가? 짐승으로 속죄 제사를 드리는 것은 "눈에는 눈, 이에는 이, 생명에는 생명"이란 하나님 공의의 원칙에도 어긋나는 일이 아닌가.

하나님은 왜 이스라엘에게 기뻐하지도 않는 5대 제사법을 주셨을까? 5대 제사 자체에는 속죄함의 효력도 전혀 없었다.

"이는 황소와 염소의 피가 능히 죄를 없이 하지 못함이라"(히 10:4).

5대 제사는 단지 후에 오실 그리스도께서 성취하실 사역에 대한 예표였을 뿐이다. 이스라엘은 제사 그 자체가 아니라, 하나님 말씀대로 제사 드린 믿음으로 속죄받았던 것이다. 그들은 오실 예수 그리스도의 십자가로 말미암아 속죄받을 거라는 약속만 받았을 뿐이다. 마치 신용카드로 결재할 당시에는 현금이 지불되지 않지만, 후에 통장에서 한꺼번에 인출되는 것과 같다. 그래서 예수님은 완불되었다 혹은 값을 다 치루었다는 의미로 "다 이루었다"는 헬라어 테텔레스타이를 선언하신 것이다.

성막에서 짐승으로 드리는 제사에는 아무런 속죄의 효력이 없었다. 그런데도 이스라엘이 성막에서 제사를 드리면 하나님께 속죄받을 수 있었다. 그들이 혼인언약과도 같은 시내산 언약을 믿고 모델하우스와도 같은 성막에서 제사를 드리면, 후에 오실 신랑되신 주님과 신부된 하나님의 교회가 실제로 혼인하는 것이다. 제사를 통해 속죄받고 성막이 임마누엘을 상징하는 것처럼, 십자가를 통해 영원한 속죄를 받고 주님과 온전한 하나가 되는 것이다.

만일 성막에서 드리는 제사에 속죄의 효력이 있었다면, 유대인이 구원받지 못할 리 없다. 효력이 단 1퍼센트만 있어도 굳이 하나님의 아들이신 예수님께서 십자가를 지실 이유가 없다.

> 너희 조상 아브라함은 나의 때 볼 것을 즐거워하다가 보고 기뻐하였느니라 유대인들이 이르되 네가 아직 오십 세도 못되었는데 아브라함을 보았느냐 예수께서 이르시되 진실로 진실로 너희에게 이르노니 아브라함이 나기 전부터 내가 있느니라 하시니(요 8:56-58).

그분은 조건에 영향을 받지 않으시는 여호와 하나님이시기 때문에, 예수 그리스도 속죄함의 은혜가 시간을 거슬러 올라가 구약시대 아브라함을 비롯한 모든 이스라엘의 죄도 용서하셨다. "아브라함이 나기 전부터 내가 있느니라." 주님께서 언급하신 "내가 있느니라"는 말씀은 여호와 하나님께서 호렙산에서 모세에게 언급하셨던 "나는 스스로 있는 자이니라"(출 3:14)는 말씀과 동일하다. 아브라함 이전에 계셨음에도 불구하고, 현재형으로 말씀하신 것은 시간적 영향을 받지 않으시고 초월하시는 존재라는 의미다.

예수 그리스도는 모든 피조물보다 먼저 계셨던 자존자(골 1:15), 천지를 창조하신 창조자(요 1:3), 아브라함도 보고 기뻐한 영원한 하나님이시기 때문에 구약시대에도 말씀으로 존재하셨다. 속죄해 주실 거라는 하나님 말씀을 믿으면 십자가 사건 이전의 이스라엘 백성도 예수 그리스도의 속죄함을 얻었을 것이다.

"이로 말미암아 그는 새 언약의 중보자시니 이는 첫 언약 때에 범한 죄에서 속량하려고 죽으사 부르심을 입은 자로 하여금 영원한 기업의 약속을 얻게 하려 하심이라"(히 9:15).

> 그리스도는 장래 좋은 일의 대제사장으로 오사 손으로 짓지 아니한 것 곧 이 창조에 속하지 아니한 더 크고 온전한 장막으로 말미암아 염소와 송아지의 피로 하지 아니하고 오직 자기의 피로 영원한 속죄를 이루사 단번에 성소에 들어가셨느니라(히 9:11, 12).

히브리서는 출애굽기 성막법, 레위기 제사법과 제사장법의 성취를 증거한다. 율법의 주석서라 할 수 있는 히브리서는 구약의 성막법, 제사법, 제사장법의 감춰진 비밀을 선명히 드러내고 있다. 예수 그리스도께서 율법의 완성이심을 증거하는 것이다. 히브리서 주제는 우리의 '크고 영원한 대제사장 예수 그리스도'다.

이스라엘 대제사장 아론은 속죄일에 모형인 지성소에 들어갔지만, 우리 대제사장 예수 그리스도는 부활 승천하셔서 하나님 보좌가 있는 하늘 지성소에 들어가셨다. 이스라엘 대제사장 아론은 속죄일에 자신과 제사장들의 속죄물인 송아지 피와 이스라엘의 속죄물인 염소 피를 하나님께 드렸지만, 대제사장 예수 그리스도는 스스로 무죄한 그분의 보혈을 드렸다. 이스라엘 대제사장 아론은 매년 속죄일에 지성소에 들어갔고, 네 번씩이나 들어가야 했다. 하지만 대제사장 예수 그리스도는 하늘 지성소에 단번에 들어가셨다. 히브리서는 '단번'이란 말을 일곱 번이나 언급하며 강조한다(7:27, 9:12, 26, 28, 10:2, 10, 14).

이스라엘 대제사장 아론은 이스라엘 백성의 모든 죄를 속죄했지만, 대제사장 예수 그리스도는 죄인의 모든 죄를 속죄하셨다. 아론은 이스라엘 백성만을 위한 대제사장이지만, 예수 그리스도는 모든 믿는 자를 위한 '큰' 대제사장이시다(히 4:14).

> 제사장마다 매일 서서 섬기며 자주 같은 제사를 드리되 이 제사는 언제나 죄를 없게 하지 못하거니와 오직 그리스도는 죄를 위하여 한 영원한 제사를 드리시고 하나님 우편에 앉으사(히 10:11, 12)

예수 그리스도께서 '하나님 우편에 앉으셨다'는 말씀은 히브리서뿐만 아니라 모든 율법의 절정이다. 탈무드에 의하면 하루에 성막에서 바쳐진 제물은 약 이천 마리 정도였다고 한다. 당시 족히 이백만이 넘는 이스라엘 백성이 속죄함을 받기 위해 매일 제사를 드렸으니 이천 마리도 부족했을 것이다. 제사장들은 성막 뜰에서 제사를 끊임없이 집례해야만 해서 쉴 틈이 없었다. 하나님은 그들에게 항상 여호와의 이름으로 서서 섬기게 하셨다(신 18:5). 쉴 틈도 없었지만 앉을 수도 없었다. 성막 뜰에는 의자가 없기 때문이다. 모세가 하나님께 받은 성막 설계도(출 25:1~31:18)에는 제사장들이 앉을 수 있는 의자에 대한 언급이 그 어디에도 없다.

그러나 대제사장 예수 그리스도는 하나님 우편에 앉아 계신다. 천지창조를 끝내시고 일곱째 날에 안식하신 하나님처럼 말이다. 하나님이 일곱째 날에 안식하신 이유는 창조 사역에 더는 손댈 필요가 없기 때문인 것처럼, 예수 그리스도께서 하나님 우편에 앉아 계신 것도 더는 서 있을 필요가 없기 때문이다. 이것은 죄인을 위한 속죄 제사가 단번에 완전하게 끝났다는 것이고(히 10:17), 아직 이르지 않은 모든 속죄일의 속죄까지도 담당하셨다는 의미다. 그래서 '한번 구원은 영원한 구원'인 것이다. 주님의 유일한 죄는 우리며, 우리의 유일한 의는 바로 예수 그리스도시다.

"하나님이 죄를 알지도 못하신 이를 우리를 대신하여 죄로 삼으신 것은 우리로 하여금 그 안에서 하나님의 의가 되게 하려 하심이라"(고후 5:21).

예수 그리스도의 보혈은 모든 성도의 과거와 현재뿐 아니라, 짓지도 않은 미래의 죄까지 속죄하셨다.

"율법은 장차 올 좋은 일의 그림자일 뿐이요 참 형상이 아니므로 해마다 늘 드리는 같은 제사로는 나아오는 자들을 언제나 온전하게 할 수 없느니라"(히 10:1).

매년 7월 10일 속죄일에 받은 속죄의 유효기간은 '일 년'이지만, 예수 그리스도의 십자가는 '영원'이다. 대제사장 예수 그리스도는 십자가로 말미암아 모든 죄인의 모든 죄를 단번에 영원히 완전한 속죄를 이루셨다.

히브리서는 '단번'은 일곱 번, '영원'은 열다섯 번 언급한다. 이스라엘 대제사장 아론 계열의 대제사장직은 종신직이다. 당대 대제사장이 죽으면 그의 아들 중 지명받은 자가 직무를 이었다. 유대인 역사가 요세푸스는 주후 70년 예루살렘 성전이 무너질 때까지 83명의 대제사장이 세워졌다고 기록했다. 그러나 대제사장 예수 그리스도는 영존직이다(히 7:23, 24). 이스라엘 대제사장 아론은 모든 이스라엘 백성이 지난 일 년 동안 지은 모든 죄를 속죄했지만, 대제사장 예수 그리스도는 모든 죄인의 죄를 영원히 속죄하신다. 그분은 우리의 '영원한 대제사장'이시다.

> 너는 청색 자색 홍색 실과 가늘게 꼰 베 실로 짜서 휘장을 만들고 그 위에 그룹들을 정교하게 수 놓아서(출 26:31).

지성소와 성소를 구분하는 휘장에는 그룹들이 수놓아져 있었다. 그룹의 히브리어 '케루빔'은 하나님의 수행 천사를 가리킨다. 죄인이 함부로 지성소를 범하지 못하도록 그룹들이 지키고 있다는 것을 상징적으로 휘장에 수놓은 것이다.

> 이같이 하나님이 그 사람을 쫓아내시고 에덴 동산 동쪽에 그룹들과 두루 도는 불 칼을 두어 생명 나무의 길을 지키게 하시니라(창 3:24).

사람이 타락한 후 하나님은 그룹들과 두루 도는 불 칼로 에덴 동쪽을 지키게 해서 죄인이 영생할 수 있는 길을 봉쇄하셨다. 에덴을 출입할 수 있는 동쪽을 그룹들에게 지키게 해서 죄인이 에덴 중앙에 있는 생명나무에 접근하지 못하게 하신 것이다. 성막은 바로 에덴의 모형이다. 성막은 에덴, 지성소는 에덴 중앙, 속죄소는 생명나무 세 영역을 상징한다. 시간적으로 에덴과 성막 사이에 존재한 노아의 방주도 마찬가지다. 방주는 하나님께서 말씀으로 주신 설계도대로 상중하 삼층 세 영역이다(창 6:16).

하나님께서 천지를 하나님 말씀대로 창조하신 것처럼, 성막 건축도 하나님께서 말씀하신 설계도대로 세워졌다. 하나님께서 천지를 창조하신 그 끝에 안식하신 것처럼, 하나님께서 주신 성막 설계도 그 끝에도 안식일 준수를 명령하셨다(출 31:12-17). 에덴에 금, 순금, 베델리엄, 호마노 등 각종 진귀한 보석이 가득했던 것처럼, 성막에도 각종 진귀한 보석과 스물아홉 달란트와 칠백삼십 세겔, 1000킬로그램 이상의 금으로 만든 각종 성막기구들이 가득했다. 에덴에서 하나님과 사람의 교제가 이루어진 것처럼, 성막에서도 하나님과 죄인의 교제가 이루어졌다. 에덴과 마찬가지로 성막도 출입구가 동쪽에 있었다(출 27:13-15).

성막은 단절된 에덴의 교제를 회복하기 위한 안식의 공간이었다. 상징적으로 에덴에서 쫓겨난 죄인을 다시 에덴으로 불러들이시는 하나님의 은혜였다. 그를 위해서 6일 만에 천지를 창조하신 하나님께서 40일 동안이나 성막 설계도를 모세를 통해 주신 것이다.

> 그 성은 네모가 반듯하여 길이와 너비가 같은지라 그 갈대 자로 그 성을 측량하니 만 이천 스다디온이요 길이와 너비와 높이가 같더라 그 성곽을 측량하매 백사십사 규빗이니 사람의 측량 곧 천사의 측량이라 그 성곽은 벽옥으로 쌓였고 그 성은 정금인데 맑은 유리 같더라 그 성의 성곽의 기초석은 각색 보석으로 꾸몄는데 첫째 기초석은 벽옥이요 둘째는 남보석이요 셋째는 옥수요 넷째는 녹보석이요 다섯째는 홍마노요 여섯째는 홍보석이요 일곱째는 황옥이요 여덟째는 녹옥이

요 아홉째는 담황옥이요 열째는 비취옥이요 열한째는 청옥이요 열두째는 자수정이라 그 열두 문은 열두 진주니 각 문마다 한 개의 진주로 되어 있고 성의 길은 맑은 유리 같은 정금이더라(계 21:16-21).

진귀한 보석들과 생명나무가 있었던 에덴과 하나님의 보좌를 상징하는 속죄소가 있었던 성막은 궁극적으로 하늘에서 내려오는 거룩한 성 새 예루살렘을 예표한다. 새 예루살렘에는 진귀한 보석들과 생명나무와 하나님의 보좌가 있기 때문이다(계 22:1, 2).

하나님 말씀대로 천지가 창조되고 그분의 설계도대로 성막이 세워진 것처럼 새 예루살렘도 마찬가지다. 성막 지성소의 길이와 너비와 높이는 모두 열 규빗씩으로 모양은 정육면체였다. 새 예루살렘도 길이와 너비와 높이가 모두 만 이천 스다디온씩으로 역시 정육면체다. 정육면체의 공간적 의미는 부족함도, 남음도, 어긋남도 없는 완전한 영역이라는 것이다. 궁극적으로 하나님과 우리의 완전한 교제가 이루어지고 영원한 안식이 온전히 성취되는 곳은 바로 거룩한 성 새 예루살렘이다.

율법에 의하면 교제와 안식을 회복하는 핵심은 속죄일에 대제사장이 제물의 피를 지성소 안에 있는 속죄소 위에 뿌리는 것이다. 피가 속죄소 위에 뿌려져야만 모든 이스라엘 백성이 알지 못하고 부지중에 지은 죄, 알고 고의로 범한 죄, 알지 못하고 범했으나 깨닫지 못한 죄, 알고 지었으나 기억하지 못하는 죄까지 하나님께 속죄받는다. 하나님께서 임재하시는 속죄소의 또 다른 이름은 '시은좌(施恩座)'다. 그 위에 제물의 피가 뿌려지면 이스라엘의 모든 죄를 덮어 속해 주시는 은혜가 베풀어지는 하나님의 보좌라는 의미다.

제물의 피가 뿌려지는 속죄소는 길이가 두 규빗 반, 너비가 한 규빗 반의 직사각형 금판으로, 위가 뚫린 언약궤를 가리는 덮개다. 속죄소 위에 대제사장이 속죄일에 제물 피를 뿌려야만 모든 이스라엘 백성의 모든 죄가 사해졌다. 따라서 하나님을 믿는 모든 자의 모든 죄가 사해지기 위해서는 예수 그리스도라는 제물의 보혈도 반드시 속죄소 위에 뿌려져야 한다. 그러나 지성소 내 속죄소는 하늘 속죄소의 모형이기 때문에, 궁극적으로 속죄의 피가 하늘 속죄소에 뿌려져야만 한다. 이 땅에 살고 있는 우리가 어떻게 이 사실을 확인할 수 있을까?

> 마리아는 무덤 밖에 서서 울고 있더니 울면서 구부려 무덤 안을 들여다보니 흰 옷 입은 두 천사가 예수의 시체 뉘었던 곳에 하나는 머리 편에, 하나는 발 편에 앉았더라(요 20:11, 12).

흰 옷 입은 두 천사가 예수님의 시신 뉘었던 곳에서 하나는 주님 머리 편에, 하나는 발 편에 앉아 있었다. 오른편과 왼편이 아니라, 머리 편과 발 편이다. 짧은 너비 방향이 아니라, 긴 길이 방향으로 두 천사가 얼굴을 서로 대하고 앉아 있다. 두 천사의 위치는 믿는 자들에게 단번에, 영원히, 완전한 속죄함을 주시는 주 예수 그리스도 복음의 성취를 분명하게 증거한다.

"그룹 사이에 계신 이스라엘 하나님 만군의 여호와여 주는 천하 만국에 유일하신 하나님이시라"(사 37:16).

> 순금으로 속죄소를 만들되 길이는 두 규빗 반, 너비는 한 규빗 반이 되게 하고 금으로 그룹 둘을 속죄소 두 끝에 쳐서 만들되 한 그룹은

> 이 끝에, 또 한 그룹은 저 끝에 곧 속죄소 두 끝에 속죄소와 한 덩이로 연결할지며 그룹들은 그 날개를 높이 펴서 그 날개로 속죄소를 덮으며 그 얼굴을 서로 대하여 속죄소를 향하게 하고(출 25:17-20).

속죄소 위 두 그룹 천사는 요한복음에서 증거하는 두 천사의 위치(요 20:12)와 마찬가지로 짧은 너비 방향이 아니라, 긴 길이 방향으로 얼굴을 서로 대하고 있었다. 성경에는 솔로몬 왕이 성전을 완공해서 언약궤를 그 안에 안치한 이후, 언약궤에 대한 언급이 나오지 않는다. 이 땅에 존재하지 않기 때문이다.

"이에 하늘에 있는 하나님의 성전이 열리니 성전 안에 하나님의 언약궤가 보이며 또 번개와 음성들과 우레와 지진과 큰 우박이 있더라"(계 11:19).

요한복음의 두 천사 위치는 예수님의 보혈이 하늘 성전에 있는 하나님의 언약궤를 덮고 있는 속죄소 위에 뿌려졌다는 것을 상징적으로 보여 준다. 죄인은 하늘 속죄소를 직접 볼 수 없기 때문이다.

> 예수께서 다시 크게 소리 지르시고 영혼이 떠나시니라 이에 성소 휘장이 위로부터 아래까지 찢어져 둘이 되고 땅이 진동하며 바위가 터지고(마 27:50, 51).

십자가에서 예수님께서 숨을 거두시는 순간, 그룹들이 수놓아져 있는 지성소 휘장이 위로부터 아래로 찢어져 둘이 되었다. 상징적으로 생명나무에 이르는 길을 불 칼로 막고 있던 그룹들이 사라졌다는 의미다. 예수 그리스도의 십자가는 '휘장 가운데로 열어 놓으신 새로운 살 길'(히 10:20)로, 모든 믿는 자가 하나님 보좌로 나아갈 수 있게 되어 그분과 다시 교제할 수 있게 된 것이다. 휘장은 바로 예수 그리스도의 육체를 상징한다.

> 해가 져서 어두울 때에 연기 나는 화로가 보이며 타는 횃불이 쪼갠 고기 사이로 지나더라(창 15:17).

하나님을 상징하는 횃불이 아브라함이 보는 앞에서 쪼갠 고기 사이로 홀로 지나갔다. 고대 중근동 지방에서는 언약 맺는 당사자는 짐승을 둘로 쪼개고, 피가 흥건한 짐승 사이를 함께 지나가는 맹세 의식을 거행하였다. 약속을 어기면 자신이 그 짐승처럼 둘로 쪼개어져도 좋다는 의미였다.

예수 그리스도의 십자가는 하나님께서 아브라함에게 해주셨던, 약속 당사자 둘이 아니라 홀로 쪼갠 고기 사이를 지나셨던 그 맹세를 지키시는 것이었다. 그래서 예수님께서 십자가에서 피와 물을 쏟으셨고, 육체를 상징하는 휘장도 둘로 나누어진 것이다.

5대 제사 중 속죄제에서는 제물의 피를 지성소 휘장에 일곱 번 뿌렸지만, 속죄일에는 제물의 피를 지성소 내 하나님 보좌 속죄소 위에 일곱 번 뿌렸다. 이처럼 예수 그리스도의 보혈은 하늘 지성소에 있는 하나님 보좌 위에 뿌려졌다. 그래서 백성의 모든 죄를 하나님께 단번에, 영원히, 완전한 속죄를 받게 하셨다.

"그러므로 우리는 긍휼하심을 받고 때를 따라 돕는 은혜를 얻기 위하여 은혜의 보좌 앞에 담대히 나아갈 것이니라"(히 4:16).

구약시대에는 목숨을 위해 그분께 절대로 가까이 나아가서는 안 되었지만, 신약시대에는 생명을 얻기 위해 그리스도의 보혈로 말미암아 반드시 그분께 가까이 나아가야만 한다. 그런데 예수 그리스도께서 대제사장이라는 것에는 치명적인 문제가 있다. 완전하신 하나님의 율법과 충돌하기 때문이다.

"우리 주께서는 유다로부터 나신 것이 분명하도다 이 지파에는 모세가 제사장들에 관하여 말한 것이 하나도 없고"(히 7:14).

율법에 의하면 제사장은 레위 지파 중 아론과 그 자손들만이 위임될 수 있었다. 그러나 예수님은 유다 지파 다윗의 후손이셨다. 만일 유다 지파 예수님께서 대제사장이라면, 하나님의 율법은 분명 온전하지 않다. 그게 아니라면 하나님의 아들이 불법자일 것이다.

아브람이 그돌라오멜과 그와 함께 한 왕들을 쳐부수고 돌아올 때에

강독 가이드

제사장

대제사장은 지성소에 들어갈 수 있고 속죄일에 모든 백성의 죄를 대신해서 제사를 드렸다. 반면에 제사장은 매일의 희생 제사를 주관하고 율법을 가르쳤다.

제사장은 하나님을 섬기는 사람으로 백성을 대신해서 제사를 지냈다. 예수님의 그림자라고 할 수 있다. 제사에는 제사 드리는 장소, 제물과 함께 반드시 중보자인 제사장이 있어야 했다. 신약시대에 와서는 모든 믿는 사람들이 제사장이다(벧전 2:9).

소돔 왕이 사웨 골짜기 곧 왕의 골짜기로 나와 그를 영접하였고 살렘 왕 멜기세덱이 떡과 포도주를 가지고 나왔으니 그는 지극히 높으신 하나님의 제사장이었더라 그가 아브람에게 축복하여 이르되 천지의 주재이시요 지극히 높으신 하나님이여 아브람에게 복을 주옵소서 너희 대적을 네 손에 붙이신 지극히 높으신 하나님을 찬송할지로다 하매 아브람이 그 얻은 것에서 십분의 일을 멜기세덱에게 주었더라 (창 14:17-20).

멜기세덱은 성경에 등장하는 최초의 제사장이다. 제사장 율법은 출애굽 이후에 생겼지만, 출애굽 이전 창세기에 그가 하나님의 제사장으로 등장한다. 그는 율법 이전에 유일하게 등장하는 하나님의 제사장이다. 율법이 생기기 전에 있었으니 법률 불소급의 원칙에 따라, 멜기세덱은 율법의 제한을 받지 않는다. 하나님은 다윗을 통해 그리스도에 대한 아주 중요한 예언을 남기셨다.

여호와는 맹세하고 변하지 아니하시리라 이르시기를 너는 멜기세덱의 서열을 따라 영원한 제사장이라 하셨도다(시 110:4).

하나님은 그리스도가 아론 서열이 아니라, 멜기세덱 서열을 따라 영원한 제사장으로 오실 거라고 말씀하셨다. 멜기세덱은 창세기(14:17-20)에서 두 번, 시편(110:4)에서 한 번 나오지만, 다윗의 예언은 예수 그리스도의 대제사장직에 대한 율법적 정당성을 보증하고 있다. 예수 그리스도는 아론 서열이 아니라, 멜기세덱 서열 제사장으로 오신 것이다. 하나님은 이를 분명히 하기 위해 맹세까지 하셨다.

“또 예수께서 제사장이 되신 것은 맹세 없이 된 것이 아니니”(히 7:20).

완전하신 하나님의 율법은 흠이 없고 완전하다. 하나님의 아들은 율법의 완성자다. 멜기세덱은 제사장이었고 살렘 왕이었다. 그래서 ‘왕 같은 제사장’인 것이다.

> 여호와의 궤를 멘 사람들이 여섯 걸음을 가매 다윗이 소와 살진 송아지로 제사를 드리고 다윗이 여호와 앞에서 힘을 다하여 춤을 추는데 그 때에 다윗이 베 에봇을 입었더라(삼하 6:13, 14).

이스라엘 왕 다윗은 ‘베 에봇’을 입고, 하나님께 제사 드리며 기쁨을 이기지 못해 힘을 다해 춤도 추었다. 블레셋에 빼앗긴 하나님의 언약궤를 70년 만에 다윗 성으로 옮겼기 때문이다. 그는 언약궤를 멘 사람들이 여섯 발걸음을 뗄 때마다 소와 살찐 송아지로 제사를 드렸다. 그 거리는 11킬로미터가 넘었다.

에봇은 제사장들이 입는 의복이다. 다윗은 제사장이 아닌데도 베 에봇을 입고 춤을 추었다. 대제사장은 금실, 청색, 자색, 홍색실과 가늘게 꼰 베실로 짠 에봇을 입었지만, 제사장이나 제사장 수련생은 세마포 에봇을 입었다. 그리고 제사장 사역을 사모하는 하나님 백성은 기념으로 베 에봇을 입기도 했다.

다윗의 후손이신 예수 그리스도는 이 땅에 왕으로 오셨다. 또한 멜기세덱의 서열이기 때문에 대제사장으로도 오셨다. 베 에봇을 입은 다윗 왕은 제사장 같은 왕으로 오실 예수 그리스도를 예표한다.

이 멜기세덱은 살렘 왕이요 지극히 높으신 하나님의 제사장이라 여러 왕을 쳐서 죽이고 돌아오는 아브라함을 만나 복을 빈 자라 아브라함이 모든 것의 십분의 일을 그에게 나누어 주니라 그 이름을 해석하면 먼저는 의의 왕이요 그 다음은 살렘 왕이니 곧 평강의 왕이요 아버지도 없고 어머니도 없고 족보도 없고 시작한 날도 없고 생명의 끝도 없어 하나님의 아들과 닮아서 항상 제사장으로 있느니라(히 7:1-3).

멜기세덱은 아버지도 어머니도 족보도 시작도 생명의 끝도 없고, 항상 있는 신비스러운 제사장이다. 제사장 율법이 주어지기 전에 존재했다는 것도 마찬가지다. 아론 계열 제사장은 이스라엘 열두 지파를 위해서고, 멜기세덱 제사장은 아브라함이 자손을 낳아 큰 민족 이스라엘이 건국되기 전부터 존재했고, 이스라엘 열두 지파뿐만 아니라 온 인류의 속죄를 위한 제사장이다. 모든 인류의 속죄를 위한 제사장이지만, 그가 드린 제사에 대한 기록은 성경 어디에도 없다. 하나님은 첫 사람이 타락하자 가죽옷을 지어 수치를 가려주셨다. 대신 피 흘리는 제물을 통해서만 속죄함을 주시는 것이 그분의 공의다.

"피흘림이 없은즉 사함이 없느니라"(히 9:22).

아버지도 어머니도 족보도 시작도 없다는 말은 스스로 계신 자라는 것이고, 생명의 끝도 없고 항상 있는 제사장이란 말은 시간을 초월한 영원한 제사장이라는 의미다. 온 인류의 속죄를 위한 영원한 제사장이 두 명일 수는 없다.

"하나님은 한 분이시요 또 하나님과 사람 사이에 중보자도 한 분이시니 곧 사람이신 그리스도 예수라"(딤전 2:5).

멜기세덱은 자기 떡과 포도주를 들고 아브라함을 축복하기 위해 나왔다. 그는 의의 왕이자 '평강의 왕'으로 자기 살과 피로 모든 아브라함의 후손에게 복을 주기 위해 십자가에서 단번에 영원한 속죄를 완성하신 구약에 현현하신 하나님의 독생자 그분이셨을 것이다.

"한 아기가 우리에게 났고 한 아들을 우리에게 주신 바 되었는데 그의 어깨에는 정사를 메었고 그의 이름은 기묘자라, 모사라, 전능하신 하나님이라, 영존하시는 아버지라, 평강의 왕이라 할 것임이라"(사 9:6).

하나님의 계명과 613조 율법은 완전해 의가 무엇인지 분명히 깨닫게 한다. 연약하고 악한 죄인을 의롭게 만들 수는 없다. 따라서 죄인에게는 율법으로 말미암는 의 외에 다른 길의 의가 필요하다.

"이제는 율법 외에 하나님의 한 의가 나타났으니 율법과 선지자들에게 증거를 받은 것이라 곧 예수 그리스도를 믿음으로 말미암아 모든 믿는 자에게 미치는 하나님의 의니 차별이 없느니라"(롬 3:21, 22).

믿음으로 말미암는 의는 역사 속에서 율법으로 의롭게 될 수 없다는 한계에 부딪쳐 만들어진 것이 아니다. 하나님은 창세전부터 예정(엡 1:4)된 것임을 분명히 드러내시기 위해 율법을 주신 시내산 언약 이전에 등장하는 멜기세덱 제사장으로 하여금 예수 그리스도의 속죄를 예표하게 하신 것이다.

"제사 직분이 바꾸어졌은즉 율법도 반드시 바꾸어지리니"(히 7:12).

바꾸어진 제사 예수 그리스도의 십자가로 말미암아 그 은혜를 믿는 모든 자의 모든 죄가 단번에, 영원히, 완전한 속죄함을 받게 된 것이다. 그런데 우리가 받은 속죄함을 어떻게 알 수 있을까? 그 증거는 바로 그분의 부활이다.

죄인인 아론이 거룩하신 하나님께서 임재하신 지성소에 네 번이나 들어갔는데도 살아서 지성소 밖으로 걸어 나왔다. 이것이 하나님께서 그의 죄를 속죄하셨다는 증거다. 만일 그의 죄를 하나님께서 속죄하지 않았다면, 살아서 밖으로 걸어 나올 수 없기 때문이다. 따라서 이스라엘의 모든 죄도 하나님께서 다 속죄해 주신 것이다. 죽임 당하신 예수님의 부활은 주님의 은혜를 믿는 모든 백성의 모든 죄를 하나님께서 단번에, 영원히, 완전한 속죄를 하셨다는 것에 대한 분명한 증거다.

"예수는 우리가 범죄한 것 때문에 내줌이 되고 또한 우리를 의롭다 하시기 위하여 살아나셨느니라"(롬 4:25).

예수 그리스도의 보혈을 믿음으로 받는 우리의 영원한 속죄는 하나님 말씀으로 언약되었고, 하나님 언약은 역사 속에서 말씀이신 예수 그리스도로 성취되었다. 구약성경의 모든 것은 오직 예수 그리스도의 완전하고 영원한 은혜의 사역을 예표한다. 성막도 예수 그리스도를, 5대 제사도, 제물의 피도, 7대 절기도, 제사장도 마찬가지다.

제사장은 하나님 앞에서도, 이스라엘 백성 앞에서도 조금도 흠이 없어야 했다(레 21:8). 그러나 그 누구도 하나님 앞에서 조금도 흠이 없을 수 없기 때문에 모든 사람은 자격미달이다. 따라서 율법에서 언급되는 제사장은 궁극적으로 오직 율법의 완성이신 예수 그리스도를 예표한 것이다.

제3강

거룩한 생활, 음식법과 위생법

레위기 11~15장, 17장

이스라엘은 하나님의 은혜로 출애굽을 했다. 오직 하나님 말씀을 믿는 믿음으로 받은 구원이었다. 하나님은 그들에게 율법 준수를 요구하셨다. 지난 400년 동안 이집트에서 물들었던 모든 사상, 문화, 생활양식을 다 버리고 하나님 나라의 백성다운 삶을 위한 것이었다. 율법은 그분 백성이 이 땅에서 복을 받는 방법이며, 아버지 하나님께서 자녀들에게 가르쳐 주신 삶의 거룩한 생활양식법이다. 그중에서 음식법과 위생법은 건강을 위한 규범으로, 구약시대뿐만 아니라 지금도 유효한 놀라운 하나님의 섭리다.

정결한 음식법(레 11:1-47)

여호와께서 모세와 아론에게 말씀하여 이르시되 이스라엘 자손에게 말하여 이르라 육지의 모든 짐승 중 너희가 먹을 만한 생물은 이러하니 모든 짐승 중 굽이 갈라져 쪽발이 되고 새김질하는 것은 너희가 먹되 새김질하는 것이나 굽이 갈라진 짐승 중에도 너희가 먹지 못할 것은 이러하니 낙타는 새김질은 하되 굽이 갈라지지 아니하였으므로 너희에게 부정하고 사반도 새김질은 하되 굽이 갈라지지 아니하였으므로 너희에게 부정하고 토끼도 새김질은 하되 굽이 갈라지지 아니하였으므로 너희에게 부정하고 돼지는 굽이 갈라져 쪽발이로되 새김질을 못하므로 너희에게 부정하니 너희는 이러한 고기를 먹지 말고

강독 가이드

유대인의 음식법

지금도 유대인은 음식을 거룩하게 구별해서 먹는다. 먹기에 합당한 식품을 코셔(kosher)라고 한다. 히브리어 '코셔'는 '합당하다'는 의미로 하나님의 백성이 먹기에 합당한 음식물이라는 것이다. 지금도 이스라엘에서는 식품을 만드는 공장에 랍비가 상주해 재료 선정부터 조리 과정 모두를 지켜본 후, 재료와 조리 과정이 음식법에 합당하면 코셔 인증을 한다. 반면에 부정한 음식은 트라이프(tripe)라고 한다. 코셔를 이슬람권에서 모방한 것이 바로 할랄식품이다. 유대인이 음식법을 지키는 이유는 하나님 앞에서 거룩한 삶을 살기 위해서이고, 모든 생명은 하나님으로부터 왔다는 생명 외경 사상 때문이다.

그 주검도 만지지 말라 이것들은 너희에게 부정하니라(레 11:1-8).

하나님은 이전과 달리 모세뿐 아니라 아론에게도 말씀하셨다. 그가 대제사장으로 위임받아 하나님 말씀을 직접 들을 수 있는 지위에 올랐기 때문이다. 음식법은 생물을 정한 것과 부정한 것으로 구분한다. 정한 것은 사람이 먹어도 되고, 부정한 것은 먹어서는 안 되는 것이다. 음식법은 육류(레 11:1-8), 어류(레 11:9-12), 조류(레 11:13-19), 곤충류(레 11:20-28), 그리고 땅에 기어 다니는 파충류(레 11:29-45)의 정·부정에 대한 규례로 나누어져 있다.

하나님은 육지의 짐승 중 굽이 갈라져 쪽발이 되고, 새김질하는 것을 먹으라고 말씀하셨고, 그 외의 짐승은 먹어서는 안 된다고 하셨다.

강독 가이드

하나님께서 주신 비타민

음식법에 의하면 모든 채소와 열매는 코셔다. 채식은 창조 때의 조화로운 식단이기 때문이다. 식물 영양소가 동물 영양소보다 사람에게 더 유익하다는 사실은 미국의 칼 렌보그(Carl F. Rehnborg)가 1920년에 과학적으로 규명했다. '비타민'은 라틴어에서 나왔다. 생명력을 더하는 물질이란 의미며, 곡식 껍질에서 유래된 말이다. 그래서 하나님께서 주신 곡식이나 열매 껍질까지 먹는 것이 건강에 유익하다. 제일 좋은 방법은 백미 대신 현미를 먹는 것이다. "옛말에 밥 만한 보약이 없다"고 했다. 이 말에서 '옛말'을 놓치면 안 된다. 옛날에 먹은 것은 백미가 아니라 현미였다.

정한 짐승과 부정한 짐승을 나누는 기준은 무엇일까?

> 여호와께서 노아에게 이르시되 너와 네 온 집은 방주로 들어가라 이 세대에서 네가 내 앞에 의로움을 내가 보았음이니라 너는 모든 정결한 짐승은 암수 일곱씩, 부정한 것은 암수 둘씩을 네게로 데려오며 공중의 새도 암수 일곱씩을 데려와 그 씨를 온 지면에 유전하게 하라 지금부터 칠 일이면 내가 사십 주야를 땅에 비를 내려 내가 지은 모든 생물을 지면에서 쓸어버리리라 노아가 여호와께서 자기에게 명하신 대로 다 준행하였더라(창 7:1-5).

하나님은 홍수를 일으키기 전 노아에게 모든 정결한 짐승은 암수 일곱씩, 부정한 짐승은 암수 둘씩을 방주에 실으라고 명령하셨다. 노아는 하나님께서 명하신 대로 준행했다. 그가 준행할 수 있었던 것은 정결한 짐승과 부정한 짐승에 대한 개념이 있었기 때문일 것이다. 노아는 어떻게 알고 있었을까?

> 이는 아브라함이 내 말을 순종하고 내 명령과 내 계명과 내 율례와 내 법도를 지켰음이라 하시니라(창 26:5).

창세기에서 아브라함이 지켰다는 하나님의 명령, 계명, 율례, 법도라는 말은, 출애굽기에서 '시내산 언약'이 체결되면서 선포되었던 십계명과 율법을 세분화해 가리키는 용어다. 그런데 아브라함이 죽은 후에 체결된 시내산 언약에서 등장하는 하나님의 명령, 계명, 율례, 법도를 그가 지켰다는 것이다.

제단에서 정결한 짐승을 불살라 향기로운 냄새를 하나님께 드리는 번제도 레위기에 나오는 5대 제사법 중 하나다. 그런데 창세기에서 노아가 번제를 드렸다고 했다. 십일조도 레위기에서 언급되지만(27:3), 창세기에서 아브라함은 제사장 멜기세덱에게 십일조를 드렸고, 야곱도 벧엘에서 하나님께 십일조를 서원했다(창 28:22). 멜기세덱도 마찬가지다. 제사장 율법은 출애굽기에서 처음 언급되기 때문이다.

하나님의 명령, 계명, 율례, 법도의 상당 부분은 천지창조 때부터 하나님께서 모든 인류에게 주신 보편적인 가치관과 윤리와 상식이었다. 그러나 야곱 족속이 이집트에서 정착해 살았던 400년 동안 이집트의 우상과 타락한 문화에 영향을 받아 계명과 율법이 희미해지고 흐트러졌다. 노아와 아브라함과 야곱이 하나님의 계명, 율례, 법도라는 용어를 사용했는지는 알 수 없지만, 그 내용을 알고 지켰던 것은 분명해 보인다.

정결한 짐승과 부정한 짐승에 대한 개념도 하나님께서 출애굽한 이스라엘에게 느닷없이 만들어 주신 것이 아니다. 시내산 언약을 통해 그 계명과 율법을 다시 가르쳐 주셨고, 더욱 체계화된 문서로 남겨주신 것이다. 그렇다면 언제, 왜 정결한 짐승과 부정한 짐승으로 나뉘어졌을까?

> 여호와 하나님이 여자에게 이르시되 네가 어찌하여 이렇게 하였느냐 여자가 이르되 뱀이 나를 꾀므로 내가 먹었나이다 여호와 하나님이 뱀에게 이르시되 네가 이렇게 하였으니 네가 모든 가축과 들의 모든 짐승보다 더욱 저주를 받아 배로 다니고 살아 있는 동안 흙을 먹을지

니라(창 3:13, 14).

금단의 열매를 따먹은 원죄 사건 이후 하나님은 사람을 미혹한 뱀을 저주하셨다. 뿐만 아니라 모든 가축과 들의 모든 짐승도 저주하셨다. 뱀은 원죄의 화근이기 때문에 다른 가축과 들의 짐승보다 하나님께 더욱 저주를 받았다. 그래서 가축과 짐승 중에는 저주를 상대적으로 덜 받은 것과 더 받은 것이 있는 것이다. 하나님께 저주를 덜 받은 가축과 짐승은 정결하고, 저주를 많이 받은 가축과 짐승은 부정하다. 가축과 짐승에게는 그 흔적이 분명하게 남아 있다.

하나님이 이르시되 내가 온 지면의 씨 맺는 모든 채소와 씨 가진 열매 맺는 모든 나무를 너희에게 주노니 너희의 먹을 거리가 되리라 또 땅의 모든 짐승과 하늘의 모든 새와 생명이 있어 땅에 기는 모든 것에게는 내가 모든 푸른 풀을 먹을 거리로 주노라 하시니 그대로 되니라 (창 1:29, 30).

가축과 짐승이 저주를 받으면서 달라진 것이 있다. 바로 먹이다. 창조 때는 사람을 비롯한 모든 생물이 초식을 했지만, 저주받은 후 육식과 잡식이 생겼다. 저주를 가장 많이 받은 뱀도 그때부터 먹이가 달라져 흙도 먹었다(창 3:14). 그러나 뱀은 흙을 먹지 않는다. 그렇다면 뱀이 흙을 먹을 거라는 하나님 말씀은 무슨 의미인가? 흙 자체를 먹는다는 것이 아니라, 근본이 흙인 것들을 먹는다는 의미일 것이다. 하나님께서 흙으로 지으신 동물들을 먹게 될 거라는 의미로, 하나님은 사람뿐 아니라 각종 들짐승과 각종 새도 흙으로 지으셨다(창 2:19). 따라서 뱀이 흙을 먹게 된다는 말은 그때부터 육식을 하게 되었다는 의미다. 저주를 많이 받은 가축과 짐승의 먹이는 뱀처럼 초식에서 육식 혹은 잡식으로 달라졌지만, 다소 덜 받은 가축과 짐승은 창조 때와 마찬가지로 여전히 초식을 유지하고 있다.

> 하나님이 노아와 그 아들들에게 복을 주시며 그들에게 이르시되 생육하고 번성하여 땅에 충만하라 땅의 모든 짐승과 공중의 모든 새와 땅에 기는 모든 것과 바다의 모든 물고기가 너희를 두려워하며 너희를 무서워하리니 이것들은 너희의 손에 붙였음이니라 모든 산 동물은 너희의 먹을 것이 될지라 채소 같이 내가 이것을 다 너희에게 주노라 그러나 고기를 그 생명 되는 피째 먹지 말 것이니라(창 9:1-4).

강독 가이드

올리브기름의 효능

성경에는 소, 양, 염소의 기름처럼 먹지 말라고 금하는 기름도 나오고, 제사장이 먹기도 하고 소제물에 첨가하는 기름도 나온다. 이 기름은 성소 등잔대를 밝히는 데에도 사용되었다. 왕, 제사장, 선지자를 세울 때는 머리에 붓고, 성막 기구에도 발랐던 관유의 주성분이기도 하다. 그리고 예수님의 비유에 등장하는 강도를 만나 거의 죽게 된 사람에게 사마리아인이 상처에 부었던 기름도, 병든 자를 위해 기도해 줄 때 주의 이름으로 바르라는 기름도 바로 이 기름이다. 바로 식물성 올리브기름이다. 동물성 기름은 피를 탁하게 하지만, 식물성 기름은 피를 맑게 하는 효과가 있다.

하나님은 노아 홍수 이후 사람에게 육식을 허락하셨다. 홍수로 인해 자연환경이 망가지고 채소도 온전하지 못해 채식과 더불어 육식이 필요해졌기 때문이다. 그러나 모든 짐승을 다 먹을 수 있는 것은 아니었다. 그가 하나님께 제물로 드린 모든 정결한 짐승을 먹을 수 있었고 피째 먹어서는 안 되었다(창 9:4).

그러나 사람이 홍수 이후부터 육식을 한 것은 아닌 것 같다. 가인의 후손 라멕이 아다에게서 얻은 야발은 가축 치는 자의 조상이다(창 4:20). 하나님께서 육식을 허락하신 홍수 이전에 가축을 쳤던 이유가 뭘까? 아담의 둘째 아들 아벨도 양을 치는 자였다. 그는 믿음으로 양을 하나님께 제물로 드리고, 자기 수치를 가리는 가죽옷을 얻기 위해 가축을 쳤을 것이다. 하지만 가인의 후손은 하나님께 제사 드리는 자들이 아니었다. 가죽옷도 얻었겠지만 육식도 했을 것이고, 어쩌면 고기를 피째 먹었을지도 모른다. 왜냐하면 그들은 살인을 노래할 정도로 육식동물처럼 잔인한 면이 있었기 때문이다.

"나의 상처로 말미암아 내가 사람을 죽였고 나의 상함으로 말미암아 소년을 죽였도다"(창 4:23).

정결한 가축과 짐승은 대체로 곡식과 채소를 먹는 초식 동물인데, 토끼는 초식을 하지만 굽이 갈라지지 않아 부정하다(레 11:6). 정결한 가축과 짐승은 다른 짐승에게 해를 끼치지 않는 온순한 짐승들이다. 뿐만 아니라 예수 그리스도께서 재림하신 이후에는 부정한 짐승으로 구분되는 잡식 동물도, 육식 맹수도 다시 초식으로 돌아가게 된다(사 11:7). 그러므로 사람에게는 창조 때의 먹이를 유지하는 가축을 먹는 것이 건강에 유익할 것이다. 하나님은 음식법을 통해 놀라운 창조질서를 우리에게 가르쳐 주셨다.

그리스도의 영이 있는 곳에는 '자유함'이 있다(고후 3:17). 그래서 모든 것이 가하며 율법에서도 자유하다. 모든 음식을 먹어도 되고, 죄가 되는 것도 아니다. 그러나 분명한 것은 자유가 있을 따름이지, 책임이 없는 것은 아니다. 음식법에서 금하는 음식이 주는 해로움은 먹는 사람이 고스란히 받을 것이다. 그래서 모든 것이 가하지만 모든 것이 유익한 것은 아니다(고전 10:23). 부정한 음식을 먹는다고 해서 죄가 되는 것은 아니지만 유해한 것은 분명하다.

의사 히포크라테스는 음식으로 못 고치는 병은 약으로도 고칠 수가 없다고 했다. 세계에서 제일 건강한 민족인 유대인은 여전히 음식법을 지키고 있다. 음식법은 하나님 백성이 이 땅을 살아갈 때 건강의 복도 받으라고 명령하신 하나님의 '건강복음'이다.

하나님 말씀은 크게 두 가지로 나누어진다. 피조물의 이치를 넘어서서 하나님의 권능을 계시하는 '초월적 말씀'과 피조물의 이치를 드러내는 '원리적 말씀'이다. 초월적 말씀은 마라에서 모세나 게네사렛 호수에서 베드로에게 선포된 말씀처럼 '그에게만', '그때에만', '그곳에서만' 해당되는 특별법과도 같다. 그러나 '원리적 말씀'은 하나님께서 피조물에게 부여하신 창조질서를 드러내는 계시로 특정한 사람과 때와 장소라는 전제가 없다. 모든 하나님의 백성은 언제 어디에서도 지키라고 주신 말씀이며, 일상 속에서 항상 지켜야 하는 일반법과도 같다. 하나님의 백성이 새 하늘과 새 땅에 갈 때까지 이 땅에 사는 동안 생활방식으로 삼아야 하는 생활양식법이다. 원리적 말씀인 하나님의 계명과 율법에는 이유가 있다.

'여호와 라파' 치료하시는 하나님께서 마라와도 같은 이스라엘 백성에게 내리신 첫 번째 처방은 '안식법'이고, 두 번째 처방은 '음식법'이다. 이스라엘 백성이 이집트에서 노예로 살며 안식하지도 못했고, 이집트 사람들처럼 음식을 가려 먹지도 않았기 때문이다. 안식법과 음식법은 하나님의 섭리이며 창조의 원리다.

십계명과 율법 중 예수 그리스도를 예표한 제사법과 절기법과 의식법 등은 폐해졌다. 피 제사는 '예배'로, 할례는 '세례'로, 안식일은 '주일'로 완성되었다. 예수 그리스도의 십자가로 그 의미가 완전해진 것이다. 그러나 윤리법, 음식법, 위생법 등의 일상생활법은 폐해지지 않았다.

예수 그리스도의 십자가 사건 이후 영적 상황은 분명히 이전과 달라졌다. 아담이 사탄에게 빼앗긴 왕권을 예수 그리스도께서 되찾으셨기 때문이다.

"하늘과 땅의 모든 권세를 내게 주셨으니"(마 28:18).

출애굽한 이스라엘 백성과 예수님의 몸 된 교회인 성도는 시간적으로 예수 그리스도의 십자가를 그 사이에 두고 있다. 이 둘은 분명히 영적 상황이 다르다. 그러나 육적 세계는 이전과 달라지지 않았다. 십자가 사건 이후에 사람의 수명이 노아 홍수 이전처럼 늘어나지도 않았고, 타락 이전처럼 반영구적인 존재로 돌아가지도 않았다.

십계명과 율법 중에서 폐해진 것은 영적 의미를 가진 율법들이다. 그러나 육적 의미를 가진 율법들, 윤리법, 음식법, 위생법 등은 여전히 유효하다. 십자가 사건 이전과 여전히 동일한 육적 세계를 살고 있기 때문이다. 안식법이 피조물의 이치를 드러내는 원리적 말씀인 것처럼 음식법도 마찬가지다. 하나님의 창조질서로 돌아가게 한다.

물에 있는 모든 것 중에서 너희가 먹을 만한 것은 이것이니 강과 바다와 다른 물에 있는 모든 것 중에서 지느러미와 비늘 있는 것은 너희가 먹되 물에서 움직이는 모든 것과 물에서 사는 모든 것 곧 강과 바다에 있는 것으로서 지느러미와 비늘 없는 모든 것은 너희에게 가증한 것이라 이들은 너희에게 가증한 것이니 너희는 그 고기를 먹지 말고 그 주검을 가증히 여기라 수중 생물에 지느러미와 비늘 없는 것은 너희가 혐오할 것이니라 새 중에 너희가 가증히 여길 것은 이것이라 이것들이 가증한즉 먹지 말지니 곧 독수리와 솔개와 물수리와 말똥가리와 말똥가리 종류와 까마귀 종류와 타조와 타흐마스와 갈매기와 새매 종류와 올빼미와 가마우지와 부엉이와 흰 올빼미와 사다새와 너새와 황새와 백로 종류와 오디새와 박쥐니라 날개가 있고 네 발로 기어 다니는 곤충은 너희가 혐오할 것이로되 다만 날개가 있고 네 발로 기어다니는 모든 곤충 중에 그 발에 뛰는 다리가 있어서 땅에서 뛰는 것은 너희가 먹을지니 곧 그 중에 메뚜기 종류와 베짱이 종류와 귀뚜라미 종류와 팥중이 종류는 너희가 먹으려니와 … (레 11:9-45).

어류 중에서는 지느러미와 비늘 있는 것은 먹을 수 있다. 조류 중에서는 새나 짐승을 잡아먹고, 짐승의 피를 먹는 맹금류를 먹어서는 안 된다. 곤충 중에서는 날개가 있고, 다리가 넷이고, 높이 뛰어 오를 수 있는 긴 다리를 가진 것들은 먹을 수 있다.

부정한 짐승의 공통점은 동물성 기름이 많다는 것이다. 돼지나 개는 되새김질을 하지 않고 잡식성이다. 하나님은 나누어 먹는 화목제에서도 제물의 기름과 피뿐 아니라 내장도 하나님께 돌리라고 명령하셨다. 기름과 피와 내장은 영적으로 제물의 생명을 이루는 중심을 상징하기 때문에 먹지 말고 하나님께 돌려야 했다. 뿐만 아니라 인체에

해롭기 때문에 먹지 말라고 하신 것이다. 정한 짐승이든 부정한 짐승이든 동물성 기름과 내장은 사람에게 이롭지는 않다.

> 무리를 떠나 집으로 들어가시니 제자들이 그 비유를 묻자온대 예수께서 이르시되 너희도 이렇게 깨달음이 없느냐 무엇이든지 밖에서 들어가는 것이 능히 사람을 더럽게 하지 못함을 알지 못하느냐 이는 마음으로 들어가지 아니하고 배로 들어가 뒤로 나감이라 이러므로 모든 음식물을 깨끗하다 하시니라(막 7:17-19).

예수님은 모든 음식물을 깨끗하다고 하셨다. 이 말씀을 하신 예수님은 음식법을 포함한 모든 율법을 완벽하게 지킨 유대인이셨다. 이 말씀을 들은 제자들도 음식법을 포함한 모든 율법을 매우 잘 알고 있는 유대인이었다.

예수님께서 깨끗하다 말씀하신 '모든 음식물'은 이방인이 생각하는 음식물이 아니다. 유대인이 생각하는 음식물을 가리킨다. 유대인이 음식법대로 구분하여 먹는 모든 음식물이 깨끗하다고 말씀하신 것이다. 이방인의 부정한 음식이 변화되어 깨끗해졌다는 말씀이 아니다.

> 하늘이 열리며 한 그릇이 내려오는 것을 보니 큰 보자기 같고 네 귀를 매어 땅에 드리웠더라 그 안에는 땅에 있는 각종 네 발 가진 짐승과 기는 것과 공중에 나는 것들이 있더라 또 소리가 있으되 베드로야 일어나 잡아 먹어라 하거늘 베드로가 이르되 주여 그럴 수 없나이다 속되고 깨끗하지 아니한 것을 내가 결코 먹지 아니하였나이다 한대 또 두 번째 소리가 있으되 하나님께서 깨끗하게 하신 것을 네가 속되다

하지 말라 하더라 이런 일이 세 번 있은 후 그 그릇이 곧 하늘로 올려져 가니라(행 10:11-16).

하나님은 베드로 사도에게 각종 부정한 짐승들이 담겨져 있는 그릇을 환상으로 보여 주셨다. 환상 속에 등장하는 부정한 짐승들은 음식법에서 부정한 것으로 규정되어, 하나님께서 먹지 말라고 명령하신 것들이다. 그런데 하나님은 그에게 부정한 짐승들을 먹으라고 세 번이나 말씀하시고 보여 주셨다.

하나님께서 부정한 음식을 먹으라고 명령하신 것은 음식법이 폐해졌다는 의미가 아니라, 부정한 이방인도 하나님의 백성으로 취하시겠다는 것이다. 왜냐하면 유대인은 이방인을 부정한 짐승으로 취급하며 개, 돼지라고 불렀기 때문이다. 베드로 사도가 환상을 본 직후 일어난 일은 그가 부정한 음식으로 잔치를 연 것이 아니라, 이방인 백부장 고넬료가 성령을 받아 하나님의 거룩한 백성이 된 것이다.

그러나 성령이 밝히 말씀하시기를 후일에 어떤 사람들이 믿음에서 떠나 미혹하는 영과 귀신의 가르침을 따르리라 하셨으니 자기 양심이 화인을 맞아서 외식함으로 거짓말하는 자들이라 혼인을 금하고 어떤 음식물은 먹지 말라고 할 터이나 음식물은 하나님이 지으신 바니 믿는 자들과 진리를 아는 자들이 감사함으로 받을 것이니라 하나님께서 지으신 모든 것이 선하매 감사함으로 받으면 버릴 것이 없나니 하나님의 말씀과 기도로 거룩하여짐이라(딤전 4:1-5).

바울 사도는 음식물은 하나님이 지으셨으니 감사함으로 받으라고 했고, 그분께서 지으신 모든 것은 선하니 감사함으로 받으면 버릴 것이 없다고 했다. 역시 음식법이 폐해졌다는 의미가 아니다. 양심에 화인 맞은 '영지주의'와 '금욕주의'의 거짓 교훈을 책망하는 말이다. 영지주의와 금욕주의는 혼인을 금하고, 어떤 음식물은 먹지 말라는 거짓 교훈을 가르쳤다. 그들은 부부 사이의 성관계까지 부정하다고 했고 독신으로 살아야만 거룩해지고, 금식을 해야 거룩해져 예수 그리스도께 받은 구원이 완성된다고 가르쳤다.

바울 사도는 성도가 거룩에 이르게 되는 것은 독신이나 금식을 통해서가 아니라, 오직 하나님 말씀과 기도로 이루어진다고 증거했다.

이방에 복음이 전파되기 시작하면서 음식법은 선교 현장의 걸림돌이 되지 않을 수 없었다. 그래서 예루살렘에서 열린 최초 기독교 총회는 선교를 위해 우상에게 드려진 더러운 음식, 음행, 목매어 죽인 짐승, 피 등 우상숭배에 연관된 것을 금지하는 선에서 모든 음식법에서 자유를 선포했다(행 15:20). 바울 사도도 "먹는 자는 먹지 않는 자를 업신여기지 말고, 먹지 않는 자는 먹는 자를 비판하지 말라"(롬 14:3)고 했다. 음식법을 지키는 것은 좋으나, 그것으로 결코 남을 정죄해서는 안 된다.

"그러므로 만일 음식이 내 형제를 실족하게 한다면 나는 영원히 고기를 먹지 아니하여 내 형제를 실족하지 않게 하리라"(고전 8:13).

> 그러나 율법은 사람이 그것을 적법하게만 쓰면 선한 것임을 우리는 아노라(딤전 1:8).

> 화 있을진저 외식하는 서기관들과 바리새인들이여 너희가 박하와 회

향과 근채의 십일조는 드리되 율법의 더 중한 바 정의와 긍휼과 믿음은 버렸도다 그러나 이것도 행하고 저것도 버리지 말아야 할지니라(마 23:23).

예수님은 서기관과 바리새인 들을 책망하셨다. 그들이 율법은 열심히 지키면서도 더욱 중요한 율법의 정신을 버렸기 때문이다. 주님은 "이것도 행하고 저것도 버리지 말라"고 말씀하셨다. 버리지 말라고 하신 저것은 율법의 정신을 실천하는 것이고, 행하라고 하신 이것은 십일조를 드리는 것이다. 분명 둘 다 버려서는 안 된다고 말씀하셨다.

교회에서는 성도들에게 주일성수와 십일조를 지켜야 할 필수적 신앙규범으로 가르친다. 특히 십일조는 예수님께서 하나님께 드려야 한다고 직접 말씀하셨다는 점을 강조한다. 그러나 예수님께서 말씀하신 십일조는 비단 십일조만을 가리키신 것이 아니다. 모든 율법을 대표하는 율법으로 십일조를 언급하신 것이다. 예수님께서 버리지 말라고 하신 저것은 십일조의 정신이 아니라, '율법의 정신'이라는 점에 주목해야 한다. 주님은 십일조가 율법이라서 행해야 한다 말씀하셨고, 다른 율법들도 그 원리를 행하는 것이 마땅하다.

기독교가 목숨처럼 생각하는 주일 성수의 근거는 십계명 중 제4계명 안식일 준수 율법에서 비롯된 것이다. 주일 성수는 안식일 율법이 완성된 것으로, 모든 성도가 생활 원리로 삼아야 하는 '원리적 말씀'이다. 신약성경에는 주일 성수가 성도의 의무라고 규정하는 말씀이 단 한 번도 나오지 않는다. 율법이 폐해졌다면 왜 예수님은 율법인 십일조를 드려야 한다고 말씀하셨고, 교회에서는 안식일 율법에서 비롯된 주일을 성수해야 한다고 강조하는가? 오직 십일조와 안식일의 완성인 주일 성수 율법만 폐해지지 않은 것인가? 율법은 성도가 하나님을 바르게 섬기는 생활양식법이라는 것을 분명히 기억해야 한다.

바벨론 시날 근방의 네 왕이 연합해, 롯이 살고 있는 요단 지역과 소돔을 침략해 왔다. 요단 지역과 소돔 근교에 살았던 다섯 왕도 역시 연합군을 결성해 대항했지만 역부족이었다. 그들은 소돔과 고모라의 모든 재물과 양식을 빼앗고, 롯도 사로잡았으며, 그의 재물도 노략해 본국으로 돌아갔다. 이 소식을 들은 아브라함은 집에서 길리고 훈련된 318명을 거느리고, 이스라엘 최북방 단까지 쫓아가 조카 롯과 모든 재산을 찾아왔다. 그들이 돌아올 때 살렘 왕 멜기세덱이 맞이했다.

> 아브람이 그돌라오멜과 그와 함께 한 왕들을 쳐부수고 돌아올 때에 소돔 왕이 사웨 골짜기 곧 왕의 골짜기로 나와 그를 영접하였고 살렘 왕 멜기세덱이 떡과 포도주를 가지고 나왔으니 그는 지극히 높으신 하나님의 제사장이었더라 그가 아브람에게 축복하여 이르되 천지의 주재이시요 지극히 높으신 하나님이여 아브람에게 복을 주옵소서 너희 대적을 네 손에 붙이신 지극히 높으신 하나님을 찬송할지로다 하매 아브람이 그 얻은 것에서 십분의 일을 멜기세덱에게 주었더라
> (창 14:17-20).

십일조의 기원이 되는 말씀이다. 비단 십일조뿐만 아니라 우리가 하나님께 모든 시간, 물질, 봉사를 왜 드려야 하며, 어떤 태도로 드려야 하는지가 드러난다. 멜기세덱 제사장은 아브라함에게 "너희 대적을 네 손에 붙이신 지극히 높으신 하나님을 찬송할지로다"(창 14:20)고 말했다. 아브라함의 사람들이 함께했고 아브라함이 단까지 북상해 목

숨 걸고 싸웠다. 하지만 승리는 그의 공로가 아니라, 하나님께서 붙여 주신 덕분에 이길 수 있었다는 것이다. 아브라함은 이를 인정했고 십일조를 드렸다.

아브라함이 승리한 것은 자기 실력이 아니라 하나님의 은혜였다. 하나님의 은혜를 인정하는 신앙고백이 바로 십일조다. 우리가 시간과 물질과 봉사를 하나님께 드리는 것은 모든 것을 자신이 한 것이 아니라, 하나님께서 하셨음에 대한 믿음의 반응이다. 천지의 주재이신 하나님, 천지의 주인이시며 천지를 다스리시는 하나님이심을 물질을 통해 믿음을 고백하는 것이 바로 십일조다.

십일조는 율법을 지킨다는 차원보다 하나님께서 천지의 주재시며, 지극히 높으신 하나님이심을 고백하는 믿음 차원에서 드리는 것이다. 십일조 율법은 출애굽기 이후에 만들어졌지만, 율법 이전 아브라함 때 이미 십일조가 나왔다. 율법은 의무감으로 지키는 것이 아니라, 감사함으로 드리는 것이다.

> 이는 짐승과 새와 물에서 움직이는 모든 생물과 땅에 기는 모든 길짐승에 대한 규례니 부정하고 정한 것과 먹을 생물과 먹지 못할 생물을 분별한 것이니라(레 11:46, 47).

"나 여호와의 말을 들어 순종하고 내가 보기에 의를 행하며 내 계명에 귀를 기울이며 내 모든 규례를 지키면 내가 애굽 사람에게 내린 모든 질병 중 하나도 너희에게 내리지 아니하리니 나는 너희를 치료하는 여호와임이라"(출 15:26).

하나님의 치료를 받기 위해서는 그분의 모든 규례를 지켜야 한다.

음식법에서는 이스라엘이 정한 것과 부정한 것, 먹을 생물과 먹지 못할 생물을 구분한 율법을 규례라고 했다. 따라서 음식법 준수가 생활양식으로 정착되면 여호와 라파의 치료하는 권능이 일상 속에서 자연스럽게 나타난다. 그것이 창조 질서이고 사람은 처음부터 그렇게 창조되었다.

산모의 정결법과 남아의 할례(레 12:1-8)

여호와께서 모세에게 말씀하여 이르시되 이스라엘 자손에게 말하여 이르라 여인이 임신하여 남자를 낳으면 그는 이레 동안 부정하리니 곧 월경할 때와 같이 부정할 것이며 여덟째 날에는 그 아이의 포피를 벨 것이요 그 여인은 아직도 삼십삼 일을 지내야 산혈이 깨끗하리니 정결하게 되는 기한이 차기 전에는 성물을 만지지도 말며 성소에 들어가지도 말 것이며 여자를 낳으면 그는 두 이레 동안 부정하리니 월경할 때와 같을 것이며 산혈이 깨끗하게 됨은 육십육 일을 지내야 하리라 아들이나 딸이나 정결하게 되는 기한이 차면 그 여인은 번제를 위하여 일 년 된 어린 양을 가져가고 속죄제를 위하여 집비둘기 새끼나 산비둘기를 회막 문 제사장에게로 가져갈 것이요 제사장은 그것을 여호와 앞에 드려서 그 여인을 위하여 속죄할지니 그리하면 산혈이 깨끗하리라 이는 아들이나 딸을 생산한 여인에게 대한 규례니라 그 여인이 어린 양을 바치기에 힘이 미치지 못하면 산비둘기 두 마리나 집비둘기 새끼 두 마리를 가져다가 하나는 번제물로, 하나는 속죄제물로 삼을 것이요 제사장은 그를 위하여 속죄할지니 그가 정결하리라(레 12:1-8).

산모가 남아를 출산하면 40일, 여아는 80일이 지나야 산혈이 깨끗해진다. 이때 산모는 성전에 출입할 수 없고, 월경 때처럼 타인과의 접촉도 금해야 했다(레 15:19). 출산으로 면역력이 약해진 산모와 태어난 아기를 보호하기 위해 주신 법으로 여겨진다. 아들이나 딸이나 정결하게 되는 기한이 차면 산모는 번제뿐 아니라 죄를 사함 받는 속죄제를 반드시 드려야 했다. 여자는 금단의 열매를 따먹은 원죄를 범한 이후 임신의 고통이 크게 더해졌고, 자식을 수고로이 낳게 되었기 때문이다(창 3:16).

아들은 태어난 지 여덟째 날에 아브라함 때부터 시행된 할례를 행해야 했다. 하나님은 할례 된 채로 태어나게 하실 수도 있었을 것이다. 그러나 그렇게 하지 않으셨다. 모든 사람은 태어날 때부터 언약의 백성이 아니라, 죄인으로 태어난다는 것을 분명히 드러내시기 위해서였다. 모든 인류는 한 혈통(행 17:26)으로 나기 때문에 죄인이 아닌 사람은 아무도 없다.

"내가 죄악 중에서 출생하였음이여 어머니가 죄 중에서 나를 잉태하였나이다"(시 51:5).

아들에게 할례를 행하는 여덟째 날은 잃어버린 일곱째 날의 안식을 되찾는 주님의 온전한 새 날을 소망하는 날이다.

"또 그 안에서 너희가 손으로 하지 아니한 할례를 받았으니 곧 육의 몸을 벗는 것이요 그리스도의 할례니라"(골 2:11).

악성 피부병의 진단법(레 13:1–59)

여호와께서 모세와 아론에게 말씀하여 이르시되 만일 사람이 그의 피부에 무엇이 돋거나 뾰루지가 나거나 색점이 생겨서 그의 피부에 나병 같은 것이 생기거든 그를 곧 제사장 아론에게나 그의 아들 중 한 제사장에게로 데리고 갈 것이요 제사장은 그 피부의 병을 진찰할지니 환부의 털이 희어졌고 환부가 피부보다 우묵하여졌으면 이는 나병의 환부라 제사장이 그를 진찰하여 그를 부정하다 할 것이요 피부에 색점이 희나 우묵하지 아니하고 그 털이 희지 아니하면 제사장은 그 환자를 이레 동안 가두어둘 것이며 이레 만에 제사장이 그를 진찰할지니 그가 보기에 그 환부가 변하지 아니하고 병색이 피부에 퍼지지 아니하였으면 제사장이 그를 또 이레 동안을 가두어둘 것이며 이

강독 가이드

유대인의 부엌

지금도 유대인은 주방 가구나 도구가 더러워지면 정결법을 행한다. 싱크대가 더러워지면 끓는 물을 부어 소독한다. 중요한 것은 끓는 물을 붓는 순간에 물이 조금도 식어서는 안 된다는 것이다. 그래서 유대인의 집에는 반드시 전기주전자가 있는데, 아주 긴 코드가 달려 있다. 그들은 끓는 물을 싱크대에 붓기 전에 먼저 전기주전자를 끄지 않는다. 조금이라도 식으면 안 되기 때문이다. 전기주전자를 켠 채로 뜨거운 물을 싱크대에 붓는다. 오븐이 더러워졌을 때는 불꽃이 나오는 토치로 오븐 내부를 소독하는 정결법을 행한다.

레 만에 제사장이 또 진찰할지니 그 환부가 엷어졌고 병색이 피부에 퍼지지 아니하였으면 피부병이라 제사장이 그를 정하다 할 것이요 그의 옷을 빨 것이라 그리하면 정하리라 … (레 13:1-44).

팔레스타인 지역은 아열대성 기후로 건기와 우기로 나누어진다. 우기인 10월부터 3월까지는 비가 내리지만, 건기인 4월부터 9월까지는 아주 메마르다. 이런 기후의 문제점은 비가 짧은 시간에 한꺼번에 쏟아진다는 것이다. 그래서 항상 물이 부족하다. 또한 뜨거운 사막에서 불어오는 동풍이 모래 먼지와 건조한 더위를 몰고 오기 때문에 고대 팔레스타인 사람들에게는 각종 피부질환이 많을 수밖에 없었다.

히브리어 '짜라트'는 나병뿐 아니라, 전염성 있는 모든 악성 피부병을 가리키는 말이다. 이런 피부병에 걸리면 제사장은 공동체와 환자를 격리 조치하였다. 짜라트는 '때려 눕히다'라는 의미도 있다. 모세가 하나님께 부름 받았을 때 이집트로 돌아가는 것이 두려워 보내심을 거부하자, 하나님은 모세의 손에 나병이 발하게도, 깨끗하게도 하셨다(출 4:6, 7). 모세의 누이 미리암도 하나님께서 세우신 권위에 도전하다가, 하나님의 진노로 이레 동안 나병에 걸렸다. 아람의 나아만 장군도 나병에 걸렸다가 엘리사 선지자에게 고침 받았다. 반면에 엘리사 선지자의 사환 게하시는 탐욕으로 나병에 걸렸다. 교만한 남유다 웃시야 왕은 제사장만 드릴 수 있는 성전에서 분향하다가 하나님의 진노로 나병에 걸리기도 했다. 이렇듯 하나님 말씀에 불순종하면 나병이 임했기 때문에 유대인은 하나님이 심판으로 내리는 질병 중 나병을 가장 저주스러운 병으로 생각했다. 그러나 이는 유대인의 생각이고 하나님은 나병으로 치셨을 뿐이다.

레위기에는 나병이 60회나 언급된다. 레위기뿐만 아니라 성경 전체에서 언급되고 있는데, 나병이 이렇게 많이 언급되는 이유는 우리에게 주는 영적 교훈 때문이다. 나병과 죄의 특징은 아주 유사하다. 나병은 육체의 치명적인 질병이지만, 죄는 치명적인 영적 질병이다. 이 둘은 오랜 잠복기를 거친다. "나병은 자신이 모르고 3년, 자신이 알고 3년, 남들이 알고 3년"이란 말이 있을 정도로 긴 잠복기를 거친다. 결국 상황이 악화되면 겉으로 드러나는 것이다. 우리가 지은 죄의 결과

강독 가이드

유럽의 전염병

1347년부터 1350년 사이 유럽과 소아시아(터키)에서는 원인 모를 전염병으로 인구 삼분의 일이 목숨을 잃었다. 전염병에 걸린 사람들은 팔과 다리에 검은 반점이 부풀어 올랐고, 반점이 터지면서 검은 피와 고름이 나왔다. 콘스탄티노플에서는 인구의 88퍼센트가 목숨을 잃었고, 파리에서는 매일 800여명의 사람들이 죽었다고 한다. 2,384만 명이 목숨을 잃었을 것으로 추정한다. 그런데 공교롭게도 유대인이 모여 사는 지역은 전염병이 발생하지 않았다. 이는 당시 유럽에 만연했던 반유대주의 정서와 맞물려 유대인이 식수원에 독약을 타서 사람들이 죽어간다는 유언비어가 퍼져나갔다. 급기야 유대인이 모여 사는 거주지를 불태우고 학살하는 끔찍한 일도 벌어졌다.
후에 전염병은 쥐가 옮기는 페스트균으로 발병하는 흑사병임이 밝혀졌다. 유대인은 물로 깨끗이 씻는 것이 생활화되어 청결한 환경을 유지했기 때문에 전염병에 쉽게 전염되지 않았을 것이다. 대부분의 전염병은 손을 잘 씻는 것만으로도 방지할 수 있다.

도 이와 마찬가지다.

처음 한두 번 범죄하면 양심의 가책을 받는다. 그래서 빨리 회개하고 벗어나려 한다. 하지만 몇 번 반복하면 양심의 가책도 받지 않고 당연하게 죄를 짓게 된다. 죄를 지어도 아무 일도 일어나지 않는다. 괜찮은 것 같지만 괜찮은 것이 아니다. 죄는 잠복기에 있을 뿐이다. 잠복기가 끝나면 죄의 결과가 드러나고 그때는 돌이키기 힘든 지경이 된다. 성경은 이것을 완악하다고 언급한다. 완악한 사람은 죄를 지으면서도 죄가 아니라고 생각한다.

나병의 잠복기가 끝나고 구체적으로 드러나기 시작하면 심장에서 먼 부분의 살부터 썩기 시작한다. 손가락, 발가락을 시작으로 얼굴 부위에서도 진물이 나기 시작한다. 몸이 썩는 것보다 더 심각한 것은 말초신경이 마비되고 감각을 잃어 고통조차 느낄 수 없다는 것이다. 차츰 조직이 변성되며 결과적으로 사지가 변형되고 파괴된다.

또 하나의 유사점은 전염성이다. 나병도 그렇지만 죄도 그렇다. 하와는 금단의 열매를 따먹고 남편도 먹게 했다. 죄는 할 수만 있다면 혼자 범하지 않는다. 영적인 나병도 영적 감각이 마비되어 죄를 죄로 인식하지 못하고 하나님과 원수가 된다. 하나님께서 싫어하는 일을 골라하는 사람이 된다. 하나님의 역사에 거침돌이 되어 이집트 파라오처럼, 로마 시저처럼 하나님의 교회에 누를 끼치게 된다. 영적 나병에 걸리지 않기 위해서는 하나님 말씀 앞에 깨어 있어야 하고 우리 자신을 항상 돌아봐야 한다.

> 나병 환자는 옷을 찢고 머리를 풀며 윗입술을 가리고 외치기를 부정하다 부정하다 할 것이요 병 있는 날 동안은 늘 부정할 것이라 그가

부정한즉 혼자 살되 진영 밖에서 살지니라 … (레 13:45-59).

나병 환자는 옷을 찢고 머리를 풀어야 했다. 극한 슬픔의 표시로 거룩한 하나님께서 거하시는 이스라엘 진영에서 살지 못하고, 진영 밖에서 격리되어 살아야 했기 때문이다. 다른 사람에게 보였을 때는 윗입술을 가리고 "부정하다. 나는 부정하다"고 외쳐야 했다. 그는 격리될 뿐만 아니라 스스로 나병 환자임을 드러내 타인의 접근과 접촉도 막아 전염을 방지해야 했다. 이는 공동체를 지키는 위생법으로 어기면 돌로 쳐 죽여도 무방했다. 의복이나 가옥에 발생하는 나병 색점은 곰팡이나 악성 세균을 가리킨다.

악성 피부병의 정결법(레 14:1-57)

여호와께서 모세에게 말씀하여 이르시되 나병 환자가 정결하게 되는 날의 규례는 이러하니 곧 그 사람을 제사장에게로 데려갈 것이요 제사장은 진영에서 나가 진찰할지니 그 환자에게 있던 나병 환부가 나았으면 제사장은 그 정결함을 받을 자를 위하여 명령하여 살아 있는 정결한 새 두 마리와 백향목과 홍색 실과 우슬초를 가져오게 하고 제사장은 또 명령하여 그 새 하나는 흐르는 물 위 질그릇 안에서 잡게 하고 다른 새는 산 채로 가져다가 백향목과 홍색 실과 우슬초와 함께 가져다가 흐르는 물 위에서 잡은 새의 피를 찍어 나병에서 정결함을 받을 자에게 일곱 번 뿌려 정하다 하고 그 살아 있는 새는 들에 놓을지며 정결함을 받는 자는 그의 옷을 빨고 모든 털을 밀고 물로 몸을 씻을 것이라 그리하면 정하리니 그 후에 진영에 들어올 것이나 자기 장막 밖에 이레를 머물 것이요 일곱째 날에 그는 모든 털을 밀되 머리털과 수염과 눈썹을 다 밀고 그의 옷을 빨고 몸을 물에 씻을 것이라 그리하면 정하리라 여덟째 날에 그는 흠 없는 어린 숫양 두 마리와 일 년 된 흠 없는 어린 암양 한 마리와 또 고운 가루 십분의 삼 에바에 기름 섞은 소제물과 기름 한 록을 취할 것이요 … (레 14:1-57).

나음을 입은 나병 환자는 여덟째 날에 드리는 정결례로 온전히 정결하게 된다. 여인이 임신해 남자 아이를 낳으면 이레 동안 부정했고, 여덟째 날에 아이의 포피를 베어야 했다(레 12:1, 2). 나음을 입은 나병 환자도, 태어난 남자 아이도 공히 여덟째 날에 정결례를 행했다. 그들은 죄의 산물로 인해 이스라엘 회중에서 분리되었다가, 여덟째 날에 이스라엘 회중으로 돌아가는 안식에 이른 것이다.

이스라엘이 하나님께 첫 제사를 드려 하나님 영광이 나타났던 날도 여덟째 날이다(레 9:1). 온전한 안식은 여덟째 날에 맞이하는 예수 그리스도의 부활로 비로소 누릴 수 있게 된 것이다.

한 나병환자가 나아와 절하며 이르되 주여 원하시면 저를 깨끗하게 하실 수 있나이다 하거늘 예수께서 손을 내밀어 그에게 대시며 이르시되 내가 원하노니 깨끗함을 받으라 하시니 즉시 그의 나병이 깨끗하여진지라(마 8:2, 3).

율법에서는 나병 환자와의 접촉을 엄격히 금하고 있다. 이 법을 어기면 돌로 쳐 죽여도 무방할 정도로 무거운 죄였다. 그런데도 예수님은 나병 환자의 피부에 손을 대셨다. 주님은 말씀만으로 치료하실 수 있었지만 환자에게 손을 대셨다. 주님의 손은 그의 상처 입은 마음까지 만지셔서 전인격을 새롭게 창조해서 진정한 안식을 누리게 하셨다. 주님은 질병에 전염되는 나약한 인생이 아니라, '야짜르'하신 창조주 하나님이기 때문이다.

제사장은 악성 전염병을 진단하고 정결법을 집행했을 뿐 낫게 할 수는 없었다. 그러나 대제사장 되신 예수 그리스도는 치유해 주시는 분이다.

레위기 율법은 정한 것과 부정한 것을 구분한다. 그 무엇이 부정해졌을 때는 어떻게 해야 하는지를 기록했다. 부정한 것을 정하게 만드는 법을 기록한 것이다. 예컨대 손수건이 부정해졌다면 버리면 된다. 그러나 비싼 의복이 부정해졌다면 상황은 달라진다.

물건이 부정해졌을 때는 물로 씻는다(레 13:54). 물로 씻어도 안 되는 것은 불로 소독하거나 사른다(레 13:55). 질그릇이나 놋그릇으로 고기를 삶았으면 놋그릇은 물로 씻으면 정결해지지만, 질그릇은 육즙이 베었기 때문에 물로 씻어도 소용이 없다. 그래서 깨뜨려야 한다(레 6:28). 만일 물건이 아니라 사람이라면 물로 씻는 것은 된다. 하지만 불로 사르거나 깨뜨릴 수는 없다. 사람을 온전히 정결하게 하는 것은 물도 불도 아닌 '피'다. 하나님 말씀대로 5대 제사법으로 돌아가고 십자가를 바라보면 정결하게 된다. 그러나 주님의 보혈로 정결함을 입지 못하면 부정한 그릇을 불로 사르거나 깨뜨리듯, 지옥 곧 꺼지지 않는 불에 들어가 영원한 파경을 맞게 된다(막 9:43). 이사야 선지자가 하나님을 토기장이로, 인생을 진흙으로(사 29:16), 바울 사도가 우리를 보배를 가진 질그릇(고후 4:7)에 비유하는 이유도 이 때문일 것이다.

유출병과 정결법(레 15:1-33)

> 여호와께서 모세와 아론에게 말씀하여 이르시되 이스라엘 자손에게 말하여 이르라 누구든지 그의 몸에 유출병이 있으면 그 유출병으로 말미암아 부정한 자라 그의 유출병으로 말미암아 부정함이 이러하니 곧 그의 몸에서 흘러나오든지 그의 몸에서 흘러나오는 것이 막혔든지 부정한즉 유출병 있는 자가 눕는 침상은 다 부정하고 그가 앉았던 자리도 다 부정하니 그의 침상에 접촉하는 자는 그의 옷을 빨고 물로 몸을 씻을 것이며 저녁까지 부정하리라 유출병이 있는 자가 앉았던 자리에 앉는 자는 그의 옷을 빨고 물로 씻을 것이요 저녁까지 부정하리라 유출병이 있는 자의 몸에 접촉하는 자는 그의 옷을 빨고 물로 몸을 씻을 것이며 저녁까지 부정하리라 … (레 15:1-33).

히브리어로 몸은 '바사르'다 남녀의 성기를 가리키는 완곡한 표현이다. 유출병은 남녀의 성기에서 피나 고름이 나오는 병으로, 잘못된 성관계로 생기는 성병이나 여인들의 부인과 질병을 가리킨다. 하나님은 이스라엘 백성에게 성병도 진찰하고 관리하라고 명령하셨다.

유출병이 있는 사람이 유출이 깨끗해지면 정결을 위해 옷을 빨고 흐르는 물에 몸을 씻어야 한다. 흐르는 물, 히브리어 '마임 하이임'은 살아 있는 물이란 의미다. 물로 씻고 불로 소독하는 것은 지금은 지극히 상식이 된 위생법이다.

> 열두 해를 혈루증으로 앓아 온 한 여자가 있어 많은 의사에게 많은 괴로움을 받았고 가진 것도 다 허비하였으되 아무 효험이 없고 도리어

더 중하여졌던 차에 예수의 소문을 듣고 무리 가운데 끼어 뒤로 와서 그의 옷에 손을 대니 이는 내가 그의 옷에만 손을 대어도 구원을 받으리라 생각함일러라 이에 그의 혈루 근원이 곧 마르매 병이 나은 줄을 몸에 깨달으니라(막 5:25-29).

혈루증(血瘻症)은 불규칙한 출혈로 피가 엉키고 뭉쳐서 등이 굽는 질병이다. 여인은 열두 해나 혈루증을 앓았고 여러 의사에게 많은 괴로움을 받을 정도로 중증이다. 치료비로 가진 것을 다 허비해서 경제적 어려움도 겪고 있을 것이다.

유출병에 걸린 여인은 타인과의 접촉을 금해야 했다. 하루만 유출이 있어도 부정한데 열두 해 동안이나 혈루증을 앓았으니 그녀는 심히 부정한 여인이었다. 그런데도 무리 틈으로 끼어들어 예수님의 옷을 만졌다. 이것은 무리와 예수님을 부정하게 만드는 반율법적 행위였다. 그녀가 예수님 뒤에서 몰래 옷을 만진 이유도 이 때문이다.

정결법에 의하면 예수님은 그날 해지기까지 부정하고 입었던 옷도 빨고 몸을 씻어야 한다. 율법에서 끊임없이 언급하는 것은 누구라도 부정한 것과 접촉하면 그도 오염되어 부정해진다는 것이다. 그러나 예수님은 부정한 여성과 접촉했는데도 부정해지지 않으셨다. 도리어 예수님의 거룩한 능력이 여성에게 흘러들어가 그녀를 정결하게 했다. 거룩하신 하나님과 부정한 사람이 접촉하면 하나님께서 부정해지는 것이 아니라, 사람이 거룩해 지는 것이다. 예수 그리스도는 어떤 부정함도 씻어내시는 '마임 하이임' 살리는 생수(요 7:38)이기 때문이다.

"이는 곧 물로 씻어 말씀으로 깨끗하게 하사 거룩하게 하시고"(엡 5:26).

예수님은 율법을 범하신 것이 아니라, 율법을 초월하시는 율법의 완성이시다. 진정한 복음의 높이는 율법의 깊이를 온전히 알고 깨달을 때 누리고 노래할 수 있는 것이다.

생명의 근원인 피(레 17:1-16)

> 여호와께서 모세에게 말씀하여 이르시되 아론과 그의 아들들과 이스라엘의 모든 자손에게 말하여 그들에게 이르기를 여호와의 명령이 이러하시다 하라 이스라엘 집의 모든 사람이 소나 어린 양이나 염소를 진영 안에서 잡든지 진영 밖에서 잡든지 먼저 회막 문으로 끌고 가서 여호와의 성막 앞에서 여호와께 예물로 드리지 아니하는 자는 피 흘린 자로 여길 것이라 그가 피를 흘렸은즉 자기 백성 중에서 끊어지리라 그런즉 이스라엘 자손이 들에서 잡던 그들의 제물을 회막 문 여호와께로 끌고 가서 제사장에게 주어 화목제로 여호와께 드려야 할 것이요 제사장은 그 피를 회막 문 여호와의 제단에 뿌리고 그 기름을 불살라 여호와께 향기로운 냄새가 되게 할 것이라 그들은 전에 음란하게 섬기던 숫염소에게 다시 제사하지 말 것이니라 이는 그들이 대대로 지킬 영원한 규례니라 … (레 17:1-9).

모든 이스라엘 백성은 짐승을 회막 앞에서 잡아야 했다. 생명의 근원인 피를 흘리는 행위이기 때문이다. 이 율법이 주어지기 전에는 누구나 자기가 원하는 곳에서 제단을 쌓고 짐승을 잡아 자유롭게 제사를 드렸다. 당시에는 제사장 율법이 없었기 때문에 집안의 가장이 그 집안의 제사장이었다.

그러나 이방의 여러 우상 종교와 접하면서 자유는 우상숭배를 불러 일으키는 방종으로 흘러갔다. 400년 동안의 이집트 노예 생활은 이스라엘이 변질된 제사를 드리게 된 이유이기도 하다. 그곳에서 음란하게 섬기던 숫염소에게 제사를 드리기도 했다. 그래서 하나님은 모든 짐승을 회막 앞에서 잡으라고 명령하셨다.

> 이스라엘 집 사람이나 그들 중에 거류하는 거류민 중에 무슨 피든지 먹는 자가 있으면 내가 그 피를 먹는 그 사람에게는 내 얼굴을 대하여 그를 백성 중에서 끊으리니 육체의 생명은 피에 있음이라 내가 이 피를 너희에게 주어 제단에 뿌려 너희의 생명을 위하여 속죄하게 하였나니 생명이 피에 있으므로 피가 죄를 속하느니라 그러므로 내가 이스라엘 자손에게 말하기를 너희 중에 아무도 피를 먹지 말며 너희 중에 거류하는 거류민이라도 피를 먹지 말라 하였나니 모든 이스라엘 자손이나 그들 중에 거류하는 거류민이 먹을 만한 짐승이나 새를 사냥하여 잡거든 그것의 피를 흘리고 흙으로 덮을지니라 모든 생물은 그 피가 생명과 일체라 그러므로 내가 이스라엘 자손에게 이르기를 너희는 어떤 육체의 피든지 먹지 말라 하였나니 모든 육체의 생명은 그것의 피인즉 그 피를 먹는 모든 자는 끊어지리라 또 스스로 죽은 것이나 들짐승에게 찢겨 죽은 것을 먹은 모든 자는 본토인이거나 거류민이거나 그의 옷을 빨고 물로 몸을 씻을 것이며 저녁까지 부정하고 그 후에는 정하려니와 그가 빨지 아니하거나 그의 몸을 물로 씻지 아니하면 그가 죄를 담당하리라(레 17:10-16).

'피'는 본 장에서만 16회, 레위기 전체에서는 88회, 성경 전체에서는 700회 이상 언급된다. 이렇듯 하나님은 피의 중요성을 강조하셨다. 레위기에서는 "너희는 기름과 피를 먹지 말라"(레 3:17), "무슨 피든지 먹지 말라"(레 7:26), 그리고 "너희 중에 아무도 피를 먹지 말라"(레 17:12)고 세 번이나 강조하며 명령하셨다. 노아 홍수 이후 하나님께서 인류에게 처음 육식을 허락하셨을 때부터 "고기를 그 생명 되는 피째 먹지 말라"(창 9:4)고 명령하셨다. 피는 생명의 근원일 뿐 아니라 피를 마시는 행위는 당시 우상숭배자들이 즐겨 행하는 제사 의식으로, 그 속에 잔인성과 포학성이 내포되어 있기 때문이다.

> 가인이 그의 아우 아벨에게 말하고 그들이 들에 있을 때에 가인이 그의 아우 아벨을 쳐죽이니라 여호와께서 가인에게 이르시되 네 아우 아벨이 어디 있느냐 그가 이르되 내가 알지 못하나이다 내가 내 아우를 지키는 자니이까 이르시되 네가 무엇을 하였느냐 네 아우의 핏소리가 땅에서부터 내게 호소하느니라(창 4:8-10).

하나님은 가인에게 죽은 아벨의 핏소리가 호소한다고 말씀하셨다. 아벨이 호소하는 것이 아니라 아벨의 핏소리가 호소했다는 것이다. 피가 생명의 근원이기 때문이다. 에스겔 선지자는 생명의 대가를 피값(겔 3:18, 20)이라고 했다. 그래서 생명을 다시 살리기 위해서는 "눈에는 눈, 이에는 이, 생명에는 생명"이란 하나님의 공의대로, 누군가의 피 흘림이 있어야만 했다(히 9:22). 처음부터 그랬다. 하나님은 죄를 범한 아담과 하와의 수치를 가려주기 위해 가죽옷을 지어 입히셨다(창 3:21). 죄인 대신 짐승이 피를 흘린 것이다. 그러나 죄인이 속죄받기 위해서는 사람보다 열등한 짐승이 아니라, 사람과 동등한 희생이 필요했다. 하나님의 독생자께서 이 땅에 사람으로 오셔서 십자가에서 모든 피와 물을 쏟으셔야 했던 이유가 바로 이 때문이다.

하나님의 공의는 피의 색에도 적용되었다. 이사야 선지자는 죄를 가리켜 주홍 같고 진홍 같이 '붉은 것'이라고 증거했다(사 1:18).

피는 하나님께서 주신 생명이고, 죄를 속해 주는 존귀한 것이기 때문에 절대로 먹어서는 안 된다. 죄 없으신 예수 그리스도의 보혈이 하늘 지성소 하나님 보좌 위에 뿌려짐으로 믿는 자의 모든 죄가 대속함을 받았다.

강독 가이드

유대인의 셰이타

유대인은 가축을 그들만의 법으로 도축한다. 현대의 종교적인 도축 의식이 '셰이타'다. 도축에 숙련된 사람이 50센티미터 정도의 예리한 칼로 가축의 목을 단번에 베어 죽인 다음, 즉시 모든 피를 쏟게 한다. 이스라엘의 푸줏간에서는 셰이타에 의해 도축된 고기만 판매하고, 고기는 소금을 뿌려 피를 제거한다. 육체의 생명은 피에 있고 피를 먹는 것은 생명을 먹는 것이라고 생각하기 때문이다.

피가 생명의 근원이라는 사실은 1628년에 영국의 의사이자 생리학자인 윌리엄 하비(William Harvey)가 규명했다. 피는 육체 조직 중 유일하게 움직이는 조직이다. 사람은 약 5리터의 혈액이 23초마다 전신을 순환하며, 고정된 조직들에게 영양분을 공급하고 노폐물을 제거한다.

너희가 알거니와 너희 조상이 물려 준 헛된 행실에서 대속함을 받은 것은 은이나 금 같이 없어질 것으로 된 것이 아니요 오직 흠 없고 점 없는 어린 양 같은 그리스도의 보배로운 피로 된 것이니라 (벧전 1:18, 19).

하나님의 백성은 예수 그리스도의 피로 헛된 행실에서 대속함을 받았다. 은이나 금 같은 것은 없어질 보배지만, 예수 그리스도의 피는 없어지지 않는 보배며 존귀한 보혈이다. 베드로 사도가 이 말씀을 통해 증거하는 것은 그리스도 보혈의 고귀함보다 결코 없어지지 않는 '영원함'이다.

사람의 생명은 피에 있고 사람의 사망은 곧 피의 사망이다. 사람이 죽으면 제일 먼저 썩기 시작하는 것이 피다. 짐승도 마찬가지다. 그래서 유대식 도축법에서 소를 도축한 후에 제일 먼저 모든 피를 쏟는 것이다.

7월 10일 속죄일에 대제사장 아론이 속죄소 위에 뿌린 짐승의 피는 곧 죽어 썩었고 이내 말랐다. 그래서 반드시 매년 속죄일마다 뿌려야 했다. 하지만 예수 그리스도의 보혈은 죽지도 썩지도 않기 때문에 더 이상 뿌릴 필요가 없고 속죄함이 영원히 유지된다. 하나님은 그분의 보좌 위에 뿌려진 예수 그리스도의 영원히 살아 있는 그 피를 보시고, 모든 죄인의 모든 죄를 영원히 그리고 완전하게 속죄하시는 것이다. 창조는 그분 말씀으로 행하셨지만, 구원은 그분 피로 단번에 영원히 완성하셨다.

"예수께서 신 포도주를 받으신 후에 이르시되 다 이루었다 하시고 머리를 숙이니 영혼이 떠나가시니라"(요 19:30).

제4강

거룩한 사회,
윤리법과 절기법

레위기 18~27장

하나님은 이스라엘에게 계명과 율법을 주시며 거룩한 삶을 명령하셨다. 그 명령은 하나님의 백성이 영적으로 거룩해지는 '5대 제사법', 육적으로 정결해지는 '음식법'과 '위생법', 이웃과 화목해지는 '윤리법', 그리고 생활 속에서 주기적으로 하나님의 은혜를 되새기는 '절기법'이다. 하나님은 이스라엘에게 계명과 율법을 명령하셔서 이방인과 달리 이스라엘을 거룩한 백성으로 구분하셨다. 이스라엘은 하나님께서 주신 계명과 율법에 순종함으로 이방인과 다른 거룩한 백성이라는 정체성을 갖게 된 것이다. 하나님은 이들이 단순히 가나안에 들어가는 것을 넘어 하나님 백성다운 삶을 요구하셨다. 지금은 이 율법을 문자적으로는 지킬 수 없지만, 모든 성도가 생활 원리와 정신으로 삼아야 할 것이다.

거룩한 성 윤리(레 18:1-30)

> 여호와께서 모세에게 말씀하여 이르시되 너는 이스라엘 자손에게 말하여 이르라 나는 여호와 너희의 하나님이니라 너희는 너희가 거주하던 애굽 땅의 풍속을 따르지 말며 내가 너희를 인도할 가나안 땅의 풍속과 규례도 행하지 말고 너희는 내 법도를 따르며 내 규례를 지켜 그대로 행하라 나는 너희의 하나님 여호와이니라 너희는 내 규례와 법도를 지키라 사람이 이를 행하면 그로 말미암아 살리라 나는 여호와이니라(레 18:1-5).

풍속은 바람 풍(風)과 풍속 속(俗)으로 세상 바람이라는 의미다. 히브리어로 바람은 '루아흐'이고 헬라어로 '프뉴마'인데 '영'이란 의미도 있다. 세상 풍속 이면에는 반드시 눈에 보이지 않는 영의 역사가 있다. 이스라엘이 하나님을 섬기는 것은 이집트 풍습과 가나안 생활양식을 따르지 않는다는 것을 의미한다.

"너희는 이 세대를 본받지 말고 오직 마음을 새롭게 함으로 변화를 받아, 하나님의 선하시고 기뻐하시고 온전하신 뜻이 무엇인지 분별하도록 하라"(롬 12:2).

> 각 사람은 자기의 살붙이를 가까이 하여 그의 하체를 범하지 말라 나는 여호와이니라 네 어머니의 하체는 곧 네 아버지의 하체이니 너는 범하지 말라 그는 네 어머니인즉 너는 그의 하체를 범하지 말지니라 너는 네 아버지의 아내의 하체를 범하지 말라 이는 네 아버지의 하체니라 너는 네 자매 곧 네 아버지의 딸이나 네 어머니의 딸이나 집에서

> 나 다른 곳에서 출생하였음을 막론하고 그들의 하체를 범하지 말지니라 네 손녀나 네 외손녀의 하체를 범하지 말라 이는 네 하체니라 네 아버지의 아내가 네 아버지에게 낳은 딸은 네 누이니 너는 그의 하체를 범하지 말지니라 너는 네 고모의 하체를 범하지 말라 그는 네 아버지의 살붙이니라 … (레 18:6-21)

하나님을 섬기는 공동체 기본 단위는 가정이다. 가정의 질서를 무너뜨리는 가장 근본적인 문제는 비정상적인 성행위다. 창조질서는 일부일처로 이 관계 안에서만 성행위가 가능하다. 성경은 정상적인 관계에서 갖는 성적 행위를 죄악시하지 않는다. 하나님은 우리에게 성을 누릴 수 있는 기쁨으로 주셨다. "네 샘으로 복되게 하라 네가 젊어서 취한 아내를 즐거워하라"(잠 5:18). 하나님께서 아담의 갈빗대 하나로 그의 아내를 창조해 주신 이유 중 하나도 이 때문일 것이다.

고대 가족 형태는 씨족을 중심으로 여러 세대가 함께 사는 대가족이었다. 그래서 근친상간이 종종 발생했다. 근친상간은 가정의 질서와 고결함을 침범한다. 반복해서 언급되는 하체라는 히브리어 '에르와'는 발가벗다, 벗기다라는 의미의 동사 '아라'에서 파생된 단어로 나체라는 의미다.

하나님은 근친상간에 대한 금지 명령을 남자에게 내리셨다. 가부장적 사회에서 여성과 아동을 보호하고 가정의 질서와 고결함을 유지하기 위해서다. 성을 단순히 쾌락의 수단으로만 생각하는 비정상적인 성행위는 비인간화를 부추기는 죄다. 창조주 하나님은 사람의 몸을 만드신 전지전능한 분이다.

> 너는 여자와 동침함 같이 남자와 동침하지 말라 이는 가증한 일이니라 너는 짐승과 교합하여 자기를 더럽히지 말며 여자는 짐승 앞에 서서 그것과 교접하지 말라 이는 문란한 일이니라 너희는 이 모든 일로 스스로 더럽히지 말라 내가 너희 앞에서 쫓아내는 족속들이 이 모든 일로 말미암아 더러워졌고 그 땅도 더러워졌으므로 내가 그 악으로 말미암아 벌하고 그 땅도 스스로 그 주민을 토하여 내느니라 그러므로 너희 곧 너희의 동족이나 혹은 너희 중에 거류하는 거류민이나 내 규례와 내 법도를 지키고 이런 가증한 일의 하나라도 행하지 말라 너희가 전에 있던 그 땅 주민이 이 모든 가증한 일을 행하였고 그 땅도 더러워졌느니라 너희도 더럽히면 그 땅이 너희가 있기 전 주민을 토함 같이 너희를 토할까 하노라 이 가증한 모든 일을 행하는 자는 그 백성 중에서 끊어지리라 그러므로 너희는 내 명령을 지키고 너희가 들어가기 전에 행하던 가증한 풍속을 하나라도 따름으로 스스로 더럽히지 말라 나는 너희의 하나님 여호와이니라(레 18:22-30).

하나님은 이스라엘 백성에게 근친상간 뿐 아니라, 동성애와 짐승과의 성관계도 금하셨다. 동성애는 소돔과 고모라에서도, 베냐민 지파 기브아에서도, 이스라엘 왕정시대에도 자행되었다. 심지어 여호와의 성전 안에 남창을 둘 정도였다(왕하 23:7). 동성애는 창조질서를 파괴하는 일이다. 자녀를 낳을 수 없기 때문에 “생육하고 번성하여 땅에 충만하라”(창 1:28)는 하나님의 명령과 전혀 부합하지 않는다. “남자가 부모를 떠나 그의 아내와 합하여 둘이 한 몸을 이룰지로다”(창 2:24)라는 말씀과도 마찬가지다. 반드시 한 남자와 한 여자가 한 몸을 이루어야 한다.

사람이 짐승과 성교를 맺는 수간(獸姦)도 창조질서를 파괴하는 것이다. 고대 이집트 여자들은 종교적인 이유로 숫염소(레 17:7)와 남자들은 악어와 교합했다는 기록이 있고, 로마에서는 사람이 개와 교합을 했다는 기록도 있으며, 독일 법에는 1969년까지 짐승과의 교합을 금지하는 법이 있을 정도였다. 수간은 하나님 형상대로 창조된 사람이 종류대로 창조된 짐승 따위로 전락하는 죄다.

비정상적인 성행위는 원죄로 인한 타락 이후부터 꾸준히 자행되어 온 범죄다. 이스라엘이 나온 이집트에도, 이스라엘이 들어갈 가나안에도 많이 있었다. 그 때문에 하나님은 이집트를 열 가지 재앙으로 심판하셨고, 가나안에 살고 있는 모든 족속도, 모든 숨 쉬는 생명체도 진멸하라고 명령하셨다. 모든 생명체를 질서 있게 창조하신 하나님의 공의로우신 명령이었다.

지금으로부터 3400년 전에 이미 가나안 족속은 이런 죄들로 더러워져 있었다. 당시로부터 400년 이전에 살았던 아브라함의 조카 롯과 두 딸의 근친상간, 야곱의 장자 르우벤과 아버지의 첩 빌하의 근친상간, 그리고 야곱의 아들 유다와 그의 며느리 다말의 근친상간도 모두 가나안 땅에서 벌어진 일들이다. 가나안의 음란한 문화에 물들었기 때문이다. 그래서 가나안 족속이 거룩하신 하나님의 심판을 면할 길이 없었던 것이다.

거룩한 생활과 사회윤리(레 19:1–37)

여호와께서 모세에게 말씀하여 이르시되 너는 이스라엘 자손의 온 회중에게 말하여 이르라 너희는 거룩하라 이는 나 여호와 너희 하나님이 거룩함이니라 너희 각 사람은 부모를 경외하고 나의 안식일을 지키라 나는 너희의 하나님 여호와이니라 너희는 헛된 것들에게로 향하지 말며 너희를 위하여 신상들을 부어 만들지 말라 나는 너희의 하나님 여호와이니라 … (레 19:1-8).

레위기 율법은 이스라엘에게 거룩을 명령하는 책이다. 거룩은 창세기부터 여호수아서까지는 6회 나오지만, 레위기에서 91회, 같은 의미로 사용된 단어가 152회 나온다. 구약성경에서는 800회, 신약성경에서는 110회 정도가 나온다. 율법에서는 왜 거룩을 이토록 강조했을까?

하나님과 이스라엘이 맺은 시내산 언약은 서로가 서로를 자신의 전부로 여기겠다는 맹세며, 신랑과 신부가 정절을 약속한 혼인 언약식이기 때문이다. 신랑과 신부가 서로에게 순결을 지키는 것은 관계를 유지하기 위한 필수 조건이다. 신랑 되신 하나님은 거룩 그 자체이시기 때문에 결코 변하실 리 없다. 그러나 신부 이스라엘은 아니었다.

큰 집에는 금 그릇과 은 그릇뿐 아니라 나무 그릇과 질그릇도 있어 귀하게 쓰는 것도 있고 천하게 쓰는 것도 있나니 그러므로 누구든지 이런 것에서 자기를 깨끗하게 하면 귀히 쓰는 그릇이 되어 거룩하고 주인의 쓰심에 합당하며 모든 선한 일에 준비함이 되리라(딤후 2:20, 21).

본 장에서 "나는 너희 하나님 여호와니라"는 말씀이 8회(레 19:2, 3, 4, 10, 25, 31, 34, 36), "나는 여호와니라"는 말씀도 8회(레 19:12, 14, 16,

18, 28, 30, 32, 37) 언급된다. 본 장을 비롯한 모든 율법은 여호와 하나님께서 모든 백성에게 직접 내리신 명령이라는 것이다.

계명 끝에는 하나님의 이름 '여호와'를 선포하셨다. 일종의 서명인 셈이다. 어떤 조건에도 영향을 받지 않으시는 전지전능하신 하나님께서 내리신 명령이라면 필시 이스라엘 백성에게 유익한 것이다. 여호와 하나님께서 레위기를 통해 이스라엘 백성에게 내리신 궁극적 명령은 하나님의 율법으로 구분되는 거룩이었다.

하나님은 이스라엘에게 거룩을 명령하신 후 계명을 말씀하셨다. 먼저 부모를 경외하라는 십계명 중 제5계명과 안식일을 지키라는 제4계명을 말씀하셨다(레 19:3). 이어 나는 너희의 하나님 여호와라는 제1계명과 신상을 부어 만들지 말라는 제2계명을 말씀하셨다(레 19:4). 사람에게 의무를 갖는 대인 계명인 제5계명과 제4계명이, 하나님께 의무를 갖는 대신 계명인 제1계명과 제2계명보다 먼저 나온다. 하나님은 대신 계명과 대인 계명 순서를 바꾸어 말씀하시며 거룩한 삶에는 바른 인간윤리도 중요하다는 것을 말씀하신 것이다.

십계명 중 제5계명은 네 부모를 공경하라지만, 여기에서는 네 부모를 '경외'하라고 명령하셨다. 경외는 두렵고 떨림으로 공경한다는 의미로, 사람이 하나님을 섬길 때 사용되는 단어다. 눈에 보이는 부모를 공경하고 사랑하지 않으면 눈에 보이지 않는 하나님도 경외하며 사랑할 수 없다는 것이다. 부모를 공경하라는 계명은 십계명 중 약속 있는 첫 계명이다(엡 6:2).

"그리하면 네 하나님 여호와가 네게 준 땅에서 네 생명이 길고 복을 누리리라"(신 5:16). 부모를 위하는 것은 곧 자신을 위하는 것이다.

> 너희가 너희의 땅에서 곡식을 거둘 때에 너는 밭 모퉁이까지 다 거두지 말고 네 떨어진 이삭도 줍지 말며 네 포도원의 열매를 다 따지 말며 네 포도원에 떨어진 열매도 줍지 말고 가난한 사람과 거류민을 위하여 버려두라 나는 너희의 하나님 여호와이니라 너희는 도둑질하지 말며 속이지 말며 서로 거짓말하지 말며 너희는 내 이름으로 거짓 맹세함으로 네 하나님의 이름을 욕되게 하지 말라 나는 여호와이니라 … (레 19:33-32).

하나님은 곡식을 거둘 때 밭 모퉁이까지 다 거두지 말고, 떨어진 이삭도 줍지 말며, 포도원의 열매도 다 따지 말고, 떨어진 열매도 줍지 말고 가난한 사람과 거류민을 위하여 버려두라고 명령하셨다. 하나님의 사회복지법이다. 가난한 사람을 돕는 구제는 하나님의 백성에게 선택사항이 아니라 의무사항이다.

"흩어 구제하여도 더욱 부하게 되는 일이 있나니 과도히 아껴도 가난하게 될 뿐이니라"(잠 11:24).

하나님은 먼저 도둑질을 하지 말라는 제8계명과 이어 거짓말을 하지 말라는 제9계명을 말씀하셨다(레 19:11). 이어 하나님의 이름을 욕되게 하지 말라는 제3계명과 나는 여호와라는 제1계명을 말씀하셨다(레 19:12). 하나님은 역시 대신 계명과 대인 계명의 순서를 바꾸시며, 하나님 백성의 거룩한 삶에는 바른 인간윤리도 중요하다는 것을 거듭 강조하셨다.

> 거류민이 너희의 땅에 거류하여 함께 있거든 너희는 그를 학대하지 말고 너희와 함께 있는 거류민을 너희 중에서 낳은 자 같이 여기며 자

기 같이 사랑하라 너희도 애굽 땅에서 거류민이 되었었느니라 나는 너희의 하나님 여호와이니라 너희는 재판할 때나 길이나 무게나 양을 잴 때 불의를 행하지 말고 공평한 저울과 공평한 추와 공평한 에바와 공평한 힌을 사용하라 나는 너희를 인도하여 애굽 땅에서 나오게 한 너희의 하나님 여호와이니라 너희는 내 모든 규례와 내 모든 법도를 지켜 행하라 나는 여호와이니라(레 19:33-37).

하나님은 외국인 노동자를 학대하지 말고, 너희 중에서 낳은 자 같이 여기며 자기 같이 사랑하라고 하셨다. 외국인 노동자를 형제처럼 여기며 "네 이웃을 네 자신 같이 사랑하라"(마 22:39)는 것이다. 신약성경의 말씀들이 이미 구약성경에 다 언급되어 있다. 하나님 백성이 그렇게 살아야 하는 이유는 "너희는 거룩하라. 나 여호와 너희 하나님이 거룩함이니라"(레 19:2)고 명령하셨기 때문이다.

그러므로 하늘에 계신 너희 아버지의 온전하심과 같이 너희도 온전하라(마 5:48).

레위기 19장 2절과 마태복음 5장 48절은 구조가 동일하다. 거룩한 것이 바로 온전한 거라는 의미다. 레위기 11장은 시내산에서 선포된 구약의 산상수훈이며 그 완성판이 마태복음 산상수훈이다. 구약성경은 하나님과 이웃을 사랑하고 그 앞에서 거룩해야 할 행동규범을, 신약성경은 하나님과 이웃을 사랑하고 그 앞에서 거룩해야 할 마음 태도를 말씀하신 것이다. 구약성경이 신약성경으로 완성된 것이다.

반드시 죽여야 하는 죄(레 20:1-27)

> 여호와께서 모세에게 말씀하여 이르시되 너는 이스라엘 자손에게 또 이르라 그가 이스라엘 자손이든지 이스라엘에 거류하는 거류민이든지 그의 자식을 몰렉에게 주면 반드시 죽이되 그 지방 사람이 돌로 칠 것이요 나도 그 사람에게 진노하여 그를 그의 백성 중에서 끊으리니 이는 그가 그의 자식을 몰렉에게 주어서 내 성소를 더럽히고 내 성호를 욕되게 하였음이라 그가 그의 자식을 몰렉에게 주는 것을 그 지방 사람이 못 본 체하고 그를 죽이지 아니하면 내가 그 사람과 그의 권속에게 진노하여 그와 그를 본받아 몰렉을 음란하게 섬기는 모든 사람을 그들의 백성 중에서 끊으리라 접신한 자와 박수무당을 음란하게 따르는 자에게는 내가 진노하여 그를 그의 백성 중에서 끊으리니 너희는 스스로 깨끗하게 하여 거룩할지어다 나는 너희의 하나님 여호와이니라(레 20:1-7).

하나님은 이스라엘에게 반드시 죽음으로 다스려야 하는 죄들을 말씀하셨다. 그 죄들은 모두 하나님의 창조질서를 역행하는 행위였다. 몰렉에게 자식을 불살라 제물로 드리는 자와 자식을 몰렉에게 주는 것을 못 본 체하는 자다. 그들은 우상숭배자다. 몰렉은 가나안 태양신으로 농사를 주관하는 신이다. 머리는 힘센 황소의 형상이고 몸은 사람의 형상으로 두 손을 앞으로 쭉 펴고 있는 놋 우상이다.

몰렉 우상에게 지내는 제사는 아주 잔인했다. 먼저 우상 주변에 장작불을 지펴 우상을 시뻘겋게 달아오르게 했다. 몰렉의 두 손 위에 살아 있는 아기를 올려놓아 불사르고 아기의 뼈를 자기 집 흙벽 속에 넣었다. 자식 하나를 바침으로 집안의 모든 우환을 물리친다고 믿은 것이다.

입다 사사는 잘못된 서원으로 애꿎은 무남독녀를 불살라 죽였다(삿 11:39). 하나님과 몰렉을 구분하지 못했기 때문이다. 몰렉을 섬기듯이 하나님을 섬겨 그런 끔찍한 일이 벌어진 것이다. 사실상 몰렉을 하나님이라 부르고 하나님으로 섬긴 것이다. 남유다 왕국 초대 왕 솔로몬도 몰록(몰렉)을 섬겼고(왕상 11:7), 12대 왕 아하스와 14대 왕 므낫세는 자기 자녀들을 불살랐다. 하나님의 계명과 율법이 없는 믿음은 하나님과 몰렉도, 하나님과 금송아지도, 하나님과 우상도 구분하지 못하는 것이다.

> 너는 결단코 자녀를 몰렉에게 주어 불로 통과하게 함으로 네 하나님의 이름을 욕되게 하지 말라 나는 여호와이니라(레 18:21).

계명과 율법이 없는 믿음은 하나님의 이름으로 그분을 욕되게 하는 것이다. 하나님을 섬기는 것, 우상을 섬기는 것, 혹은 이단에 속한 것은 그 형식은 비슷하다. 예배를 드리고, 예물도 드리고, 찬송도 부르고, 기도도 한다. 봉사도, 선교도, 친교도, 그리고 교육도 마찬가지다.

그렇다면 우리가 그들과 다른 점이 무엇인가? 수많은 이단도 우리와 같은 성경을 가지고 하나님을 믿고 섬긴다고 말한다. 우리가 그들과 다른 것은 '말씀의 교리(教理)'다.

"이제 성령께서 분명히 말씀하시기를 마지막 때에 어떤 자들이 믿음에서 떠나 미혹하는 영들과 마귀들의 교리들을 따르리라 하셨으니"

(딤전 4:1, KJV).

기독교의 정체성은 형식에 있는 것이 아니라, 그 내용인 올바른 그리스도의 교리(요이 1:9, KJV)에 있다. 성도는 하나님 말씀을 진지하게 듣고 부지런히 읽고 바르게 배워야 한다. 그래야 하나님의 백성 된 분명한 정체성을 가질 수 있다.

> 너희는 내 규례를 지켜 행하라 나는 너희를 거룩하게 하는 여호와이니라 만일 누구든지 자기의 아버지나 어머니를 저주하는 자는 반드시 죽일지니 그가 자기의 아버지나 어머니를 저주하였은즉 그의 피가 자기에게로 돌아가리라 누구든지 남의 아내와 간음하는 자 곧 그의 이웃의 아내와 간음하는 자는 그 간부와 음부를 반드시 죽일지니라 누구든지 그의 아버지의 아내와 동침하는 자는 그의 아버지의 하체를 범하였은즉 둘 다 반드시 죽일지니 그들의 피가 자기들에게로 돌아가리라 … (레 20:8-27).

하나님은 접신, 즉 나체로 돌아다니는 자, 박수무당을 음란하게 따르는 자, 아버지나 어머니를 저주하는 자, 남의 아내와 간음하는 자, 근친상간한 자, 동성애자, 짐승과 교합하는 자, 그리고 박수무당은 반드시 죽이라고 명령하셨다.

이런 자들은 돌로 쳐 죽이거나 불살라 죽여야 했다. 불살라 죽이는 형벌은 화형을 말하는 것이 아니라, 돌로 쳐 죽인 후 시체를 불사르는 것이다. 사람을 산 채로 화형시키는 잔인한 형벌은 성경 어디에도 없다. 하나님은 죽을죄를 범해 나무에 달아 죽인 시체도 밤새도록 두지 말고, 그날에 장사해 주라고 명령하셨다(신 21:22, 23).

치명적인 나병에 걸려도 격리 수용 정도를 명령하셨을 뿐이다. 하나님께서 동성애자를 반드시 죽이라고 하신 이유는 단순히 질병이 아니라 죽음으로만 그 대가를 치를 수 있는 죄악이기 때문이다.

이 율법들은 사형 그 자체가 목적이 아니라, 그들 중에 악행을 없애기 위함이다(레 20:14). 악을 제하여 이스라엘 공동체를 보호하기 위한 법이었다. 레위기는 이스라엘 중에 있는 죄를 멀리하고 죄의 근원까지 제거하라는 거룩한 하나님 말씀이다.

제사장의 자격과 의무(레 21:1~22:33)

> 여호와께서 모세에게 이르시되 아론의 자손 제사장들에게 말하여 이르라 그의 백성 중에서 죽은 자를 만짐으로 말미암아 스스로를 더럽히지 말려니와 그의 살붙이인 그의 어머니나 그의 아버지나 그의 아들이나 그의 딸이나 그의 형제나 출가하지 아니한 처녀인 그의 자매로 말미암아서는 몸을 더럽힐 수 있느니라 제사장은 그의 백성의 어른인즉 자신을 더럽혀 속되게 하지 말지니라 제사장들은 머리털을 깎아 대머리 같게 하지 말며 자기의 수염 양쪽을 깎지 말며 살을 베지 말고 그들의 하나님께 대하여 거룩하고 그들의 하나님의 이름을 욕되게 하지 말 것이며 그들은 여호와의 화제 곧 그들의 하나님의 음식을 드리는 자인즉 거룩할 것이라(레 21:1-6).

제사장은 죄의 결과인 시체를 가까이 할 수 없었다. 생명의 근원이신 하나님께 드리는 제사를 집례하기 때문이다. 나답과 아비후가 하나님의 불 심판을 받아 죽었을 때도 아버지 아론은 잠잠했다. 예루살렘에서 여리고로 내려가다가 강도를 만나 거의 죽게 된 사람을 제사장이 피해 지나친 이유도 바로 이 때문이다.

특별히 대제사장은 슬픔의 표시로 머리를 풀 수도, 옷을 찢을 수도 없었다(레 21:10). 아들 시체를 만질 수도 없을 뿐 아니라, 부모가 죽어도 장례식에 참여할 수 없었다(레 21:11). 대제사장은 이스라엘의 죄를 속죄하는 사명이 있었기 때문에 개인 사정에 연연할 수 없었다. 거룩하신 하나님과 부정한 죄인 사이의 중보자로 그 책임이 무거웠다. 그들에게는 하나님의 율법에 대한 정확한 지식과 철저한 순종이 필요했다. 하나님께서 이스라엘 백성에게 주신 모든 사명은 자신이 아니라, 하나님 나라를 세워가는 영적이고 공적인 지위다.

> 그들은 부정한 창녀나 이혼 당한 여인을 취하지 말지니 이는 그가 여호와 하나님께 거룩함이니라 너는 그를 거룩히 여기라 그는 네 하나님의 음식을 드림이니라 너는 그를 거룩히 여기라 너희를 거룩하게 하는 나 여호와는 거룩함이니라 … 그는 처녀를 데려다가 아내를 삼을지니 과부나 이혼 당한 여자나 창녀 짓을 하는 더러운 여인을 취하지 말고 자기 백성 중에서 처녀를 취하여 아내를 삼아 그의 자손이 그의 백성 중에서 속되게 하지 말지니 나는 그를 거룩하게 하는 여호와임이니라 여호와께서 모세에게 말씀하여 이르시되 아론에게 말하여 이르라 누구든지 너의 자손 중 대대로 육체에 흠이 있는 자는 그 하나님의 음식을 드리려고 가까이 오지 못할 것이니라 누구든지 흠이 있는 자는 가까이 하지 못할지니 곧 맹인이나 다리 저는 자나 코가 불완전한 자나 지체가 더한 자나 발 부러진 자나 손 부러진 자나 등 굽은

자나 키 못 자란 자나 눈에 백막이 있는 자나 습진이나 버짐이 있는 자나 고환 상한 자나 제사장 아론의 자손 중에 흠이 있는 자는 나와 여호와께 화제를 드리지 못할지니 그는 흠이 있은즉 나와서 그의 하나님께 음식을 드리지 못하느니라 … (레 21:7~22:33).

제사장은 부정한 창녀는 물론이고 과부나 이혼 당한 여자와도 혼인할 수 없었다. 순결에 대한 결격사유가 전혀 없는 처녀와 혼인해야 했다. 또한 장애나 질병 등으로 육체의 결격사유가 있는 자는 하나님께 제사를 집례하는 제사장이 될 수도 없었다. 죄인들의 죄를 속해 주는 중보자가 되기 위해서는 어떤 결함도 있어서는 안 되었다. 하나님은 과부나 이혼 당한 여자나 장애인을 차별하시는 것이 아니다. 제사장의 경우 육체에 결격사유가 있으면 제사를 집례할 수는 없지만, 거룩한 성물을 먹을 수는 있었다(레 21:22). 제사를 집례하지 못할 뿐이지 생계까지 위협당한 것은 아니었다. 그들은 율법의 완성을 예표했기 때문이다.

율법의 제사장들은 대제사장 되신 예수 그리스도를, 처녀는 그리스도의 순결한 신부를 예표한다. 따라서 제사장은 흠도 티도 없어야 하고, 제사장의 신부는 거룩해야 했다. 그래야 흠도 티도 없는 예수님의 몸이 될 수 있으며(엡 1:23), 율법도 완성하고 온전한 임마누엘도 성취할 수 있기 때문이다.

제사장은 하나님 앞에서도, 이스라엘 백성 앞에서도 조금도 흠이 없어야 했다. 그러나 그 누구도 하나님과 사람 앞에서 흠이 없을 수는 없다. 따라서 율법에서 언급하는 제사장은 궁극적으로 예수 그리스도를 예표한다.

거룩한 7대 절기(레 23:1-44)

여호와께서 모세에게 말씀하여 이르시되 이스라엘 자손에게 말하여 이르라 이것이 나의 절기들이니 너희가 성회로 공포할 여호와의 절기들이니라 엿새 동안은 일할 것이요 일곱째 날은 쉴 안식일이니 성회의 날이라 너희는 아무 일도 하지 말라 이는 너희가 거주하는 각처에서 지킬 여호와의 안식일이니라 이것이 너희가 그 정한 때에 성회로 공포할 여호와의 절기들이니라 첫째 달 열나흗날 저녁은 여호와의 유월절이요 이 달 열닷샛날은 여호와의 무교절이니 이레 동안 너희는 무교병을 먹을 것이요 그 첫 날에는 너희가 성회로 모이고 아무 노동도 하지 말지며 너희는 이레 동안 여호와께 화제를 드릴 것이요 일곱째 날에도 성회로 모이고 아무 노동도 하지 말지니라 여호와께서 모세에게 말씀하여 이르시되 이스라엘 자손에게 말하여 이르라 너희는 내가 너희에게 주는 땅에 들어가서 너희의 곡물을 거둘 때에 너희의 곡물의 첫 이삭 한 단을 제사장에게로 가져갈 것이요 …

(레 23:1-14).

절기법은 시간을 거룩하게 구분하라는 하나님의 명령이다. 여호와의 절기는 하나님께서 천지를 창조하시고 안식하신 칠 일이 기본 단위며, 천지는 하나님의 창조 원리대로 7대 절기에 맞추어 순환하고 있다. 7대 절기법에서 '7'은 18회 언급되고 있다.

7대 절기 중 첫째 절기 유월절(逾越節)은 1월 14일 금요일이다. 둘째 절기 무교절(無酵節)은 1월 15일 토요일 안식일이고 이레 동안 무교병을 먹는다. 누룩을 넣지 않아 발효되지 않은 딱딱한 무교병은 '순수함'

을 상징한다. 누룩 없는 무교병처럼 이스라엘도 한낱 이집트 파라오의 노예에 불과했지만, 하나님의 은혜로 거룩한 백성으로 바뀐 것이다. 유월절과 무교절은 모두 출애굽을 기념하는 절기다.

셋째 절기 초실절(初實節)은 안식일 이튿날 1월 16일 일요일이다. 보리 수확할 때 첫 열매를 하나님께 드리는 절기며, 유월절과 맞물리는 농사절기다. 첫 열매를 하나님께 드리기 전에 그 해에 수확한 곡식을 조금도 먹을 수 없었다(레 23:14). 하나님은 만물의 주인이시며 사람의 모든 일은 창조주이신 그분에 대한 감사와 경배로 시작되어야 하기 때문이다.

"그런즉 심는 이나 물 주는 이는 아무 것도 아니로되 오직 자라게 하시는 이는 하나님뿐이니라"(고전 3:7).

유월절과 무교절과 초실절은 연이은 날로 세 절기 사이에는 시간 간격이 없다. 유월절의 은혜로 하나님의 거룩한 백성이 된 자는 하나님의 백성답게 거룩에 힘써야 하며, 반드시 열매 맺는 삶으로 이어져야 하는 것이다.

> 안식일 이튿날 곧 너희가 요제로 곡식단을 가져온 날부터 세어서 일곱 안식일의 수효를 채우고 일곱 안식일 이튿날까지 합하여 오십 일을 계수하여 새 소제를 여호와께 드리되 너희의 처소에서 십분의 이 에바로 만든 떡 두 개를 가져다가 흔들지니 이는 고운 가루에 누룩을 넣어서 구운 것이요 이는 첫 요제로 여호와께 드리는 것이며 … 너희 땅의 곡물을 벨 때에 밭 모퉁이까지 다 베지 말며 떨어진 것을 줍지 말고 그것을 가난한 자와 거류민을 위하여 남겨두라 나는 너희의 하나님 여호와이니라(레 23:15-22).

넷째 절기 칠칠절(七七節)은 안식일 이튿날 초실절부터 헤아려 일곱 안식일과 다음 날까지 합해 50일째가 되는 날이다. 일곱 주를 보내기 때문에 칠칠절이라고도 하고, 열흘을 다섯 번 보내기 때문에 오순절(五旬節)이라고도 한다. 보리의 첫 곡식 단을 여호와께 드린 날로부터 50일째가 되는 날이고, 밀의 첫 수확을 하나님께 드리는 날이다. 밀을 수확하는 맥추절이 오순절과 맞물리는 농사절기며, 아울러 시내산에서 하나님께 율법을 받은 것도 기념했다. 오순절은 하나님께 생명의 양식인 율법과 생활의 양식인 곡식 받은 것을 감사하고 경배하는 날이다.

오순절을 지키는 모든 하나님 백성은 땅의 곡물을 추수할 때 밭 모퉁이까지 다 베지 않고, 떨어진 것을 가난한 자와 거류민을 위해 남겨두어야 했다. 하나님께서 이집트에서 고역과 학대에 시달린 그들을 은혜로 구원해 주셨고, 시내산 언약으로 하나님 백성으로 삼아주셨으며, 마침내 가나안 땅을 주셔서 열매를 수확하고 저장하는 수장절까지 지키게 해주셨기 때문이다. 하나님의 은혜를 입은 그분의 백성답게 가난한 자와 거류민에게 은혜를 베풀어야 하는 것이다.

> 여호와께서 모세에게 말씀하여 이르시되 이스라엘 자손에게 말하여 이르라 일곱째 달 곧 그 달 첫 날은 너희에게 쉬는 날이 될지니 이는 나팔을 불어 기념할 날이요 성회라 어떤 노동도 하지 말고 여호와께 화제를 드릴지니라 여호와께서 모세에게 말씀하여 이르시되 일곱째 달 열흘날은 속죄일이니 너희는 성회를 열고 스스로 괴롭게 하며 여호와께 화제를 드리고 이 날에는 어떤 일도 하지 말 것은 너희를 위하여 너희 하나님 여호와 앞에 속죄할 속죄일이 됨이니라 … 이레 동안

에 너희는 여호와께 화제를 드릴 것이요 여덟째 날에도 너희는 성회로 모여서 여호와께 화제를 드릴지니 이는 거룩한 대회라 너희는 어떤 노동도 하지 말지니라 이것들은 여호와의 절기라 너희는 공포하여 성회를 열고 여호와께 화제를 드릴지니 번제와 소제와 희생제물과 전제를 각각 그 날에 드릴지니 이는 여호와의 안식일 외에, 너희의 헌물 외에, 너희의 모든 서원제물 외에 또 너희의 모든 자원제물 외에 너희가 여호와께 드리는 것이니라 너희가 토지 소산 거두기를 마치거든 일곱째 달 열닷샛날부터 이레 동안 여호와의 절기를 지키되 첫 날에도 안식하고 여덟째 날에도 안식할 것이요 첫 날에는 너희가 아름다운 나무 실과와 종려나무 가지와 무성한 나무 가지와 시내 버들을 취하여 너희의 하나님 여호와 앞에서 이레 동안 즐거워할 것이라 너희는 매년 이레 동안 여호와께 이 절기를 지킬지니 너희 대대의 영원한 규례라 너희는 일곱째 달에 이를 지킬지니라 너희는 이레 동안 초막에 거주하되 이스라엘에서 난 자는 다 초막에 거주할지니 이는 내가 이스라엘 자손을 애굽 땅에서 인도하여 내던 때에 초막에 거주하게 한 줄을 너희 대대로 알게 함이니라 나는 너희의 하나님 여호와이니라 모세는 이와 같이 여호와의 절기를 이스라엘 자손에게 공포하였더라(레 23:23-44).

다섯째 절기 나팔절은 7월 1일이다. 여섯째 절기 속죄일(贖罪日)은 7월 10일이며 이스라엘 백성이 지난 일 년 동안 지은 모든 죄를 사함 받는 날이다. 일곱째 절기 초막절(草幕節)은 7월 15일부터 이레 동안 지키며, 광야 40년 동안 초목으로 만든 장막 생활을 기념해서 장막절이라고도 부른다. 장막절에는 칠 일 동안 별이 보이고 바람이 드나드는 초막에서 생활했다. 초막 생활을 하며 과거 하나님께서 이스라엘을 광야에서 인도하신 은혜를 직접 체험하고 되새겼다.

하나님께서 유월절과 무교절과 초실절을 1월 절기로 지정하신 이유는 그 일들이 역사적으로 1월에 일어났기 때문이다. 그렇다면 나팔절과 속죄일과 장막절을 7월로 지정하신 역사적인 이유는 무엇일까? 장막절은 이스라엘이 광야 40년 동안 장막을 치고 살았던 것을 기념하는 절기다. 히브리어로 장막절은 '숙곳'이다. 이스라엘 백성이 출애굽해 최초로 장막을 쳤던 지역 숙곳(출 12:37)에서 유래된 이름이다. 그들은 유월절 다음 날 1월 15일 밤에 출애굽했고(출 12:42) 당일 최초로 장막을 쳤다.

출애굽 때 하나님은 이스라엘에게 유월절이 포함된 그 달을 해의 첫 달로 삼으라고(출 12:2) 명령하셨다. 당시 이집트 7월을 그들의 1월로 삼으라고 하신 것이다. 따라서 이스라엘 날짜와 이집트 날짜는 여섯 달 차이가 난다. 유월절이 일어났던 1월 14일은 이집트 날짜로 7월 14일이고, 이집트를 떠나 숙곳에 장막을 친 1월 15일은 이집트 날짜로 7월 15일이다. 하나님은 역사적인 이집트 7월 15일을 7대 절기에 반영해, 장막절로 기념하게 하신 것이다.

아울러 속죄일도 유월절 어린 양을 취하던 1월 10일(출 12:3)의 이집트 날짜 7월 10일을, 나팔절도 하나님께서 해의 첫 날로 삼으라고 명령하신 1월 1일의 이집트 날짜 7월 1일을 반영한 것이다. 세상 모든 역사는 하나님 시간 안에서 다스림 받고 있는 것이다. 포도와 올리브 등을 수확하고 저장하는 수장절이 장막절과 맞물리는 농사절기다.

절기법에서는 이스라엘 백성이 지키는 절기를 이스라엘의 절기라고 하지 않고, '여호와의 절기'(레 23:4, 5, 6, 44)라 한다. 여호와 하나님께서 그때를 정하셨기 때문이다. 히브리어로 절기는 '모에드'다. '정하신 때'라는 의미다. 성경에서는 절기가 사건이 되었다. 유월절 장자 재앙이 있기 전에 먼저 유월절을 정하셨다(출 12:14). 여호와의 절기는 이스라엘 백성이 지키기 이전에 먼저 그 정하신 때에 하나님께서 지키시는 것이다.

> 그 후에 유대인의 명절이 되어 예수께서 예루살렘에 올라가시니라 (요 5:1)

이스라엘 백성은 여호와의 절기를 유대인의 명절로 여기며 지켰다(요 5:1, 6:4, 7:2). 하나님께서 지키시는 여호와의 절기를 사람이 지키는 유대인의 절기로 격하시킨 것이다. 그들은 절기를 하나님께서 과거에 행하신 일들을 기억하고 기념하는 의미로만 지켰다.

강독 가이드

유대인의 메시아

유대인이 예수님을 메시아로 믿지 못하는 이유 중 하나는 초림과 재림 사건을 구분하지 않고, 후에 이루어질 동일한 한 사건으로 여기기 때문이다. 그들은 다윗 왕 같은 메시아가 와서 강력한 힘으로 열방을 정복하고, 이스라엘을 세계 최고로 세울 것을 믿고 있다. 그래서 십자가에서 고난받고 돌아가신 예수님을 메시아로 인정할 수 없는 것이다. 그들은 아직도 메시아가 오지 않았다고 생각한다. 그래서 이미 오신 주님을 여전히 기다리고 있다.

절기를 지키기 위해 모이는 이스라엘 백성의 모임을 성회(레 23:2)라고 한다. 히브리어로 성화는 '미크라'다. 이는 연극이나 방송에서 공연 전에 하는 리허설, 예행연습을 의미한다. 하나님께서 이스라엘에게 여호와의 절기를 지키라고 명령하신 것은 하나님께서 행하신 일들만 기억하여 기념하라는 것이 아니라, 예행연습도 하라는 명령이었다. 실제 공연을 앞두고 하는 예행연습처럼 하나님께서 미래에 행하실 일들을 기대하라는 의미다. 기대할 하나님의 일들은 바로 하나님의 정하신 때, 여호와의 절기에 일어나는 것이다.

여호와의 절기는 하나님께서 섭리하시는 구속사의 시간표이며 역사의 일정표다. 하나님께서 이스라엘에게 절기법을 주신 이유는 과거 행하신 하나님의 역사를 기억하고, 현재에서 하나님의 은혜를 기념하며, 미래에 있을 하나님의 행하심에 대한 약속을 기대하라는 것이다.

> 그러므로 먹고 마시는 것과 절기나 초하루나 안식일을 이유로 누구든지 너희를 비판하지 못하게 하라 이것들은 장래 일의 그림자이나 몸은 그리스도의 것이니라(골 2:16, 17).

절기법을 포함한 모든 율법은 장래 일의 그림자이고 몸은 예수 그리스도다. 이스라엘 백성이 절기를 지키는 것은 그림자와도 같은 일일 뿐이고, 장래 예수 그리스도께서 절기가 상징하는 사역을 행하시는 것이 그 실상이다. 절기에 맞추어 행하실 예수 그리스도 구원의 사역이 절기법의 완성이기 때문에, 기독교는 그림자에 불과한 절기법에서 자유해진 것이다.

"내가 그의 모든 희락과 절기와 월삭과 안식일과 모든 명절을 폐하겠고"(호 2:11).

> 건축자가 버린 돌이 집 모퉁이의 머릿돌이 되었나니 이는 여호와께서 행하신 것이요 우리 눈에 기이한 바로다 이 날은 여호와께서 정하신 것이라 이 날에 우리가 즐거워하고 기뻐하리로다(시 118:22-24).

버림 받은 돌이 집 모퉁이의 머릿돌이 될 것이라는 말씀은 여호와께서 행하실 기이한 일로 예수 그리스도의 부활을 가리킨다. 하나님께서 그날을 정하셨기 때문에 그날은 '주의 날'이다. 따라서 우리는 그분께서 정하신 주의 날에 즐거워하고 기뻐해야 한다(시 118:24). 기독교가 일곱째 날 안식일이 아닌, 여덟째 날 일요일을 주일로 성수하며 예배드리는 이유도 바로 이 때문이다.

주님께서 부활하신 주일은 여덟째 날인 동시에 한 주간의 시작인 첫째 날이기도 하다. 땅의 초실 첫 열매도 태의 초실 장자와 첫 새끼도 하나님의 소유이듯, 한 주간의 초실 첫째 날인 주일도 하나님의 시간이다. 주일은 하나님의 백성이 주님께 온전히 구분하여 드려야 한다.

7대 절기는 절묘하게 예수 그리스도 생애와 사역과 일치한다. 구속사의 시간표대로 유월절 1월 14일 금요일에 하나님의 어린 양이신 예수님께서 십자가에서 돌아가셨다. 유월절에서 다음 날로 바뀌는 1월 15일 무교절 밤에 이스라엘이 출애굽했다. 무교절에 먹는 무교병은 누룩을 넣지 않은 빵으로 누룩은 세상적인 교훈을, 누룩 없는 무교병은 죄 없으신 예수님을 상징한다(요 6:48).

또 하나님께서 죽은 자 가운데서 그를 일으키사 다시 썩음을 당하지 않게 하실 것을 가르쳐 이르시되 내가 다윗의 거룩하고 미쁜 은사를 너희에게 주리라 하셨으며 또 다른 시편에 일렀으되 주의 거룩한 자로 썩음을 당하지 않게 하시리라 하셨느니라 다윗은 당시에 하나님의 뜻을 따라 섬기다가 잠들어 그 조상들과 함께 묻혀 썩음을 당하였으되 하나님께서 살리신 이는 썩음을 당하지 아니하였나니(행 13:34-37).

유월절에 돌아가신 예수님은 장사되어 사흘 동안 무덤에 계셨다. 사람이 사망하면 피를 비롯해 온몸이 썩기 시작한다. 누룩 없는 무교병이 발효되지 않는 것처럼 예수님은 십자가에서 피와 물을 다 쏟으셨고 죄 없으시기 때문에, 사흘 동안 시신 상태였음에도 조금도 썩지 않으셨다.

모세가 바다 위로 손을 내밀매 여호와께서 큰 동풍이 밤새도록 바닷물을 물러가게 하시니 물이 갈라져 바다가 마른 땅이 된지라 … 새벽에 여호와께서 불과 구름 기둥 가운데서 애굽 군대를 보시고 애굽 군대를 어지럽게 하시며 그들의 병거 바퀴를 벗겨서 달리기가 어렵게 하시니 애굽 사람들이 이르되 이스라엘 앞에서 우리가 도망하자 여호와가 그들을 위하여 싸워 애굽 사람들을 치는도다(출 14:21-25).

이스라엘은 출애굽 후 구름 기둥 인도로 홍해에 다다랐다. 모세가 바다 위로 손을 내밀자 여호와께서 큰 동풍으로 밤새도록 바닷물을 물러가게 하셨다. 유대인의 하루 시작은 저녁이기 때문에, 밤이 되었다는 것은 날이 바뀌어 1월 16일이 되었다는 것이다. 바로 1월 16일 초실절 새벽에 홍해가 완전히 갈라졌고, 이집트 파라오는 심판을 받았다.

예수님도 주일인 초실절 새벽에 부활하셨고(마 28:1) 사망을 사망시킴으로 사탄도 심판하셨다. 주님의 부활은 창조 이래 사망을 초월하는 초자연적인 첫 열매였고, 홍해의 갈라짐도 창조 이래 자연 이치를 초월하는 초자연적인 첫 열매였다. 홍해 물과 그 물이 마른 길 좌우로 나눠지는 역사는 땅의 물과 그 물이 궁창 상하로 나눠지는 창조 역사의 재현이었다. 따라서 초실절 예수 그리스도의 부활은 새로운 창조의 시작이었다. 유월절은 예수님의 죽으심을, 무교절은 예수님의 장사되심을, 초실절은 예수님의 부활하심을 예표하고, 유월절은 성도의 칭의, 무교절은 성도의 성화, 그리고 초실절은 성도의 영화(롬 8:30)를 상징한다.

> 오순절 날이 이미 이르매 그들이 다같이 한 곳에 모였더니 홀연히 하늘로부터 급하고 강한 바람 같은 소리가 있어 그들이 앉은 온 집에 가득하며 마치 불의 혀처럼 갈라지는 것들이 그들에게 보여 각 사람 위에 하나씩 임하여 있더니 그들이 다 성령의 충만함을 받고 성령이 말하게 하심을 따라 다른 언어들로 말하기를 시작하니라(행 2:1-4).

시내산 오순절에는 하나님께서 강림하셔서 율법을 주셨고, 마가 다락방 오순절에는 성령님께서 강림하셔서 생명의 성령의 법을 주셨다(롬 8:2). 안식일 이튿날 초실절 일요일부터 7주간을 보낸 49일째는 토요일 안식일이고, 다음날 오순절은 다시 일요일이다. 시내산에 강림하신 하나님께서 이스라엘에게 율법을 주신 오순절도, 마가 다락방에 강림하신 성령님께서 제자들에게 생명의 법을 주신 오순절도, 예수 그리스도께서 부활하신 날과 마찬가지로 주일이다. 주일은 안식이 사라진 일곱째 날 안식일이 새롭게 거듭난 여덟째 날이며, 율법이 새 날로 완성된 것이다.

절기법 중 오순절에 하나님께 드리는 제사에서 특이한 점은 소제물인 고운 가루에 누룩을 넣는다는 것이다(레 23:17). 하나님은 무교절에 누룩 없는 무교병을 이레 동안 먹으라고 명령하셨고, 5대 제사 중 소제의 고운 가루에도 제물을 부풀게 하는 누룩을 넣지 말라고 하셨다. 그러나 유독 오순절에 드리는 소제물만은 달랐다. 순수한 고운 가루에 실제보다 부풀게 하는 누룩을 넣는 것은 성령님께서 강림하시는 오순절을 기점으로, 유대인뿐 아니라 이방인도 하나님 백성으로 받아주실 것을 상징한다. 그래서 하나님은 베드로 사도에게 먹을 수 없는 음식으로 분류되는 부정한 짐승을 먹으라는 환상을 세 번이나 보여주신 것이다.

7대 절기 중 1월 봄에 있는 세 절기 유월절, 무교절, 초실절은 예수 그리스도의 '초림'을, 7월 가을에 있는 세 절기 나팔절, 속죄일, 장막절은 예수 그리스도의 '재림'을 예표한다. 그리고 예수 그리스도의 초림과 재림 사이의 오순절은 성령 하나님의 강림과 예수 그리스도의 몸 된 교회시대를 예표한다.

주님의 재림을 예표하는 가을 세 절기 중 나팔절은 장차 천사들이 나팔 불기를(계 8:6) 준비할 때 시작되는 그리스도의 재림을, 속죄일은 하나님 백성의 완전한 속죄를 예표한다. 그리고 7대 절기의 절정이라 할 수 있는 장막절은 영원한 나라의 도래를 예표한다. 그때는 장막절의 농사절기인 수장절처럼 알곡과 쭉정이를 가려내시는 그리스도 최후의 심판이 있다. 또한 솔로몬이 성전을 완공한 후 일곱째 달 절기(대하 5:3, 7:8, 9) 장막절을 지켰듯이, 완성된 영원한 하나님 장막(고후 5:1)이 하늘에서 내려온다.

> 또 내가 보매 거룩한 성 새 예루살렘이 하나님께로부터 하늘에서 내려오니 그 준비한 것이 신부가 남편을 위하여 단장한 것 같더라 내가 들으니 보좌에서 큰 음성이 나서 이르되 보라 하나님의 장막이 사람들과 함께 있으매 하나님이 그들과 함께 계시리니 그들은 하나님의 백성이 되고 하나님은 친히 그들과 함께 계셔서 모든 눈물을 그 눈에서 닦아 주시니 다시는 사망이 없고 애통하는 것이나 곡하는 것이나 아픈 것이 다시 있지 아니하리니 처음 것들이 다 지나갔음이러라(계 21:2-4).

동일하게 이레 동안 지키는 무교절에는 첫째 날과 일곱 째 날(레 23:7, 8)에 성회를 열고 안식하라고 명령하셨지만, 장막절에는 첫째 날과 여덟째 날에 성회를 열고 안식하라(레 23:35, 36)고 명령하셨다. 예수 그리스도의 온전한 안식을 상징하는 여덟째 날이 영원히 완성된다는 것을 예표한다. 또한 7대 절기 중 유일하게 이레 동안 "즐거워할 것이라"(레 23:40)고 말씀하셨다. 장막절은 7월에 칠 일 동안 지키고, 7대 절기 중 마지막 일곱 번째 절기로 하나님의 완전수 '7'이 세 번이나 겹친다. 여호와의 절기는 칠 일이 기본 단위로 칠 일 중 마지막 일곱째 날에는 안식한다. 7대 절기 중 마지막 일곱째 절기 장막절에는 영원한 안식에 이르게 된다. 장막절은 궁극적으로 역사의 종말과 새 하늘과 새 땅의 도래를 예표하기 때문에, 모든 하나님의 백성에게 가장 즐거운 날이다.

> 하나님이 이르시되 하늘의 궁창에 광명체들이 있어 낮과 밤을 나뉘게 하고 그것들로 징조와 계절과 날과 해를 이루게 하라(창 1:14).

히브리어로 계절은 '모에드'다. 절기라는 의미이며, 여호와의 절기는 창조 넷째 날에 설계되었다. 하나님은 해와 달과 별들의 운행을 여호와의 절기에 징조로 나타나도록 만드셨다. 바로 그날에 온 이집트를 사흘 동안 덮었던 흑암 재앙도, 아기 예수께서 태어나신 해에 나타났던 별도, 예수님께서 십자가에 달리셨을 때 제육시부터 제구시까지

강독 가이드

드리는 방법에 따른 제사 구분

종류	드리는 방법
화제(火祭)	화제는 불태워서 드리는 제사다. 불은 모든 제사에 적용되었다.
요제(搖祭)	요제는 흔들어서 드리는 제사다. 화목제와 속건제, 처음 익은 곡식을 드릴 때 사용한다.
거제(擧祭)	거제는 높이 들어서 드리는 제사다. 화목제, 첫 곡식, 십일조, 전리품을 드릴 때 사용한다.
전제(奠祭)	전제는 부어서 드리는 제사로 피를 상징하는 포도주와 기름을 붓는(쏟는) 의식을 취했다. 번제와 소제, 화목제를 드릴 때 사용하고 신약에서는 관제(灌祭)로 표현한다.

세 시간 동안 임한 어둠도 예정하신 것이다.

하나님은 먼저 율법으로 정하신 절기와 역사를 일치시킴으로 하나님께서 천지를 창조하신 창조자이시고, 우주를 다스리는 통치자이시며, 역사를 판단하시는 심판자이심을 스스로 입증하신 것이다.

성막 관리와 신성모독죄(레 24:1-23)

> 여호와께서 모세에게 말씀하여 이르시되 이스라엘 자손에게 명령하여 불을 켜기 위하여 감람을 찧어낸 순결한 기름을 네게로 가져오게 하여 계속해서 등잔불을 켜 둘지며 아론은 회막안 증거궤 휘장 밖에서 저녁부터 아침까지 여호와 앞에 항상 등잔불을 정리할지니 이는 너희 대대로 지킬 영원한 규례라 그는 여호와 앞에서 순결한 등잔대 위의 등잔들을 항상 정리할지니라 너는 고운 가루를 가져다가 떡 열두 개를 굽되 각 덩이를 십분의 이 에바로 하여 여호와 앞 순결한 상 위에 두 줄로 한 줄에 여섯씩 진설하고 너는 또 정결한 유향을 그 각 줄 위에 두어 기념물로 여호와께 화제를 삼을 것이며 안식일마다 이 떡을 여호와 앞에 항상 진설할지니 이는 이스라엘 자손을 위한 것이요 영원한 언약이니라 … (레 24:1-9).

하나님은 네 겹의 덮개로 덮여 있는 어두운 성소 안을 매일 등잔불을 밝히라고 하셨다. 또한 이스라엘 열두 지파를 상징하는 열두 덩이 떡도 매주 안식일에 성소 내 떡상에 진설하라고 하셨다. 등잔대는 이스라엘을 빛으로 이끄시는 하나님의 진리를, 떡상은 이스라엘 열두 지파를 먹이시는 하나님의 양식을 상징한다.

성소 안은 제사장들만 출입할 수 있기 때문에 매일 등잔불을 켜고 매주 열두 덩이 떡을 진설하는 것은 제사장들 몫이었다. 그러나 불을 켜는 감람유와 떡 만드는 곡식을 가져오는 것은 이스라엘 백성의 몫으로 그들이 가져와야 불도 켜고 열두 덩이 떡도 진설할 수 있었다. 그러므로 제사장들뿐 아니라 하나님의 백성은 거룩한 사명자이고 예배위원이다.

> 이스라엘 자손 중에 그의 어머니가 이스라엘 여인이요 그의 아버지는 애굽 사람인 어떤 사람이 나가서 한 이스라엘 사람과 진영 중에서 싸우다가 그 이스라엘 여인의 아들이 여호와의 이름을 모독하며 저주하므로 무리가 끌고 모세에게로 가니라 그의 어머니의 이름은 슬로밋이요 단 지파 디브리의 딸이었더라 그들이 그를 가두고 여호와의 명령을 기다리더니 … 모세가 이스라엘 자손에게 말하니 그들이 그 저주한 자를 진영 밖으로 끌어내어 돌로 쳤더라 이스라엘 자손이 여호와께서 모세에게 명령하신 대로 행하였더라(레 24:10-23).

어머니는 이스라엘 여인이고 아버지는 이집트 사람인 어떤 자가 진영 중에서 한 이스라엘 사람과 싸웠다. 그도 출애굽할 때 함께 홍해를 건너 시내산에 도착했을 것이다.

문제는 싸움 그 자체보다, 이스라엘 여인의 아들이 여호와의 이름을 모독하며 저주했다는 것이다. 그는 "하나님의 이름을 망령되게 부르지 말라"는 제3계명을 범했을 뿐 아니라, 신성까지 모독하는 죄를 범했다.

하나님은 그에게 5대 제사법의 제사나 7대 절기법의 속죄일을 통해 죄 사함을 받으라고 하지 않으셨다. 온 회중이 그를 진영 밖으로 끌어내어 돌로 쳐 죽이라고 명령하셨다. 그의 죽음은 출애굽 이후 이스라엘 백성이 목숨을 잃은 세 번째 참사였고, 하나님께서 돌로 쳐 죽이라고 명령하신 첫 번째 심판이었다. 이스라엘을 이끄시고 먹이실 뿐 아니라, 죄 사함의 은혜까지 주시는 하나님의 신성을 모독하는 행위는 죄 사함 받을 길을 스스로 거부한 것이다.

"사람의 모든 죄와 모든 모독하는 일은 사하심을 얻되 누구든지 성령을 모독하는 자는 영원히 사하심을 얻지 못하고 영원한 죄가 되느니라"(막 3:28, 29).

안식년 절기와 희년 절기(레 25:1-55)

> 여호와께서 시내 산에서 모세에게 말씀하여 이르시되 이스라엘 자손에게 말하여 이르라 너희는 내가 너희에게 주는 땅에 들어간 후에 그 땅으로 여호와 앞에 안식하게 하라 너는 육 년 동안 그 밭에 파종하며 육 년 동안 그 포도원을 가꾸어 그 소출을 거둘 것이나 일곱째 해에는 그 땅이 쉬어 안식하게 할지니 여호와께 대한 안식이라 너는 그 밭에 파종하거나 포도원을 가꾸지 말며 네가 거둔 후에 자라난 것을 거두지 말고 가꾸지 아니한 포도나무가 맺은 열매를 거두지 말라 이는 땅의 안식년임이니라 안식년의 소출은 너희가 먹을 것이니 너와 네 남종과 네 여종과 네 품꾼과 너와 함께 거류하는 자들과 네 가축과 네 땅에 있는 들짐승들이 다 그 소출로 먹을 것을 삼을지니라(레 25:1-7).

하나님은 이스라엘에게 6년 동안은 소출을 거두되, 7년째에는 땅을 쉬게 하라는 안식년법을 명령하셨다. 안식년법은 모든 땅은 하나님의 소유라는 의미다. 사람은 땅의 소유자가 아니라 청지기일 뿐이다. 하나님께서 천지를 창조하셨으며, 모든 이스라엘에게 땅을 기업으로 나눠주실 것이기 때문이다. 스스로 청지기라고 믿어야 땅의 주인 되신 하나님의 안식년법을 준행할 수 있다. 지금도 농촌에서는 농사를 짓지 않고 땅을 묵히는 휴경 기간을 갖는다. 휴경 기간 동안 땅의 지력(地力)을 회복시키는 것이다. 안식년법은 피조물의 이치를 드러내는 하나님의 원리적 말씀이다.

> 만일 너희가 말하기를 우리가 만일 일곱째 해에 심지도 못하고 소출을 거두지도 못하면 우리가 무엇을 먹으리요 하겠으나 내가 명령하여 여섯째 해에 내 복을 너희에게 주어 그 소출이 삼 년 동안 쓰게 하리라 너희가 여덟째 해에는 파종하려니와 묵은 소출을 먹을 것이며 아홉째 해에 그 땅에 소출이 들어오기까지 너희는 묵은 것을 먹으리라(레 25:20-22).

하나님은 7년째마다 땅을 쉬게 하면 세 배의 소출을 얻게 하겠다고 약속하셨다. 안식일법에서는 여섯째 날에 만나를 두 배로 내리셨지만, 안식년법에서는 여섯째 해에 소출을 세 배로 거두게 하실 것이다. 안식일법과 안식년법은 이스라엘에게 쉼도 주시고 더욱 많이 거두게 하시는 '꿩 먹고 알 먹는 법'이다.

안식년법을 지키기 위해서는 믿음이 필요했다. 하나님께서 땅을 창조하셨고, 땅을 다스린다는 믿음이 있어야 지킬 수 있었다. 하나님 말씀은 오직 믿음으로 순종할 때만 온전히 결실된다.

주목할 점은 하나님은 땅을 일 년 쉬게 한 이듬 해 여덟째 해가 아니라, 땅을 쉬게 하기 전 여섯째 해에 세 배의 소출을 약속하셨다. 두 배가 아닌 세 배의 소출을 약속해 주신 것은 일곱째 안식년 다음에 올 수 있는 희년까지 감안하신 약속이다.

> 너는 일곱 안식년을 계수할지니 이는 칠 년이 일곱 번인즉 안식년 일곱 번 동안 곧 사십구 년이라 일곱째 달 열흘날은 속죄일이니 너는 뿔나팔 소리를 내되 전국에서 뿔나팔을 크게 불지며 너희는 오십 년째 해를 거룩하게 하여 그 땅에 있는 모든 주민을 위하여 자유를 공포하라 이 해는 너희에게 희년이니 너희는 각각 자기의 소유지로 돌아가며 각각 자기의 가족에게로 돌아갈지며 그 오십 년째 해는 너희의 희년이니 너희는 파종하지 말며 스스로 난 것을 거두지 말며 가꾸지 아니한 포도를 거두지 말라 이는 희년이니 너희에게 거룩함이니라 너희는 밭의 소출을 먹으리라 … (레 25:8-19).

하나님은 이스라엘 백성에게 기업을 주셨다. 생명, 권리, 자녀, 그리고 땅이란 기업을 공평하게 나누어 주셨다. 그러나 광야 같은 세상을 살다보면 빚질 일이 생겨 기업을 잃어버리는 경우가 있었다. 하나님께서 주신 땅을 저당 잡혀 돈을 빌렸지만 갚지 못하는 일이 생겼다. 빚을 갚고 땅의 기업을 찾기 위해 채권자의 종이 되어야 했다.

하지만 그도 여의치 않은 사람들은 땅의 기업은 고사하고, 자유인이란 권리의 기업도 찾지 못하고 평생을 살아야 했다. 그래서 하나님은 이스라엘에게 '희년법'을 주셨다. 일곱 안식년을 계수하여 제49년

이듬해 50년째 7월 10일 속죄일로부터 일 년을 희년으로 지키게 하셨다. 희년의 히브리어 '요벨(yobel)'은 '수양의 뿔', '나팔을 부는 절기'라는 의미다. 희년의 속죄일이 되면 전국에서 뿔나팔을 크게 불고 모든 주민을 위해 자유를 공포해야 했다. 그러면 모든 기업이 원상태로 회복되었다. 부채는 탕감되고 저당 잡힌 땅은 반환받고 종 된 신분에서도 해방되었다(레 25:10).

하나님은 이스라엘 백성에게 주신 기업을 잃어버리는 것을 막기 위해 희년법을 주셨다. 극심한 빈부차도 방지하고, 변질된 사회구조도 하나님의 법으로 되돌리기 위해서였다. 하나님은 이스라엘을 이집트 파라오의 속박에서도 해방을 주셨지만, 희년법으로 환경이나 조건의 속박에서도 해방을 주셨다. 희년법은 이스라엘의 제도화된 제2의 출애굽이다.

> 토지를 영구히 팔지 말 것은 토지는 다 내 것임이니라 너희는 거류민이요 동거하는 자로서 나와 함께 있느니라 … (레 25:23-55).

땅은 하나님께서 이스라엘에게 주신 기업이다. 그래서 소유권을 매매할 수 없고, 단지 49년 동안의 경작권만 매매할 수 있었다. 모든 땅은 하나님의 것이기 때문이다. 그러나 이스라엘 역사 중 희년은 한 번도 지켜지지 않았다. 희년은 사실상 가난한 사람을 위한 법이고 부유한 사람에게는 손해를 끼치는 법이었다. 실제로 이루어졌어도 도덕적 해이를 일으키는 등 사회적 혼란도 피할 수 없었을 것이다. 그렇다면 하나님은 왜 지키지도 못할 법을 주셨을까? 타락한 본성을 가진 죄인은 희년과도 같은 유토피아를 이 땅에 세울 수 없다는 것을 깨닫게 하기 위해서다.

> 주 여호와의 영이 내게 내리셨으니 이는 여호와께서 내게 기름을 부으사 가난한 자에게 아름다운 소식을 전하게 하려 하심이라 나를 보내사 마음이 상한 자를 고치며 포로된 자에게 자유를, 갇힌 자에게 놓임을 선포하며 여호와의 은혜의 해와 우리 하나님의 보복의 날을 선포하여 모든 슬픈 자를 위로하되(사 61:1, 2).

궁극적으로 희년법은 여호와 하나님께서 기름 부으시는 메시아가 이 땅에 오시면 성취될 거라는 예언이다. 종살이하다가 희년의 뿔 나팔소리가 들리는 순간, 자유와 땅의 소유권이 회복되었다. 이처럼 예수 그리스도의 재림 때도 천사의 마지막 나팔소리가 울려 퍼지는 순간(고전 15:51), 하나님 백성의 모든 기업이 회복될 것이다.

안식일은 일하는 6일과 안식하는 하루로 7일이 주기다. 안식년은 경작하는 6년과 안식하는 1년으로 7년이 주기다. 희년은 안식년을 일곱 번 보내고 이듬해, 50년째 되는 해마다 안식함으로 50년이 주기

강독 가이드

러시아의 토지 소유권

과거 기독교가 흥왕했던 러시아는 희년법의 영향으로 지금도 모든 국토는 국유지며, 사유지는 일체 인정하지 않는다. 단지 정부가 국민들에게 49년 동안 땅을 사용할 수 있는 사용권만을 매매하고 있을 뿐이다.

다. 그리고 7대 절기는 1년을 주기로 삼는 절기다. 주기는 모두 조물주 하나님께서 우주라는 피조물에게 부여하신 규칙적이고 반복적인 생활양식이다. 하나님은 우주의 주기에 맞춰 여호와의 절기를 제정하신 것이 아니다. 여호와의 절기에 맞춰 우주의 주기를 설계하신 것이다. 우주와 세상의 역사는 자연 질서에 따라 흘러가는 것이 아니라, 하나님의 뜻에 따라 진행되는 것이다.

"나 여호와는 밤과 낮의 질서와 우주의 법칙을 만들었느니라"(현대인의 성경, 렘 33:25).

하나님의 복과 징벌(레 26:1-46)

> 너희는 자기를 위하여 우상을 만들지 말지니 조각한 것이나 주상을 세우지 말며 너희 땅에 조각한 석상을 세우고 그에게 경배하지 말라 나는 너희의 하나님 여호와임이니라 너희는 내 안식일을 지키며 내 성소를 경외하라 나는 여호와이니라 너희가 내 규례와 계명을 준행하면 내가 너희에게 철따라 비를 주리니 땅은 그 산물을 내고 밭의 나무는 열매를 맺으리라 너희의 타작은 포도 딸 때까지 미치며 너희의 포도 따는 것은 파종할 때까지 미치리니 너희가 음식을 배불리 먹고 너희의 땅에 안전하게 거주하리라 … (레 26:1-13).

대부분의 회칙은 상벌규정이 있다. 열심히 활동하는 회원에게는 상급을, 그렇지 않은 회원에게는 징계를 규정한다. 이처럼 이스라엘 공동체의 회칙 율법 마지막에는, 순종하는 자에게 내리는 하나님의 복과 불순종하는 자에게 내리는 징벌이 언급된다. 하나님 공의의 원칙은 '눈에는 눈, 이에는 이'이기 때문에 반드시 각 사람의 행위대로 보응하신다.

"인자가 아버지의 영광으로 그 천사들과 함께 오리니 그 때에 각 사람이 행한 대로 갚으리라"(마 16:27).

하나님은 율법에 순종하는 자에게 철따라 이른 비와 늦은 비를 주시고, 평화를 주시며, 사나운 짐승과 원수들을 물리쳐 주시고, 번성하고 창대하게 하실 것을 복으로 약속해 주셨다.

가나안 팔레스타인은 연평균 강우량이 508밀리리터 정도다. 이 강우량은 우리나라에서 하룻밤에 내리는 폭우에 불과하다. 당시는 농사짓고 목축하는 시대였기 때문에 비가 오지 않으면 모든 것이 허사였다. 하나님께서 이스라엘에게 비를 내려주시겠다고 하신 약속은 이스라엘 백성에게 양식뿐만 아니라, 그들의 모든 필요를 채워주시며 모든 생활을 책임지신다는 것이다.

곡식 타작 시기는 3-4월이지만, 포도 수확 시기 6-7월까지 계속된다는 약속은 엄청난 풍작으로 그만큼 타작 기간이 오래 걸리게 될 거라는 약속이다. 포도 수확 시기도 보리나 밀의 파종기인 10-11월까지 이를 수 있도록 풍족한 결실을 주시겠다는 약속이다.

> 그러나 너희가 내게 청종하지 아니하여 이 모든 명령을 준행하지 아니하며 내 규례를 멸시하며 마음에 내 법도를 싫어하여 내 모든 계명을 준행하지 아니하며 내 언약을 배반할진대 내가 이같이 너희에게 행하리니 곧 내가 너희에게 놀라운 재앙을 내려 폐병과 열병으로 눈이 어둡고 생명이 쇠약하게 할 것이요 너희가 파종한 것은 헛되리니

> 너희의 대적이 그것을 먹을 것임이며 내가 너희를 치리니 너희가 너희의 대적에게 패할 것이요 너희를 미워하는 자가 너희를 다스릴 것이며 너희는 쫓는 자가 없어도 도망하리라 또 만일 너희가 그렇게까지 되어도 내게 청종하지 아니하면 너희의 죄로 말미암아 내가 너희를 일곱 배나 더 징벌하리라 … (레 26:14-39).

레위기에 나오는 징벌은 복보다 두 배 반이나 더 많다. 계속 불순종하면 징벌이 일곱 배나 늘어나며, 그래도 순종하지 않으면 일곱 배씩 네 번이나 더 늘어난다. 마지막 징벌은 최초 징벌의 2401배다.

불순종하는 자들에게 내릴 징벌을 구체적으로 열거하신 것은 징벌 그 자체에 목적이 있는 것이 아니다. 범죄 가능성을 사전에 예방해 온전한 하나님의 백성으로 복을 누리게 하기 위해서다.

> 그들이 나를 거스른 잘못으로 자기의 죄악과 그들의 조상의 죄악을 자복하고 또 그들이 내게 대항하므로 나도 그들에게 대항하여 내가 그들을 그들의 원수들의 땅으로 끌어 갔음을 깨닫고 그 할례 받지 아니한 그들의 마음이 낮아져서 그들의 죄악의 형벌을 기쁘게 받으면 내가 야곱과 맺은 내 언약과 이삭과 맺은 내 언약을 기억하며 아브라함과 맺은 내 언약을 기억하고 그 땅을 기억하리라 그들이 내 법도를 싫어하며 내 규례를 멸시하였으므로 그 땅을 떠나서 사람이 없을 때에 그 땅은 황폐하여 안식을 누릴 것이요 그들은 자기 죄악의 형벌을 기쁘게 받으리라 그런즉 그들이 그들의 원수들의 땅에 있을 때에 내가 그들을 내버리지 아니하며 미워하지 아니하며 아주 멸하지 아니하고 그들과 맺은 내 언약을 폐하지 아니하리니 나는 여호와 그들의

하나님이 됨이니라 내가 그들의 하나님이 되기 위하여 민족들이 보는 앞에서 애굽 땅으로부터 그들을 인도하여 낸 그들의 조상과의 언약을 그들을 위하여 기억하리라 나는 여호와이니라 이것은 여호와께서 시내 산에서 자기와 이스라엘 자손 사이에 모세를 통하여 세우신 규례와 법도와 율법이니라(레 26:40-46).

복과 징벌에 대한 규정은 하나님의 은혜가 선포되는 것으로 끝맺는다. 하나님의 뜻은 심판이 아니라 구원이며, 징벌이 아니라 복이기 때문이다. 혹시 징벌을 받아도 회개하면 하나님은 아브라함에게 주신 언약을 기억하시고 용서해 주시겠다는 복음을 약속해 주셨다. 하나님은 복을 주시는 좋으신 분이시다. 또한 징벌도 주시는 무서운 하나님이시다. 회개하면 징벌을 거두시고 용서해 주시는 사랑의 하나님이시다.

"나는 여호와이니라"(레 26:45). 하나님의 이 선언은 레위기에서 49회 나온다. 그 다음 수는 50으로, 50은 바로 '희년' 수다. 하나님 백성이 그분의 계명과 율법을 잘 배우고, 믿음으로 언약법에 순종하면 그 삶에 희년이 임할 것이라는 약속이다. 희년의 약속에 대한 분명한 보증으로 하나님은 여호와라는 그분의 이름을 담보로 내세우신 것이다.

레위기 율법 끝에는 하나님의 백성이 율법에 순종했을 때와 불순종했을 때, 받는 복과 징벌이 언급된다. 그 복과 징벌은 하늘이 아니라 땅에서 받는 것들이다. 신명기 율법도 마찬가지다. 따라서 율법은 구원받는 법이 아니고, 하나님의 백성이 하늘 생명을 얻는 법도 아니고, 이 땅의 삶 속에서 복을 받는 법이다.

서원과 십일조(레 27:1-34)

> 여호와께서 모세에게 말씀하여 이르시되 이스라엘 자손에게 말하여 이르라 만일 어떤 사람이 사람의 값을 여호와께 드리기로 분명히 서원하였으면 너는 그 값을 정할지니 네가 정한 값은 스무 살로부터 예순 살까지는 남자면 성소의 세겔로 은 오십 세겔로 하고 여자면 그 값을 삼십 세겔로 하며 다섯 살로부터 스무 살까지는 남자면 그 값을 이십 세겔로 하고 여자면 열 세겔로 하며 … (레 27:1-8).

서원은 하나님 앞에서 조건부 자원을 맹세하는 것으로 자신이나 가족, 집, 토지, 각종 헌물을 드리는 것이다. 서원에도 드리는 원칙이 있다. 첫째, 나이와 성별과 소유에 따라 분수에 합당한 서원을 해야 한다. 만일 서원자가 가난해 정해진 액수를 감당할 수 없을 때는 제사장이 서원자의 형편에 맞게 값을 정해 주었다.

> 사람이 서원하는 예물로 여호와께 드리는 것이 가축이면 여호와께 드릴 때는 다 거룩하니 그것을 변경하여 우열간 바꾸지 못할 것이요 혹 가축으로 가축을 바꾸면 둘 다 거룩할 것이며 부정하여 여호와께 예물로 드리지 못할 가축이면 그 가축을 제사장 앞으로 끌어갈 것이요 제사장은 우열간에 값을 정할지니 그 값이 제사장의 정한 대로 될 것이며 만일 그가 그것을 무르려면 네가 정한 값에 그 오분의 일을 더 할지니라 만일 어떤 사람이 자기 집을 성별하여 여호와께 드리려하면 제사장이 그 우열간에 값을 정할지니 그 값은 제사장이 정한 대로 될 것이며 만일 그 사람이 자기 집을 무르려면 네가 값을 정한 돈에 그 오

분의 일을 더할지니 그리하면 자기 소유가 되리라 … (레 27:9-25).

서원 원칙 둘째, 하나님께 서원한 것은 바꿀 수 없다. 예컨대 한 목자가 하나님께 튼실한 양 한 마리를 드리겠다고 서원했다. 그러나 마음이 변해 하나님께 튼실이 대신 비실이를 드렸다. 이런 경우는 튼실이와 비실이 모두 하나님의 소유가 된다.

서원 원칙 셋째, 서원을 어기면 본래 서원한 물건 값의 오분의 일을 더해 배상해야 한다. 부득이한 경우라도 하나님께 서원했기 때문에 책임져야 하는 속건제라는 것이다.

오직 가축 중의 처음 난 것은 여호와께 드릴 첫 것이라 소나 양은 여호와의 것이니 누구든지 그것으로는 성별하여 드리지 못할 것이며 만일 부정한 짐승이면 네가 정한 값에 그 오분의 일을 더하여 무를 것이요 만일 무르지 아니하려면 네가 정한 값대로 팔지니라 어떤 사람이 자기 소유 중에서 오직 여호와께 온전히 바친 모든 것은 사람이든지 가축이든지 기업의 밭이든지 팔지도 못하고 무르지도 못하나니 바친 것은 다 여호와께 지극히 거룩함이며 온전히 바쳐진 그 사람은 다시 무르지 못하나니 반드시 죽일지니라 그리고 그 땅의 십분의 일 곧 그 땅의 곡식이나 나무의 열매는 그 십분의 일은 여호와의 것이니 여호와의 성물이라 또 만일 어떤 사람이 그의 십일조를 무르려면 그것에 오분의 일을 더할 것이요 모든 소나 양의 십일조는 목자의 지팡이 아래로 통과하는 것의 열 번째의 것마다 여호와의 성물이 되리라 그 우열을 가리거나 바꾸거나 하지 말라 바꾸면 둘 다 거룩하리니 무르지 못하리라 이것은 여호와께서 시내 산에서 이스라엘 자손을 위하여 모세에게 명령하신 계명이니라(레 27:26-34).

서원 원칙 넷째, 가축 중의 첫 새끼, 하나님께 이미 온전히 바친 것, 그리고 십일조 등은 서원하며 하나님께 드릴 수 없다. 이런 것들은 서원이 아니어도 하나님께 당연히 바쳐야 할 것이기 때문이다.

하나님께서 명령하신 서원의 네 가지 원칙은 첫째, 성별과 나이에 따라 형편에 맞도록 드려라. 둘째, 다른 것으로 바꿀 수 없다. 셋째, 어기면 오분의 일을 더해 배상하라. 넷째, 이미 하나님의 것으로 구분된 첫 것이나 십일조 등은 서원하며 드릴 수 없다. 서원에 하나님께서 명령하신 원칙이 있다는 것은, 스스로 서원해도 마음대로 드릴 수 없다는 의미다. 서원도 하나님의 정해진 방법대로 해야만 한다. 결론적으로 하나님은 이스라엘 백성에게 자원이나 서원을 명령하신 적이 없다. 그러나 하나님 앞에서 서원했다면, 그분의 원칙에 따라 반드시 지켜야 한다는 것이다.

십일조에 대한 언급에서 레위기의 주제인 거룩의 개념이 잘 드러난다. 소나 양의 십일조는 목자의 지팡이 아래로 통과하는 것의 열 번째 것마다 하나님께 구분하여 드려야 했다(레 27:32). 목자들이 들에서 양을 치다 돌아오면 한 목자가 지팡이를 들고 좁은 우리 입구에서 양들을 줄지어 한 마리씩 들어가게 했다. 그때 목자는 지팡이로 우리로 들어가는 양들을 헤아렸다. “하나, 둘, 셋… ” 그렇게 열 번째, 스물 번째, 서른 번째… 가 하나님께 십일조로 드려졌다.

믿음이 약한 목자는 십일조로 걸린 열 번째 튼실이와 아홉 번째 비실이를 바꾸려 했다. 반면에 믿음이 강한 목자는 열한 번째가 더 튼실하다는 것을 알고 역시 바꾸려고 했다. 그때 그들의 마음속에 하나님의 음성이 들려왔다. "그 우열을 가리거나 바꾸거나 하지 말라"(레 27:33). 그랬다. 하나님께서 원하시고 받으시는 예물은 하나님께서 말씀하신 그대로 구분하여 드리는 것이며, 거룩은 하나님께서 말씀하신 그대로를 구분하는 것이다.

"하나님이 이르시되 … 그대로 되니라. 보시기에 심히 좋았더라."

하나님께서 명령하신 거룩은 사회적이고 윤리적인 개념이 아니다. 사회적이고 윤리적인 거룩의 개념은 시대마다 변하고 지역마다 다르기 때문이다. 거룩은 변하지 않고 완전한 하나님 말씀대로 구분되는 것이다. 하나님 말씀대로 믿고 하나님 말씀대로 행하는 것이 거룩이다. 거룩은 먼저 물리적으로 구분되어질 때 영적으로도 구분되는 것이다.

하나님은 십계명과 613조 율법을 그분의 백성에게 모두 지키라고 주셨다. 그러나 모두 지키기에는 역부족이다. 아니 불가능하다. 하나님은 율법 조항 하나하나를 모두 지키기 원하신 것이 아니라, 하나하나를 모두 지키겠다는 믿음의 태도를 원하시는 것이다. 그 태도만 확립된다면 그보다 더한 것도 지킬 수 있을 것이다.

> 사자가 이르시되 그 아이에게 네 손을 대지 말라 그에게 아무 일도 하지 말라 네가 네 아들 네 독자까지도 내게 아끼지 아니하였으니 내가 이제야 네가 하나님을 경외하는 줄을 아노라(창 22:12).

하나님은 믿음의 조상 아브라함이 자기 목숨보다 소중히 여기는 독자 이삭을 바칠 때까지 기다리셨다. 독자 이삭이라도 바치겠다는 믿음의 태도를 기다리신 것이다. 아브라함은 100세에 얻은 눈에 넣어도 아프지 않을 독자 이삭을 하나님께 바치라는 명령에 어떻게 순종할 수 있었을까? 이는 그가 하나님을 경외했기 때문이다. 하나님은 아브라함이 언약을 믿는 믿음을 넘어서서 하나님을 경외하기까지 기다리신 것이다. 하나님의 백성은 언약을 믿는 믿음으로 시작해 그분을 경외하는 그리스도의 장성한 분량까지 자라가야 한다(엡 4:13). 그래야 율법뿐 아니라 독자라도 바치라는 하나님 말씀에도 순종할 수 있다.

그런데도 모든 율법을 다 지킬 수는 없다. 그럴 때는 사람의 죄를 씻어내는 정결법인 5대 제사법으로 돌아가면 된다. 율법의 완성이신 예수 그리스도의 은혜로 들어가면 된다.

하나님의 율법은 성경과 인류 역사를 판단하는 기준이다. 인류 역사는 율법에 기록된 대로 복과 저주가 선포되고 성취되는 하나님 섭리의 현장이다. 역사의 기준인 율법을 모르고 성경을 읽고 배우는 것은 경기 규칙을 모르고 운동경기를 관전하는 것과 같다.

하나님께서 주신 계명과 율법은 하나님의 백성이 생활 원칙으로 삼아야 할 하나님의 원리적 말씀이다. 율법 준수가 신앙생활의 최선이라는 의미가 아니다. 율법 준수는 신앙생활의 기본이다. 법은 최소한의 윤리이기 때문이다. 생명 구원의 원칙은 복음이고, 생활 구원의 원칙은 율법이다. 이 둘은 서로 충돌하지 않는다. 서로 보완하는 하나님의 은혜다. 우리는 복음과 율법 두 원칙을 바르게 믿고 순종하는 거룩한 하나님의 백성이 되어야 한다.

민수기

40년의 광야 생활

저자 : 모세

주제 : 거룩하신 하나님과 동행하다.

기록 연대 : 주전 1446–1406년경으로 추정된다.

기록 목적 : 이스라엘 백성이 약속의 땅 가나안에 들어가기 위한 준비와 불순종을 심판하시는 하나님의 공의로움, 아브라함의 언약을 기억하시는 하나님의 신실하심을 가르치기 위해 기록했다.

주요 인물 : 모세, 파라오, 아론.

핵심 구절 : "여호와께서 우리를 기뻐하시면 우리를 그 땅으로 인도하여 들이시고 그 땅을 우리에게 주시리라 이는 과연 젖과 꿀이 흐르는 땅이니라"(민 14:8).

제1강

광야 행진을 준비하는 하나님의 군대

민수기 1~10장

출애굽한 이스라엘 백성은 시내산에서 하나님과 언약을 맺었다. 하나님의 백성답게 살아가는 5대 제사법, 음식법, 위생법, 윤리법, 절기법 등의 십계명과 613조 율법을 받았다. 민수기에서 제일 처음 등장하는 히브리어 단어 '브미드바르'는 '광야에서'라는 의미며, 민수기 히브리어 책명이기도 하다. 이스라엘은 가나안으로 가기 위해 척박한 광야를 거쳐야 했다. 민수기는 사람이 살 수 없는 광야에서 이스라엘을 약속의 땅 가나안까지 인도하신, 신실하신 언약의 하나님을 증거한다.

이스라엘 열두 지파의 제1차 군대 계수(민 1:1–54)

> 이스라엘 자손이 애굽 땅에서 나온 후 둘째 해 둘째 달 첫째 날에 여호와께서 시내 광야 회막에서 모세에게 말씀하여 이르시되 너희는 이스라엘 자손의 모든 회중 각 남자의 수를 그들의 종족과 조상의 가문에 따라 그 명수대로 계수할지니 이스라엘 중 이십 세 이상으로 싸움에 나갈 만한 모든 자를 너와 아론은 그 진영별로 계수하되 각 지파의 각 조상의 가문의 우두머리 한 사람씩을 너희와 함께 하게 하라 너희와 함께 설 사람들의 이름은 이러하니 르우벤 지파에서는 스데울의 아들 엘리술이요 … 납달리 지파에서는 에난의 아들 아히라이니라 하시니 그들은 회중에서 부름을 받은 자요 그 조상 지파의 지휘관으로서 이스라엘 종족들의 우두머리라 모세와 아론이 지명된 이 사람들을 데리고 둘째 달 첫째 날에 온 회중을 모으니 그들이 각 종족과 조상의 가문에 따라 이십 세 이상인 남자의 이름을 자기 계통별로 신고하매 여호와께서 모세에게 명령하신 대로 그가 시내 광야에서 그들을 계수하였더라(민 1:1–19).

하나님은 모세에게 시내 광야에서 제1차 이스라엘 백성의 인구를 계수하라고 명령하셨다. 민수기는 백성 민(民)과 헤아릴 수(數)로, 이스라엘 백성을 헤아린 인구 조사 기록기다. 또한 출애굽 제1세대에게 시내 광야와 출애굽 제2세대에게 모압 평지에서 실시한 두 차례 인구 조사에서 비롯된 이름이기도 하다.

그들이 시내산에 도착한 날은 출애굽 제1년 3월 1일이고, 제1차 인구 계수를 명령받은 날은 출애굽 제2년 2월 1일이다. 시내산에 도착한 지 11개월 만에 하나님에게 시내산을 떠나, 약속의 땅 가나안으로 떠날 채비를 갖추라는 명령을 받은 것이다. 이스라엘은 시내산을 떠나야 했다. 출애굽은 이집트에서 나오는 것이 목적이 아니라, 가나안에 들어가는 것이 목적이기 때문이다.

민수기는 단순히 이스라엘 백성의 인구를 계수한 기록이 아니다. 이십 세 이상으로 싸움에 나갈 만한 남자들을 계수한 것이다. 제1차 인구 계수에서는 '싸움에 나갈 만한 자'라는 말이 14회나 나올 정도로 '거룩한 여호와의 군대'를 헤아린 것이다. 이스라엘은 이집트에서 몰려나온 하나님의 군중으로 부름 받은 것이 아니라, 약속의 땅 가나안을 정복하고 다스려야 할 하나님의 군대로 부름 받은 것이다. 이스라엘은 그분의 소유, 제사장 나라, 거룩한 백성일 뿐만 아니라 바로 하나님의 군대였다.

"너는 그리스도 예수의 좋은 병사로 나와 함께 고난을 받으라"(딤후 2:3).

그런데 하나님은 왜 출애굽한 이스라엘 백성을 느닷없이 하나님의 군대로 계수하라고 명령하셨을까?

> 이스라엘 자손을 그들의 군대대로 애굽 땅에서 인도하라 하신 여호와의 명령을 받은 자는 이 아론과 모세요(출 6:26).

하나님은 느닷없이 이스라엘을 하나님의 군대로 계수하라고 명령하지 않으셨다. 이스라엘이 출애굽하기 전부터 '군대'라고 부르셨다(출 6:26, 7:4, 12:17, 12:41). 그들은 이집트에서 파라오와 그의 군대를 대적해 싸워본 적도, 칼 한 자루 들어본 적도 없었다. 출애굽은 오직 하나님께서 전적으로 이루신 일이다. 그런데도 하나님은 그들을 이집트에서부터 군대라고 부르셨다. 하나님께서 그들을 부르신 목적은 이집트에서 나오는 것이 전부가 아니라, 처음부터 가나안 정복이 목적이기 때문이다. 하나님은 그분의 백성에게 누려야 할 생명도 주시지만, 감당해야 할 사명도 주신다.

> 너희 마음에 그리스도를 주로 삼아 거룩하게 하고 너희 속에 있는 소망에 관한 이유를 묻는 자에게는 대답할 것을 항상 준비하되 온유와 두려움으로 하고(벧전 3:15).

강독 가이드

이스라엘 진 배치

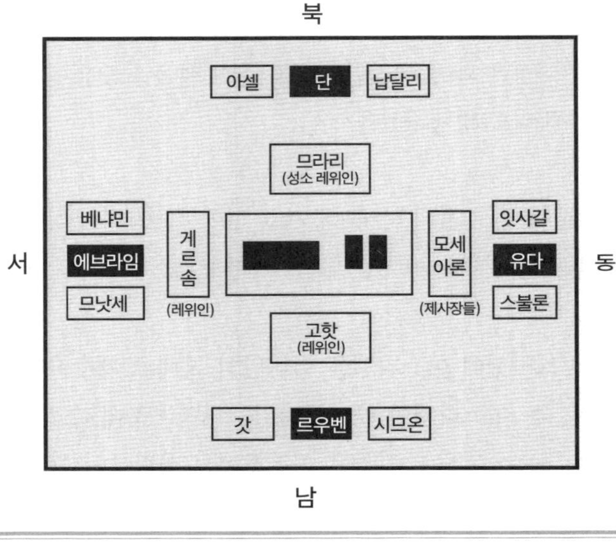

초대교회 베드로 공동체에는 많은 문제가 있었다. 외적으로는 로마와 유대교의 박해에 시달렸고, 내적으로는 이단들의 거짓 가르침으로 진리가 혼탁해져 갔다. 그로 인해 신앙생활의 활력이 떨어지고 예수님의 몸 된 교회로서의 사명을 제대로 감당할 수가 없었다.

베드로 사도는 모든 문제의 근원을 그리스도를 '주'로 삼지 않은 것이라고 지적했다. 그들은 예수님을 그리스도로 믿었지만 주님으로 믿지는 않았다. 그리스도는 구원자라는 의미로 예수님은 모든 인생 문제에서 우리를 구원해 주신다. 하나님의 은혜를 믿는 믿음으로 심판에서 하나님의 생명을 주셨을 뿐 아니라, 어떤 어려움에서도 구원해 주신다. 그들은 생명을 주시는 예수님을 그리스도로 믿었다.

그러나 예수님을 '주님'으로 섬기지는 않았다. 그들은 주인 되신 예수님 말씀에 순종해야 하는 종임에도 불구하고 순종하지 않았다. 자신들의 뜻이 구원자를 통해 관철되기 원했지만, 하나님의 뜻이 자신들의 삶에 이루어지도록 애쓰며 살지 않았다. 예수님을 주님으로도, 자신들을 종으로도 여기지 않았고, 하나님께서 주신 사명을 감당하지도 않았다. 예수 그리스도는 하나님의 백성에게 누려야 할 생명을 주시지만, 주 예수는 감당해야 할 사명을 주신다. 베드로 공동체는 예수 그리스도께서 주신 생명은 풍성하게 누리면서도, 주 예수께서 주시는 사명은 감당하지 않았다.

"너희가 십자가에 못 박은 이 예수를 하나님이 주와 그리스도가 되게 하셨느니라"(행 2:36).

구원은 값없이 받았지만 구원받은 삶을 살기 위해서는 값비싼 대가를 치러야 한다. 진정한 하나님의 백성은 하나님의 생명을 풍성히 누리며 하나님께서 주신 사명을 감당한다. 사명을 '십자가의 길'이라고 부르는 것은 고난의 길이기 때문이다. 그러나 고난의 길 끝에는 '부활'과 '영광'이 있다. 우리는 사명도 하나님께서 주신 소중한 은혜임을 분명히 기억해야 한다.

> 이스라엘의 장자 르우벤의 아들들에게서 난 자를 그들의 종족과 조상의 가문에 따라 이십 세 이상으로 싸움에 나갈 만한 각 남자를 그 명수대로 다 계수하니 르우벤 지파에서 계수된 자는 사만 육천오백 명이었더라 시므온의 아들들에게서 난 자를 그들의 종족과 조상의 가문에 따라 이십 세 이상으로 싸움에 나갈 만한 각 남자를 그 명수대로 다 계수하니 시므온 지파에서 계수된 자는 오만 구천삼백 명이었더라 … 납달리의 아들들에게서 난 자를 그들의 종족과 조상의 가문에 따라 이십 세 이상으로 싸움에 나갈 만한 자를 그 명수대로 다 계수하니 납달리 지파에서 계수된 자는 오만 삼천사백 명이었더라 이 계수함을 받은 자는 모세와 아론과 각기 이스라엘 조상의 가문을 대표한 열두 지휘관이 계수하였더라 이같이 이스라엘 자손이 그 조상의 가문을 따라 이십 세 이상으로 싸움에 나갈 만한 이스라엘 자손이 다 계수되었으니 계수된 자의 총계는 육십만 삼천오백오십 명이었더라(민 1:20-46).

이스라엘은 광야를 거쳐 약속의 땅 가나안으로 가야 했다. 하나님은 광야를 효율적으로 행진할 수 있도록 이스라엘을 지파대로 열둘로 나누고, 지도자를 세워 인구 계수를 명령하셨다. 총 계수된 자는 '육십만 삼천오백오십 명'이었다. 여성들과 이십 세 이하 아이들과 노인들까지 감안한다면 이스라엘 전체는 이백만이 넘었을 것이다. 야곱 족속 칠십 명이 이집트로 들어와 약 400년 만에 육십만 삼천오백오십 명으로 일만 배의 폭발적인 번성을 이루었다.

시내 광야에서의 제1차 인구 계수는 이스라엘이 하나님께서 아브라함에게 약속하신 큰 민족 언약의 성취를 구체적인 수치로 확인하는 순간이었다.

"내가 네게 큰 복을 주고 네 씨가 크게 번성하여 하늘의 별과 같고 바닷가의 모래와 같게 하리니 네 씨가 그 대적의 성문을 차지하리라" (창 22:17).

그들은 이집트에서 큰 민족이 된 것에 이어, 시내산에서 하나님과 언약을 맺어 하나님의 복이 되었다. 하나님께서 아브라함에게 약속하신 것들 중, 약속의 땅 가나안을 얻는 것만 남았다.

> 그러나 레위인은 그들의 조상의 지파대로 그 계수에 들지 아니하였으니 이는 여호와께서 모세에게 말씀하여 이르시되 너는 레위 지파만은 계수하지 말며 그들을 이스라엘 자손 계수 중에 넣지 말고 그들에게 증거의 성막과 그 모든 기구와 그 모든 부속품을 관리하게 하라 그들은 그 성막과 그 모든 기구를 운반하며 거기서 봉사하며 성막 주위에 진을 칠지며 성막을 운반할 때에는 레위인이 그것을 걷고 성막을 세울 때에는 레위인이 그것을 세울 것이요 외인이 가까이 오면 죽일지며 이스라엘 자손은 막사를 치되 그 진영별로 각각 그 진영과 군기 곁에 칠 것이나 레위인은 증거의 성막 사방에 진을 쳐서 이스라엘 자손의 회중에게 진노가 임하지 않게 할 것이라 레위인은 증거의 성막에 대한 책임을 지킬지니라 하셨음이라 이스라엘 자손이 그대로 행하되 여호와께서 모세에게 명령하신 대로 행하였더라(민 1:47-54).

하나님은 레위 지파만은 이스라엘 군대로 계수하지 말라고 명령하셨다. 그들은 성막을 관리하고 성막에서 행해지는 제사를 돕고 이스라엘에게 율법을 가르치기 때문이다. 그들은 성막을 세우거나 걷어야 했고 성막과 모든 기구를 운반해야 했다. 그곳에서 봉사도 하며 그들의 장막도 성막 사방에 쳤다. 이스라엘 백성이 거룩한 성막에 접근하는 것을 막아 하나님의 진노가 임하지 않도록 했다.

실제 이스라엘은 전부 열세 지파였다. 야곱이 열두 아들 중 요셉을 빼고 요셉의 두 아들 므낫세와 에브라임을 자기 아들로 입양했기 때문에 열셋으로 늘어난 셈이다. 그러나 하나님께서 이스라엘을 지파별로 계수하도록 명령하시며, 레위 지파를 따로 구분하게 하셔서 이스라엘 군대는 열두 지파가 되었다. 하나님의 백성 이스라엘의 상징 수는 '12'다.

이스라엘 열두 지파 진편성과 행진 대열(민 2:1-34)

여호와께서 모세와 아론에게 말씀하여 이르시되 이스라엘 자손은 각각 자기의 진영의 군기와 자기의 조상의 가문의 기호 곁에 진을 치되 회막을 향하여 사방으로 치라 동방 해 돋는 쪽에 진 칠 자는 그 진영별로 유다의 진영의 군기에 속한 자라 유다 자손의 지휘관은 암미나답의 아들 나손이요 그의 군대로 계수된 자가 칠만 사천육백 명이며 그 곁에 진 칠 자는 잇사갈 지파라 잇사갈 자손의 지휘관은 수알의 아들 느다넬이요 그의 군대로 계수된 자가 오만 사천사백 명이라 그리고 스불론 지파라 스불론 자손의 지휘관은 헬론의 아들 엘리압이요

> 그의 군대로 계수된 자가 오만 칠천사백 명이니 유다 진영에 속한 군대로 계수된 군인의 총계는 십팔만 육천사백 명이라 그들은 제일대로 행진할지니라 … 북쪽에는 단 군대 진영의 군기가 있을 것이라 단 자손의 지휘관은 암미삿대의 아들 아히에셀이요 그의 군대로 계수된 자가 육만 이천칠백 명이며 그 곁에 진 칠 자는 아셀 지파라 아셀 자손의 지휘관은 오그란의 아들 바기엘이요 그의 군대로 계수된 자가 사만 천오백 명이며 또 납달리 지파라 납달리 자손의 지휘관은 에난의 아들 아히라요 그의 군대로 계수된 자가 오만 삼천사백 명이니 단의 진영에 속하여 계수함을 받은 군인의 총계는 십오만 칠천육백 명이라 그들은 기를 따라 후대로 행진할지니라 하시니라 이상은 이스라엘 자손이 그들의 조상의 가문을 따라 계수된 자니 모든 진영의 군인 곧 계수된 자의 총계는 육십만 삼천오백오십 명이며 레위인은 이스라엘 자손과 함께 계수되지 아니하였으니 여호와께서 모세에게 명령하심과 같았느니라(민 2:1-33).

하나님은 모든 이스라엘 장막 문을 '성막'을 향해 치도록 명령하셨다. 이스라엘 백성이 장막에서 나오면 제일 먼저 성막을 볼 수 있도록 하신 것이다. 이스라엘이 어디에 있든 항상 하나님께서 함께 계심을 기억하고, 어디로 가든 성막에서 피어오르는 제사의 연기를 보고 하나님의 한량없는 은혜를 기억하라는 것이다.

성막에서 아침과 저녁에 피어오르는 연기는 이스라엘을 위해 대신 심판받는 제물이 불살라지는 연기이기 때문이다. 이스라엘이 한량없는 하나님의 은혜를 마음에 새길 때 길도, 물도, 양식도, 그늘도 없는 척박한 광야를 능히 통과할 수 있었고, 약속의 땅에 들어갈 때까지 인

내할 수 있었을 것이다.

이스라엘 군대는 하나님의 성막을 중심으로 동서남북 사방으로 진을 쳤다. 세 지파씩 한 진영을 이루어 크게 네 진을 쳤다. 먼저는 이스라엘 백성이 거룩한 성막을 범하는 것을 막기 위해 레위 지파가 성막 사방에 진을 쳤고, 그 바깥 둘레에 이스라엘 열두 지파가 진을 쳤다.

성막 동쪽에는 유다 지파를 선두로 잇사갈 지파와 스불론 지파, 십팔만 육천사백 명이 유다 진영을 이루어 진을 쳤다(민 2:3–9). 성막 남쪽에는 르우벤 지파를 선두로 하는 시므온 지파와 갓 지파, 십오만 천사백오십 명이 르우벤 진영을 이루어 진을 쳤다(민 2:10–16). 성막 서쪽에는 에브라임 지파를 선두로 므낫세 지파와 베냐민 지파, 십만 팔천백 명이 에브라임 진영을 이루어 진을 쳤다(민 2:17–24). 그리고 성막 북쪽에는 단 지파를 선두로 아셀 지파와 납달리 지파, 십오만 칠천육백명이 단 진영을 이루어 진을 쳤다(민 2:25–31).

성막 동쪽 유다 진영에 속한 유다, 잇사갈, 스불론은 모두 레아의 아들들이다. 남쪽 르우벤 진영 중 르우벤과 시므온은 레아의 아들들이며 그들은 유다의 형들이기 때문에 유다 진영에 소속되지 않게 하셨다. 갓은 레아의 여종 실바의 아들이다. 서쪽 에브라임 진영에 속한 에브라임, 므낫세, 베냐민은 라헬의 아들들이다. 그리고 북쪽 단 진영 중 단과 납달리는 라헬의 여종 빌하의 아들들이고, 아셀은 레아의 아들이다.

> 성령으로 나를 데리고 크고 높은 산으로 올라가 하나님께로부터 하늘에서 내려오는 거룩한 성 예루살렘을 보이니 하나님의 영광이 있어 그 성의 빛이 지극히 귀한 보석 같고 벽옥과 수정 같이 맑더라 크

> 고 높은 성곽이 있고 열두 문이 있는데 문에 열두 천사가 있고 그 문들 위에 이름을 썼으니 이스라엘 자손 열두 지파의 이름들이라 동쪽에 세 문, 북쪽에 세 문, 남쪽에 세 문, 서쪽에 세 문이니(계 21:10-13).

이스라엘 군대는 성막을 중심으로 동서남북 사방에 진을 쳤다. 그것은 마치 하늘에 있는 '새 예루살렘'의 모형과도 같았다. 또한 각 지파를 상징하는 군기(민 2:2)가 있었는데, 전승에 의하면 각 진영의 선두였던 유다 지파는 사자, 르우벤 지파는 사람, 에브라임 지파는 소, 단 지파는 독수리가 그려져 있었다고 한다. 군기 그림은 하나님 보좌 가운데와 보좌 주위에 있는 앞뒤에 눈들이 가득한 네 생물의 형상과 동일하다. 첫째 생물은 사자 같고, 둘째 생물은 송아지 같고, 셋째 생물은 얼굴이 사람 같고, 넷째 생물은 날아가는 독수리 같았다(계 4:6, 7). 이스라엘 군대가 행진하고 싸우기에 앞서, 하나님의 사자가 먼저 행진하고 먼저 대적과 싸운다는 것이다.

> 이스라엘 자손이 여호와께서 모세에게 명령하신 대로 다 준행하여 각기 종족과 조상의 가문에 따르며 자기들의 기를 따라 진 치기도 하며 행진하기도 하였더라(민 2:34).

이스라엘 군대가 행진할 때는 유다 진영이 1대 선두로, 르우벤 진영이 2대로, 에브라임 진영이 3대로, 마지막으로 단 진영이 4대로 뒤따랐다. 레위 지파 중 게르손 자손과 므라리 자손은 1대와 2대 사이에 성막을 메고 뒤따랐고, 고핫 자손은 2대와 3대 사이에 지성물을 메고 뒤따랐다. 레위 지파는 전체 행렬 한가운데 서서 함께 행진했다.

이스라엘 군대가 각기 장막을 치고 안식할 때도, 거두고 행진할 때도 그 중심에는 하나님의 성막이 있었다. 그처럼 하나님을 섬기는 백성은 하나님의 임재가 중심에 있어야 하며, 백성과 함께하시는 임마누엘의 약속을 믿고 의지해야 한다.

레위 지파의 제1차 인구 계수와 진편성(민 3:1–51)

여호와께서 시내 산에서 모세와 말씀하실 때에 아론과 모세가 낳은 자는 이러하니라 아론의 아들들의 이름은 이러하니 장자는 나답이요 다음은 아비후와 엘르아살과 이다말이니 이는 아론의 아들들의 이름이며 그들은 기름 부음을 받고 거룩하게 구별되어 제사장 직분을 위임 받은 제사장들이라 나답과 아비후는 시내 광야에서 여호와 앞에 다른 불을 드리다가 여호와 앞에서 죽어 자식이 없었으며 엘르아살과 이다말이 그의 아버지 아론 앞에서 제사장의 직분을 행하였더라 여호와께서 또 모세에게 말씀하여 이르시되 레위 지파는 나아가 제사장 아론 앞에 서서 그에게 시종하게 하라 그들이 회막 앞에서 아론의 직무와 온 회중의 직무를 위하여 회막에서 시무하되 곧 회막의 모든 기구를 맡아 지키며 이스라엘 자손의 직무를 위하여 성막에서 시무할지니 너는 레위인을 아론과 그의 아들들에게 맡기라 그들은 이스라엘 자손 중에서 아론에게 온전히 맡겨진 자들이니라 너는 아론과 그의 아들들을 세워 제사장 직무를 행하게 하라 외인이 가까이 하면 죽임을 당할 것이니라 여호와께서 모세에게 말씀하여 이르시되 보라 내가 이스라엘 자손 중에서 레위인을 택하여 이스라엘 자손 중에 태를 열어 태어난 모든 자를 대신하게 하였은즉 레위인은 내 것이라 처음 태어난 자는 다 내 것임은 내가 애굽 땅에서 그 처음 태어난 자를 다 죽이던 날에 이스라엘의 처음 태어난 자는 사람이나 짐승을 다 거룩하게 구별하였음이니 그들은 내 것이 될 것임이니라 나는 여호와이니라(민 3:1-13).

레위 지파는 하나님께 드리는 제사를 집례하는 제사장을 돕고, 이스라엘 백성이 제사를 예비할 수 있도록 돕는 직무를 맡았다. 이스라엘 열두 지파 모든 집안 장자와 모든 가축 첫 새끼는 하나님의 것이었다(출 13:12). 이집트에서 유월절 장자 재앙에서 하나님의 은혜로 죽임을 면했기 때문이다. 따라서 모든 집안의 장자는 하나님을 전적으로 섬기는 의무가 생긴 것이다. 그러나 장자는 각 가정의 생계를 책임져야 하는 노동력을 가진 자들이기 때문에 그들을 성막으로 소집할 수는 없었다. 그래서 하나님은 장자 대신 모든 레위 지파를 받으신 것이다(민 3:12). 이스라엘 집안에서 태어난 첫 가축 대신 레위인의 가축을 받으셨다(민 3:41). 이스라엘의 육적 장자는 유다 지파지만, 영적 장자는 레위 지파였다.

여호와께서 시내 광야에서 모세에게 말씀하여 이르시되 레위 자손을 그들의 조상의 가문과 종족을 따라 계수하되 일 개월 이상된 남자를 다 계수하라 모세가 여호와의 말씀을 따라 그 명령하신 대로 계수하니라 레위의 아들들의 이름은 이러하니 게르손과 고핫과 므라리요 … (민 3:14-51).

하나님은 이십 세 이상을 계수하라고 하신 다른 지파들과 달리, 레위 지파는 일 개월 이상 된 남자를 계수하라 하셨다. 레위 자손은 어려서부터 여호와의 소유이기 때문이다. 레위 지파는 레위의 세 아들 게르손과 고핫과 므라리의 후손들이다. 레위의 첫째 아들 게르손 후손 칠천오백 명(민 3:23-26)은 성막 서쪽에 진을 쳤고, 성막, 덮개, 휘장, 문, 줄 등의 섬유와 관련된 성막기구를 관리했다. 둘째 아들 고핫 후손 팔천육백 명(민 4:1-20)은 성막 남쪽에 진을 쳤고, 증거궤, 상, 등잔대 등의 성막기구를 관리했다. 성막기구는 성막에서 제일 중요한 지성물(민 4:4)이기 때문에 그들이 가장 존귀한 직무를 감당한 것이다. 레위인의 인구 계수에서 고핫 후손이 첫째 아들 게르손 후손보다 먼저 계수된 이유도 이 때문이다.

셋째 아들 므라리 후손 육천이백 명(민 3:33-37)은 성막 북쪽에 진을 쳤고, 널판, 띠, 기둥, 받침 등의 목재와 관련된 성막기구를 관리했다. 성막 입구가 있는 성막 동쪽에는 모세와 아론과 그 아들들이 진을 쳤다. 아론과 그 아들들은 제사장이기 때문에 성소의 직무를 수행하며, 이스라엘 백성이 거룩한 하나님의 성막을 함부로 범하지 못하도록 접근을 막았다(민 3:38).

레위 지파의 직무와 성막 이동(민 4:1-49)

> 또 여호와께서 모세와 아론에게 말씀하여 이르시되 레위 자손 중에서 고핫 자손을 그들의 종족과 조상의 가문에 따라 집계할지니 곧 삼십 세 이상으로 오십 세까지 회막의 일을 하기 위하여 그 역사에 참가

할 만한 모든 자를 계수하라 고핫 자손이 회막 안의 지성물에 대하여 할 일은 이러하니라 진영이 전진할 때에 아론과 그의 아들들이 들어가서 칸 막는 휘장을 걷어 증거궤를 덮고 그 위를 해달의 가죽으로 덮고 그 위에 순청색 보자기를 덮은 후에 그 채를 꿰고 … (민 4:1-49).

레위 지파 중 성막에서 봉사하는 일에 부름 받은 자는 '삼십 세부터 오십 세까지'의 남자였다. 삼십 세부터 오십 세까지는 하나님께 제대로 봉사할 수 있는 최적기였다. 요셉이 이집트 총리로 지명되었을 때, 다윗이 이스라엘 왕으로 등극했을 때, 에스겔에게 하나님 말씀이 임했을 때, 그리고 예수님께서 가르치심을 시작하신 때도 모두 삼십 세 때였다.

고핫 자손은 전체 팔천육백 명 중 삼십 세부터 오십 세까지가 이천칠백오십 명(31.9퍼센트), 게르손 자손은 전체 칠천오백 명 중 이천육백삼십 명(35퍼센트), 므라리 자손은 전체 육천이백 명 중 삼천이백 명이었다(51.6퍼센트). 므라리 자손의 전체 수는 가장 적었지만 봉사자는 가장 많았다. 그래서 하나님은 그들에게 성막 가운데 가장 무거운 것들을 운반하는 일을 맡기신 것이다.

성막을 이동할 때는 먼저 아론과 그 아들들이 지성소와 성소 사이에 있는 휘장을 걷어 증거궤를 덮고 그 위에 해달 가죽을 덮고, 그 위에 순청색 보자기로 덮은 다음 채를 고리에 꿰었다. 그러면 고핫 자손이 증거궤를 어깨에 메고 운반했다. 그들은 성소와 지성소 내부를 볼 수도 성물을 만질 수도 없었다. 성물에 손을 대는 자는 죽임을 당했기 때문에 운반하는 일만 했다. 게르손 자손은 아론과 그 아들들의 지시대로 성막을 이동할 때나 도착해서 세울 때, 천막에 관련된 모든 것을 거두고 세우는 일을 했다. 므라리 자손은 기둥에 관계된 모든 것을 책임졌다. 그들도 역시 대제사장과 제사장의 지시를 받아 봉사했다.

민수기에서는 이스라엘 열두 지파의 계수와 진편성에 이어, 레위 지파의 계수와 직무를 언급했다. 주목할 점은 열두 지파에 대한 언급 분량보다, 한 지파에 불과한 레위 지파에 대한 언급이 더 많다는 것이다. 하나님의 뜻을 이루기 위한 이스라엘의 전쟁은 이스라엘 열두 지파 군대를 계수하고, 진을 편성하고, 성막을 중심으로 주둔지를 정하고, 군기를 세우고 행진 대열을 편성하는 것만으로 되는 것이 아니라는 의미다.

그와 함께 반드시 레위 지파 직무인 하나님을 섬기는 일이 하나님의 군대와 함께해야 했다. 그러므로 하나님의 뜻을 이루는 모든 전쟁에서 이스라엘 군대가 승리를 거둘 수 있었던 것이다. 성막이 출애굽을 인도하신 하나님의 은혜를 기억하고, 하나님 말씀에 순종하는 믿음을 훈련시키는 역할을 했다. 하나님께 드리는 제사를 통해 이스라엘 군대의 정신교육이 이루어진 것이다.

이스라엘 진영의 성결(민 5:1–31)

> 여호와께서 모세에게 말씀하여 이르시되 이스라엘 자손에게 명령하여 모든 나병 환자와 유출증이 있는 자와 주검으로 부정하게 된 자를 다 진영 밖으로 내보내되 남녀를 막론하고 다 진영 밖으로 내보내어 그들이 진영을 더럽히게 하지 말라 내가 그 진영 가운데에 거하느니라 하시매 이스라엘 자손이 그같이 행하여 그들을 진영 밖으로 내

보냈으니 곧 여호와께서 모세에게 이르신 대로 이스라엘 자손이 행하였더라 여호와께서 모세에게 말씀하여 이르시되 이스라엘 자손에게 이르라 남자나 여자나 사람들이 범하는 죄를 범하여 여호와께 거역함으로 죄를 지으면 그 지은 죄를 자복하고 그 죄 값을 온전히 갚되 오분의 일을 더하여 그가 죄를 지었던 그 사람에게 돌려줄 것이요 … (민 5:1-10).

이스라엘 군대에게 외부 대적과의 싸움을 위해 진을 편성하는 것만큼이나 중요한 것은 내부 단속이었다. 진영이 위생적이지 않거나 백성들 사이에 분열이 일어나면 싸우기도 전에 전염병이나 내분으로 붕괴될 수도 있기 때문이다. 또한 이스라엘 군대 진영에는 하나님께서 함께 거하시기 때문에 부정을 멀리해 진영의 성결을 유지해야 했다.

그래서 첫째는 나병이나 유출증 있는 자와 주검으로 부정하게 된 자를 진영 밖으로 내보내야 했다. 육적으로 전염을 방지하고, 영적으로 거룩을 유지하기 위해서다. 둘째는 타인에게 입힌 피해에 대해 '오분의 일'을 더해 배상해야 했다. 셋째는 부부관계에도 부정함이 없어야 했다. 이 명령은 공동체와의 관계도, 개인과의 관계도, 부부관계도 모두 성결하라는 하나님의 뜻이다.

이스라엘 백성이 다른 사람에게 금전적 피해를 입혔을 경우 속건제 규례대로 오분의 일을 더해 배상해야 했다(민 5:5-10). 만일 피해 입은 당사자가 배상받을 수 없는 경우라면 그 친척에게라 배상해야 했고, 그 친척도 받을 수 없는 경우라면 하나님께 드려 제사장에게 돌려야 했다. 하나님의 백성이 해야 할 배상은 어떤 경우라도 반드시 해야만 하며, 하나님 앞에서 죄가 그냥 속죄되는 경우는 결코 없었다.

> 여호와께서 모세에게 말씀하여 이르시되 이스라엘 자손에게 말하여 그들에게 이르라 만일 어떤 사람의 아내가 탈선하여 남편에게 신의를 저버렸고 한 남자가 그 여자와 동침하였으나 그의 남편의 눈에 숨겨 드러나지 아니하였고 그 여자의 더러워진 일에 증인도 없고 그가 잡히지도 아니하였어도 그 남편이 의심이 생겨 그 아내를 의심하였는데 그의 아내가 더럽혀졌거나 또는 그 남편이 의심이 생겨 그 아내를 의심하였으나 그 아내가 더럽혀지지 아니하였든지 그의 아내를 데리고 제사장에게로 가서 … (민 5:11-31).

이스라엘 군대는 진영의 성결을 위해 공동체와의 관계, 개인들과의 관계, 부부관계 등 모든 관계에서 정결해야 했다. 성경은 그중에서도 부부관계를 가장 많이 언급하고 있다. 부부관계의 성결에서 개인과 공동체 전체의 성결이 확립되기 때문이다.

하나님은 남편이 아내의 부정을 의심할 경우, 판결의 '쓴 물'(민 5:24)로 죄를 찾아내고 심판받게 하셨다. 제사장은 의심받는 아내에게 쓴 물을 마시게 했다. 만일 죄가 있으면 저주받아 죽게 되고, 죄가 없으면 도리어 그 물이 약이 되게 하셔서 건강하고 생식기능이 강화되어 출산의 복을 받게 하셨다.

특별한 서원, 나실인법(민 6:1-27)

> 여호와께서 모세에게 말씀하여 이르시되 이스라엘 자손에게 전하여 그들에게 이르라 남자나 여자가 특별한 서원 곧 나실인의 서원을 하

고 자기 몸을 구별하여 여호와께 드리려고 하면(민 6:1, 2).

열두 지파 중 하나님의 군대로 부름 받은 자는 '이십 세 이상 싸움에 나갈 만한 남자'였고, 레위 지파 중 성막 봉사로 부름 받은 자는 '삼십 세부터 오십 세까지 남자'였다. 하나님께 쓰임 받는 데에는 지파와 연령과 성별의 제한이 있었다.

'나실인법'은 이런 조건들에 구애받지 않는 특별법으로 지파, 연령, 성별을 넘어서서 하나님께 평생 혹은 일정 기간 헌신할 수 있게 한 것이다. 평생 나실인은 부모가 자녀를 하나님께 드리겠다고 서원했을 경우와 일정 기간 나실인으로 헌신하는 것은 스스로 서원했을 때다.

히브리어로 나실인은 '구별된 자'라는 의미다. 나실인법은 누구라도 하나님께 헌신의 마음만 있으면 지파, 연령, 성별 등에 구애받지 않고 스스로를 구별해 하나님께 헌신할 수 있었다. 문제는 지파, 연령, 성별 등의 조건이 아니라 마음이 없는 것이다. 삼손 사사, 사무엘 선지자, 세례 요한, 바울 사도 등이 나실인이다.

포도주와 독주를 멀리하며 포도주로 된 초나 독주로 된 초를 마시지 말며 포도즙도 마시지 말며 생포도나 건포도도 먹지 말지니 자기 몸을 구별하는 모든 날 동안에는 포도나무 소산은 씨나 껍질이라도 먹지 말지며 그 서원을 하고 구별하는 모든 날 동안은 삭도를 절대로 그의 머리에 대지 말 것이라 자기 몸을 구별하여 여호와께 드리는 날이 차기까지 그는 거룩한즉 그의 머리털을 길게 자라게 할 것이며 자기의 몸을 구별하여 여호와께 드리는 모든 날 동안은 시체를 가까이 하지 말 것이요 그의 부모 형제 자매가 죽은 때에라도 그로 말미암아 몸을 더럽히지 말 것이니 이는 자기의 몸을 구별하여 하나님께 드리는 표가 그의 머리에 있음이라 자기의 몸을 구별하는 모든 날 동안 그는 여호와께 거룩한 자니라(민 6:3-8).

나실인으로 서원한 자는 반드시 금할 것이 있었다. 첫째. 포도주와 독주를 멀리해야 하고, 둘째, 삭도를 머리에 대지 말아야 하며, 셋째, 시체를 만지지 말아야 한다. 이 세 가지를 금한 이유는 나실인법에서 열두 번이나 언급되는 온전하게 자기 몸을 구별하기 위해서다.

포도주와 독주를 마시지 말라는 것은 오직 하나님의 다스림을 받도록 스스로 구분하라는 의미다. 노아는 포도주를 마시고 취해 장막 안에서 벌거벗었고(창 9:21), 롯은 술을 마시고 두 딸과 동침해 사생자를 낳았으며(창 19:33-15), 하나님은 아론에게 너와 네 자손들은 회막에 들어갈 때에 포도주나 독주를 마시지 말라고 하셨다(레 10:9).

삭도를 머리에 대지 말라는 것은 긴 머리로 나실인임을 드러내어 이웃에게도 스스로 말과 행동을 구별하라는 것이다. 이스라엘 남자는 머리를 길게 기르는 것을 부끄러운 일(고전 11:14)로 여겼고, 일반적으로 머리를 길게 기르지 않는다. 따라서 머리가 긴 나실인은 어디서든 잘 드러났다.

시체를 만지지 말라는 것은 시체는 죄의 결과이기 때문에 생명의 근원이신 하나님을 섬기기 위해 스스로 경건함으로 구별하라는 의미다. 하나님께 헌신한 자는 그분께도, 이웃에게도, 자신에게도 모든 면에서 온전하게 구별되어야 했다.

누가 갑자기 그 곁에서 죽어서 스스로 구별한 자의 머리를 더럽히면 그의 몸을 정결하게 하는 날에 머리를 밀 것이니 곧 일곱째 날에 밀 것이며 여덟째 날에 산비둘기 두 마리나 집비둘기 새끼 두 마리를 가지고 회막 문에 와서 제사장에게 줄 것이요 제사장은 그 하나를 속죄제물로, 하나를 번제물로 드려서 그의 시체로 말미암아 얻은 죄를 속하고 또 그는 그 날에 그의 머리를 성결하게 할 것이며 자기 몸을 구별하여 여호와께 드릴 날을 새로 정하고 일 년 된 숫양을 가져다가 속건제물로 드릴지니라 자기의 몸을 구별한 때에 그의 몸을 더럽혔은즉 지나간 기간은 무효니라 … (민 6:9-21).

만일 나실인이 서원 기간 중 금해야 할 것을 범하게 되면 지나간 기간이 무효가 되었다. 그러면 일곱째 날에 긴 머리를 밀고 온전한 안식을 상징하는 여덟째 날에 정결례를 행한 후, 처음부터 다시 서원 기간을 지켜야 했다. 하나님께 드리는 헌신은 전부가 아니면 아무것도 아닐 수 있다.

여호와께서 모세에게 말씀하여 이르시되 아론과 그의 아들들에게 말하여 이르기를 너희는 이스라엘 자손을 위하여 이렇게 축복하여 이르되 여호와는 네게 복을 주시고 너를 지키시기를 원하며 여호와는 그의 얼굴을 네게 비추사 은혜 베푸시기를 원하며 여호와는 그 얼굴을 네게로 향하여 드사 평강 주시기를 원하노라 할지니라 하라 그들은 이같이 내 이름으로 이스라엘 자손에게 축복할지니 내가 그들에게 복을 주리라(민 6:22-27).

하나님은 대제사장 아론과 그의 아들들에게 이스라엘에게 복을 빌어주라 명령하셨다. 축복 내용에는 하나님의 이름 여호와가 반드시 세 번 언급되어야 했다. 이스라엘에게 복을 빌어주는 자는 대제사장 아론과 그의 아들들이지만, 복을 주시는 분은 오직 하나님이심을 분명히 드러내야 했다. 복을 주시는 분은 하나님이지만, 그 복은 제사장을 통해 주신다는 것도 나타낸다.

제사장이 이스라엘에게 두 손 들고 빌어주는 복의 골자는 여호와의 '은혜'와 여호와의 '평강'이다(민 6:25, 26). 바울 사도는 스스로를 가리켜 '복음의 제사장'이라 증거했고, 그가 기록한 모든 서신에서 제사장답게 하나님의 백성에게 복을 빌어 주었다.

"하나님 우리 아버지와 주 예수 그리스도로부터 은혜와 평강이 너희에게 있을지어다"(엡 1:2).

이스라엘 열두 지파의 헌물(민 7:1-89)

모세가 장막 세우기를 끝내고 그것에 기름을 발라 거룩히 구별하고 또 그 모든 기구와 제단과 그 모든 기물에 기름을 발라 거룩히 구별한 날에 이스라엘 지휘관들 곧 그들의 조상의 가문의 우두머리들이요 그 지파의 지휘관으로서 그 계수함을 받은 자의 감독된 자들이 헌물을 드렸으니 그들이 여호와께 드린 헌물은 덮개 있는 수레 여섯 대와 소 열두 마리이니 지휘관 두 사람에 수레가 하나씩이요 지휘관 한 사람에 소가 한 마리씩이라 그것들을 장막 앞에 드린지라 여호와께서 모세에게 말씀하여 이르시되 그것을 그들에게서 받아 레위인에게 주어 각기 직임대로 회막 봉사에 쓰게 할지니라 모세가 수레와 소를 받아 레위인에게 주었으니 곧 게르손 자손들에게는 그들의 직임대로 수레 둘과 소 네 마리를 주었고 므라리 자손들에게는 그들의 직임대로 수레 넷과 소 여덟 마리를 주고 제사장 아론의 아들 이다말에게 감독하게 하였으나 고핫 자손에게는 주지 아니하였으니 그들의 성소의 직임은 그 어깨로 메는 일을 하는 까닭이었더라(민 7:1–9).

이스라엘이 장막 세우기를 끝내고 기름을 발라 거룩히 구별한 날에, 열두 지파 모든 지휘관이 첫째 헌물을 장막 앞에서 하나님께 드렸다. 성막을 이동할 때 필요한 기구들, 수레 여섯과 그 수레를 끄는 소 열두 마리를 드린 것이다.

하나님은 헌물들을 레위 지파에게 주어 각기 직임대로 회막 봉사에 쓰게 하셨다. 게르손 자손에게는 수레 둘과 소 네 마리를, 므라리 자손에게는 수레 넷과 소 여덟 마리를 주셨다. 고핫 자손에게는 수레와 소를 주시지 않았다. 므라리 자손에게 가장 많은 수레와 소가 주어진 것은 그들이 성막의 널판, 띠, 기둥, 받침 등 가장 무거운 성막기구를 운반했기 때문이다. 또한 고핫 자손은 그들이 맡은 성막기구를 소가 끄는 수레가 아니라 어깨에 메고 운반해야 했기 때문에 아무것도 주시지 않은 것이다.

제단에 기름을 바르던 날에 지휘관들이 제단의 봉헌을 위하여 헌물을 가져다가 그 헌물을 제단 앞에 드리니라 여호와께서 모세에게 이르시기를 지휘관들은 하루 한 사람씩 제단의 봉헌물을 드릴지니라 하셨더라 첫째 날에 헌물을 드린 자는 유다 지파 암미나답의 아들 나손이라 그의 헌물은 성소의 세겔로 백삼십 세겔 무게의 은반 하나와 칠십 세겔 무게의 은 바리 하나라 이 두 그릇에는 소제물로 기름 섞은 고운 가루를 채웠고 또 열 세겔 무게의 금 그릇 하나라 그것에는 향을 채웠고 또 번제물로 수송아지 한 마리와 숫양 한 마리와 일 년 된 어린 숫양 한 마리이며 속죄제물로 숫염소 한 마리이며 화목제물로 소 두 마리와 숫양 다섯 마리와 숫염소 다섯 마리와 일 년 된 어린 숫양 다섯 마리라 이는 암미나답의 아들 나손의 헌물이었더라 둘째 날에는 잇사갈의 지휘관 수알의 아들 느다넬이 헌물을 드렸으니 그가 드린 헌물도 성소의 세겔로 백삼십 세겔 무게의 은반 하나와 칠십 세겔 무게의 은 바리 하나라 이 두 그릇에는 소제물로 기름 섞은 고운 가루를 채웠고 또 열 세겔 무게의 금 그릇 하나라 그것에는 향을 채웠고 또 번제물로 수송아지 한 마리와 숫양 한 마리와 일 년 된 어린 숫양 한 마리이며 속죄제물로 숫염소 한 마리이며 화목제물로 소 두 마리와 숫양 다섯 마리와 숫염소 다섯 마리와 일년 된 어린 숫양 다섯 마리라 이는 수알의 아들 느다넬의 헌물이었더라 … 열두째 날에는 납달리 자손의 지휘관 에난의 아들 아히라가 헌물을 드렸으니 그의 헌물도 성소의 세겔로 백삼십 세겔 무게의 은 쟁반 하나와 칠십 세겔 무게의 은 바리 하나라 이 두 그릇에는 소제물로 기름 섞은 고운 가루를 채웠고 또 열 세겔 무게의 금 그릇 하나라 이것에는 향을 채웠고 또 번제물로 수송아지 한 마리와 숫양 한 마리와 일 년 된 어린 숫양 한 마리이며 속죄제물로 숫염소 한 마리이며 화목제물로 소 두 마리와 숫양 다섯 마리와 숫염소 다섯 마리와 일 년 된 어린 숫양 다섯 마리라 이는 에난의 아들 아히라의 헌물이었더라 … (민 7:10-89).

열두 명의 지휘관이 둘째 헌물을 제단 앞에서 하나님께 드렸다. 성막에서 행해질 제사에 필요한 제물들이다. 백삼십 세겔 은반(은쟁반) 하나와 칠십 세겔 은 바리(은대접) 하나에 채운 기름 섞은 고운 가루 소제물, 열 세겔 금 그릇 하나에 채운 향, 수송아지 한 마리와 숫양 한 마리와 일 년 된 어린 숫양 한 마리 번제물, 숫염소 한 마리 속죄제물, 그리고 소 두 마리와 숫양 다섯 마리와 숫염소 다섯 마리와 일 년 된 어린 숫양 다섯 마리 화목제물이다.

헌물은 먼저 성막 동쪽에 진을 친 유다 진영에 속한 유다 지파, 잇사갈 지파, 스불론 지파가 순서대로 각각 하루씩 드렸고, 그 다음에는 성막 남쪽에 진을 친 르우벤 진영에 속한 르우벤 지파, 시므온 지파, 갓 지파가 순서대로 각각 하루씩 드렸으며, 그 다음에는 성막 서쪽에 진을 친 에브라임 진영에 속한 에브라임 지파, 므낫세 지파, 베냐민 지파가 순서대로 각각 하루씩 드렸다. 마지막으로 성막 북쪽에 진을 친 단 진영에 속한 단 지파, 아셀 지파, 납달리 지파가 순서대로 각각 하루씩 드렸다. 그 순서는 이스라엘 열두 지파가 행진할 때 지켰던 순서와 동일하다.

열두 지파 모든 지휘관이 12일 동안 드렸기 때문에 헌물에 관한 언급은 열두 번 반복되며, 한 날, 한 사람이 드린 헌물에 대한 언급은 각각 여섯 절씩 언급된다. 여섯 절 중 첫째 절에는 드린 날과 사람의 이름이 언급되고, 나머지 다섯 절에는 드린 헌물들이 언급된다.

헌물을 언급하는 다섯 절은 똑같은 내용임에도 불구하고 열두 번 반복된다. 모두가 하나님께서 지시하신대로 드려서 열두 사람이 드린 각각의 헌물을 모두 받으셨다는 의미다. 이처럼 하나님은 각 사람의 모든 행위를 낱낱이 기억하신다.

레위 지파의 헌신(민 8:1-26)

여호와께서 또 모세에게 말씀하여 이르시되 아론에게 말하여 이르라 등불을 켤 때에는 일곱 등잔을 등잔대 앞으로 비추게 할지니라 하시매 아론이 그리하여 등불을 등잔대 앞으로 비추도록 켰으니 여호와께서 모세에게 명령하심과 같았더라 이 등잔대의 제작법은 이러하니 곧 금을 쳐서 만든 것인데 밑판에서 그 꽃까지 쳐서 만든 것이라 모세가 여호와께서 자기에게 보이신 양식을 따라 이 등잔대를 만들었더라(민 8:1-4).

등잔대는 네 겹의 덮개로 덮여진 어두운 성소를 밝히는 성막기구다. 한 달란트 순금을 쳐서 만들었고 모양은 마치 나무처럼 양쪽에 세 가지씩 나와 있으며, 줄기와 여섯 가지 끝에 살구꽃 모양의 일곱 등잔이 달려 있었다. 제사장이 일곱 등잔에 불을 붙이면 등잔대는 휘황찬란한 광채를 발산했다. 등잔대 자체가 순금이기 때문에 일곱 등잔불빛이 금가지에 반사에 반사를 거듭하며 빛났다. 그 광경은 마치 나무에 불이 붙은 것처럼 보였다.

여호와의 사자가 떨기나무 가운데로부터 나오는 불꽃 안에서 그에게 나타나시니라 그가 보니 떨기나무에 불이 붙었으나 그 떨기나무가 사라지지 아니하는지라(출 3:2).

불이 붙은 등잔대는 호렙산에서 '떨기나무에 붙은 불'로 임재하신 여호와 하나님을 떠올리게 했다. 지성소에는 성소와는 달리 등대가 없었기 때문에 칠흑같이 어두웠다. 그러나 여호와 하나님께서 임재하시면 세상 어느 곳보다 환했을 것이다. 하나님의 영광은 눈뜨고 쳐다볼 수 없을 정도이기 때문이다.

"나는 세상의 빛이니 나를 따르는 자는 어둠에 다니지 아니하고 생명의 빛을 얻으리라"(요 8:12).

앞서 열두 지파 계수에 이어 레위 지파 계수가 이어졌고, 열두 지파의 헌물에 이어 레위 지파의 헌신도 언급되었다.

> 여호와께서 모세에게 말씀하여 이르시되 이스라엘 자손 중에서 레위인을 데려다가 정결하게 하라 너는 이같이 하여 그들을 정결하게 하되 곧 속죄의 물을 그들에게 뿌리고 그들에게 그들의 전신을 삭도로 밀게 하고 그 의복을 빨게 하여 몸을 정결하게 하고 또 그들에게 수송아지 한 마리를 번제물로, 기름 섞은 고운 가루를 그 소제물로 가져오게 하고 그 외에 너는 또 수송아지 한 마리를 속죄제물로 가져오고 레위인을 회막 앞에 나오게 하고 이스라엘 자손의 온 회중을 모으고 레위인을 여호와 앞에 나오게 하고 이스라엘 자손이 그들에게 안수하게 한 후에 아론이 이스라엘 자손을 위하여 레위인을 흔들어 바치는 제물로 여호와 앞에 드릴지니 이는 그들에게 여호와께 봉사하게 하기 위함이라 … (민 8:5-22).

하나님은 이스라엘 열두 지파 장자 대신 레위 지파를 받으셨다. 그들로 성막에서 하나님께 봉사하도록 정결하게 하고, 번제와 소제와 속죄제를 드리게 하셨다. 그들이 이스라엘 열두 지파의 모든 장자를 대신하는 의미에서 마치 예배자가 자신을 대신하는 제물의 머리에 안수하듯, 이스라엘 자손에게 안수받게 하셨다. 그런데 하나님은 왜 이스라엘 중 레위 지파에게 성막 봉사를 맡기셨을까?

> 이에 모세가 진 문에 서서 이르되 누구든지 여호와의 편에 있는 자는 내게로 나아오라 하매 레위 자손이 다 모여 그에게로 가는지라 모세가 그들에게 이르되 이스라엘의 하나님 여호와께서 이렇게 말씀하시기를 너희는 각각 허리에 칼을 차고 진 이 문에서 저 문까지 왕래하며 각 사람이 그 형제를, 각 사람이 자기의 친구를, 각 사람이 자기의 이웃을 죽이라 하셨느니라 레위 자손이 모세의 말대로 행하매 이 날에 백성 중에 삼천 명 가량이 죽임을 당하니라(출 32:26-28).

시내산 언약 이후, 이스라엘은 금송아지를 우상으로 숭배했다. 우상을 만들지도 절하지도 섬기지도 말라는 제2계명을 어긴 것이다. 이에 레위 지파가 자원하여 하나님 편에 섰다. 그들은 죄를 멀리하고 우상숭배자 삼천 명을 도륙해서 죄의 근원을 제거했다. 그래서 하나님은 레위 지파에게 성막을 관리하고 제사를 도우며 율법을 가르치는 직무를 맡기신 것이다. 이스라엘은 죄를 멀리하고 죄의 근원도 제거해야 하는 하나님의 백성이기 때문이다.

> 여호와께서 또 모세에게 말씀하여 이르시되 레위인은 이같이 할지니 곧 이십오 세 이상으로는 회막에 들어가서 복무하고 봉사할 것이요 오십 세부터는 그 일을 쉬어 봉사하지 아니할 것이나 그의 형제와 함께 회막에서 돕는 직무를 지킬 것이요 일하지 아니할 것이라 너는 레위인의 직무에 대하여 이같이 할지니라(민 8:23-26).

하나님은 레위 지파 사람들이 회막에서 봉사할 수 있는 나이를 '이십오 세부터 오십 세까지'로 제한하셨다. 그러나 레위 지파의 계수에서는 '삼십 세부터 오십 세까지'로 제한하셨다(민 4:34-36). 삼십 세부터 회막에 들어가 온전한 봉사를 하기 위해서는, 이십오 세부터 5년 동안 하나님을 섬기는 사역 준비 훈련을 받아야 했다. 하나님의 백성은 준비되고 훈련될 때 하나님께 온전한 삶을 드리게 된다. 오십 세부터는 그 형제와 함께 회막에서 돕는 직무를 지키는 협력자가 되었다.

하나님께 제사 드리기 위해 제물을 드리는 열두 지파의 헌신에 대한 언급과 드려진 제물로 하나님께 제사 드리는 레위 지파의 헌신에 대한 언급 사이에는 '등잔대'에 대한 말씀이 있다. 하나님께 제물을 드리는 헌신이든, 드려진 제물로 하나님께 제사 드리는 헌신이든 등잔대가 상징하는 의미가 그 중심에 있어야 한다는 것이다. 진정한 헌신은 여호와 하나님 앞에서 드리는 헌신이고, 빛 된 삶과 분리되어서도 안 된다는 것이다.

유월절 엄수와 구름 기둥의 인도(민 9:1-23)

애굽 땅에서 나온 다음 해 첫째 달에 여호와께서 시내 광야에서 모세에게 말씀하여 이르시되 이스라엘 자손에게 유월절을 그 정한 기일에 지키게 하라 그 정한 기일 곧 이 달 열넷째 날 해 질 때에 너희는 그것을 지키되 그 모든 율례와 그 모든 규례대로 지킬지니라 모세가 이스라엘 자손에게 명령하여 유월절을 지키라 하매 그들이 첫째 달 열넷째 날 해 질 때에 시내 광야에서 유월절을 지켰으되 이스라엘 자손이

> 여호와께서 모세에게 명령하신 것을 다 따라 행하였더라 그 때에 사람의 시체로 말미암아 부정하게 되어서 유월절을 지킬 수 없는 사람들이 있었는데 그들이 그 날에 모세와 아론 앞에 이르러 그에게 이르되 우리가 사람의 시체로 말미암아 부정하게 되었거니와 우리를 금지하여 이스라엘 자손과 함께 정한 기일에 여호와께 헌물을 드리지 못하게 하심은 어찌함이니이까 모세가 그들에게 이르되 기다리라 여호와께서 너희에게 대하여 어떻게 명령하시는지 내가 들으리라 여호와께서 모세에게 말씀하여 이르시되 이스라엘 자손에게 말하여 이르라 너희나 너희 후손 중에 시체로 말미암아 부정하게 되든지 먼 여행 중에 있다 할지라도 다 여호와 앞에 마땅히 유월절을 지키되 둘째 달 열넷째 날 해 질 때에 그것을 지켜서 어린 양에 무교병과 쓴 나물을 아울러 먹을 것이요 아침까지 그것을 조금도 남겨두지 말며 그 뼈를 하나도 꺾지 말아서 유월절 모든 율례대로 지킬 것이니라(민 9:1-12).

이스라엘은 시내산 아래에서 이제 곧 광야로 출발할 것이다. 하나님은 그들에게 광야 행진을 위한 세 가지 최종 준비를 명령하셨다.

이스라엘은 이집트에서 유월절을 지킨 것에 이어 출애굽 제2년 1월 14일 시내산 아래에서 두 번째 유월절을 지켰다. 이집트에서 나온 지 일 년이 지난 것이다. 이스라엘의 7대 절기 중 유월절은 아주 특별한 절기였다. 1월 14일 유월절을 제대로 지키지 못했을 경우, 반드시 한 달 뒤 2월 14일에 다시 지키라고 명령하셨다. 날짜는 2월 14일로 바뀌었어도 1월 14일에 지키는 것과 동일하게 지켜야 했다. 하나님은 지키지 못한 다른 어떤 절기도 한 달 뒤에 다시 지키라고 명령하지 않으셨다.

그러나 사람이 정결하기도 하고 여행 중에도 있지 아니하면서 유월절을 지키지 아니하는 자는 그 백성 중에서 끊어지리니 이런 사람은 그 정한 기일에 여호와께 헌물을 드리지 아니하였은즉 그의 죄를 담당할지며 만일 타국인이 너희 중에 거류하여 여호와 앞에 유월절을 지키고자 하면 유월절 율례대로 그 규례를 따라서 행할지니 거류민에게나 본토인에게나 그 율례는 동일할 것이니라(민 9:13, 14).

만일 그렇게라도 지키지 않으면 하나님은 그분의 백성에서 끊어질 것이라고 말씀하셨다. 광야 행진을 위한 '최종 준비' 첫째는 반드시 유월절을 준수하는 것이다. 이제 곧 험난한 광야 생활이 시작된다. 그러나 유월절을 지킴으로 자신들을 출애굽시키고 그분의 백성으로 삼아 주신 하나님의 권능과 은혜를 마음에 새긴다면, 광야에서 만나는 어떤 난관도 이겨낼 수 있기 때문이다. 유월절은 이스라엘의 시작으로 초심을 절대 잃어서는 안 된다는 하나님의 명령이었다.

성막을 세운 날에 구름이 성막 곧 증거의 성막을 덮었고 저녁이 되면 성막 위에 불 모양 같은 것이 나타나서 아침까지 이르렀으되 항상 그러하여 낮에는 구름이 그것을 덮었고 밤이면 불 모양이 있었는데 구름이 성막에서 떠오르는 때에는 이스라엘 자손이 곧 행진하였고 구름이 머무는 곳에 이스라엘 자손이 진을 쳤으니 이스라엘 자손이 여호와의 명령을 따라 행진하였고 여호와의 명령을 따라 진을 쳤으며 구름이 성막 위에 머무는 동안에는 그들이 진영에 머물렀고 구름이 성막 위에 머무는 날이 오랠 때에는 이스라엘 자손이 여호와의 명령을 지켜 행진하지 아니하였으며 혹시 구름이 성막 위에 머무는 날이적을 때에도 그들이 다만 여호와의 명령을 따라 진영에 머물고 여호와의 명령을 따라 행진하였으며(민 9:15-20).

하나님의 구름 기둥은 저녁에는 불 기둥으로, 아침에는 구름 기둥으로 변했다. 하나님은 이스라엘을 50도까지 치솟는 낮에는 구름 기둥 그늘로 서늘하게 해주셨고, 10도 이하로 떨어지는 추운 밤에는 불 기둥 열기로 따뜻하게 해주셨고, 밤에 행진할 때는 어둠을 환하게 밝혀 주었다. 광야는 일교차가 40도 이상 나기 때문에 10도에서도 종종 심장마비나 동사로 목숨을 잃는 사람들이 있다.

이스라엘은 구름 기둥의 움직임에 따라 행진과 멈춤을 반복해야 했다. 제일 힘든 때는 행진하다가 멈출 때와 멈추었다가 다시 행진할 때였다. 행진하다가 멈추면 레위 지파 사람들은 하나님의 성막을 쳐야 하고, 열두 지파 사람들은 각자의 장막을 쳐야 하기 때문이다. 멈추었다가 행진할 때도 역시 하나님의 성막과 각자의 장막을 거두어야 했다. 그래서 행진과 멈춤, 멈춤과 행진 간격이 짧으면 짧을수록 이스라엘은 힘들 수밖에 없었다. 만일 어제 성막과 장막을 쳤는데 오늘 성막에서 구름이 떠오르면 절로 한숨이 나왔을 것이다.

성막 크기는 가로 100규빗 50미터, 세로 50규빗 25미터, 높이 28규빗 14미터로 378평에 달했다. 더욱이 성소의 장막은 짐승의 가죽으로 만들었기 때문에 아주 무거웠다. 덮개도 청색, 자색, 홍색 실과 가는 베 실로 짠 덮개, 염소 털로 짠 덮개, 붉은 물들인 숫양의 가죽으로 만든 덮개, 그리고 해달의 가죽으로 만든 덮개로 네 겹이나 되었다(출 35:23). 이스라엘에게 성막과 장막을 치고 걷는 일은 여간 힘든 일이 아니었다. 그런데도 그들은 구름 기둥의 움직임에 따라 성막과 장막을 반드시 치고 걷어야 했다.

> 혹시 구름이 저녁부터 아침까지 있다가 아침에 그 구름이 떠오를 때에는 그들이 행진하였고 구름이 밤낮 있다가 떠오르면 곧 행진하였으며 이틀이든지 한 달이든지 일 년이든지 구름이 성막 위에 머물러 있을 동안에는 이스라엘 자손이 진영에 머물고 행진하지 아니하다가 떠오르면 행진하였으니 곧 그들이 여호와의 명령을 따라 진을 치며 여호와의 명령을 따라 행진하고 또 모세를 통하여 이르신 여호와의 명령을 따라 여호와의 직임을 지켰더라(민 9:21-23).

"혹시 구름이 저녁부터 아침까지 있다가 아침에 그 구름이 떠오를 때"라는 말에는 '혹시'라는 부사를 사용했다. 혹시는 이해할 수 없는 예상치 못한 상황에서 사용한다. 반면에 "구름이 밤낮 있다가 떠오를 때"에는 혹시를 사용하지 않았다.

혹시 구름이 저녁부터 아침까지 있다가 아침에 구름이 떠오를 때 '그들이 행진했다'고 언급했다. 반면에 구름이 밤낮 있다가 떠오를 때, 즉 구름이 밤에 떠오를 때는 '그들이 곧 행진하였다'고 언급했다. 전자와 달리 후자에는 '곧'이라는 부사가 있다.

아침에 구름이 떠오르는 경우는 그들이 이해할 수 있는 '역시'의 상황이 아니라, 이해할 수 없는 '혹시'의 상황이다. 밤에 구름이 떠오를 때는 아침에 떠오를 때와 달리 그들이 '곧', 즉시 행진할 수 있는 상식적인 상황이다. 구름이 떠오르는 아침에는 '혹시'라는 부사가 있고, 저녁에 행진할 경우는 '즉시'라는 부사가 있다.

팔레스타인은 낮 온도가 50도까지도 치솟는 사막지대라서 주로 밤에 이동한다. 이스라엘이 출애굽 했던 때도 무교절 밤이었다(출 12:42). 아침에 구름이 떠오를 때는 예기치 못한 '혹시'의 상황이고, 저녁에 구름이 떠오를 때는 그들이 '즉시' 행진하기에 좋은 '역시'의 상황인 것이다.

때로는 하나님의 구름 기둥이 예기치 못한 아침에도 떠올랐고, 어떤 때는 이틀, 한 달, 일 년 동안 구름이 성막 위에 머물러 있기도 했다. 이스라엘이 가나안에 들어가기 위해서는 혹시 구름이 아침에 떠올라도 즉시 구름 기둥의 인도를 따라가야만 했다. 하나님 백성의 속도와 시간은 오직 하나님께서 결정하시는 것이다.

하나님의 백성에게는 하나님 말씀을 순종하는 과정에서도 '혹시'의 상황이 생길 수 있다. 그럼에도 불구하고 하나님의 백성은 '즉시' 순종해야만 한다. 여호와 하나님께서 '역시' 변함없이 역사해 주신다.

광야 행진을 위한 '최종 준비' 둘째는 어떤 상황에서도 반드시 구름 기둥을 따르라는 것이다. 이스라엘이 약속의 땅 가나안에 들어가기 위해 통과하는 척박한 광야에는 길이 없기 때문에 오직 구름 기둥의 인도로만 들어갈 수 있었다.

제사장의 은 나팔 소리(민 10:1-10)

여호와께서 모세에게 말씀하여 이르시되 은 나팔 둘을 만들되 두들겨 만들어서 그것으로 회중을 소집하며 진영을 출발하게 할 것이라 나팔 두 개를 불 때에는 온 회중이 회막 문 앞에 모여서 네게로 나아올 것이요 하나만 불 때에는 이스라엘의 천부장 된 지휘관들이 모여서 네게로 나아올 것이며 너희가 그것을 크게 불 때에는 동쪽 진영들이 행진할 것이며 두 번째로 크게 불 때에는 남쪽 진영들이 행진할 것이라 떠나려 할 때에는 나팔 소리를 크게 불 것이며 또 회중을 모을 때에도 나팔을 불 것이나 소리를 크게 내지 말며(민 10:1-7).

제사장들은 은 나팔을 불어 이스라엘 군대에게 소집, 행진, 진격을 지시했다. 제사장이 불어 이스라엘 군대에게 작전 지시를 내린 은 나팔은 둘이었다. 두 개의 은 나팔을 불면 온 회중이 회막 문 앞에 모여 하나님께 나아오라는 것이고, 하나만 불면 이스라엘의 지휘관 천부장들이 모여 하나님께 나아오라는 신호다.

첫 번째로 은 나팔을 크게 불면 1대 동쪽 진영 유다 지파, 잇사갈 지파, 스불론 지파가 행진하라는 신호였다. 두 번째로 크게 불면 2대 남쪽 진영 르우벤 지파, 시므온 지파, 갓 지파가, 세 번째로 크게 불면 3대 서쪽 진영 에브라임 지파, 므낫세 지파, 베냐민 지파가, 그리고 네 번째로 크게 불면 4대 북쪽 진영 단 지파, 아셀 지파, 납달리 지파가 행진하라는 신호였다.

그 나팔은 아론의 자손인 제사장들이 불지니 이는 너희 대대에 영원한 율례니라 또 너희 땅에서 너희가 자기를 압박하는 대적을 치러 나갈 때에는 나팔을 크게 불지니 그리하면 너희 하나님 여호와가 너희를 기억하고 너희를 너희의 대적에게서 구원하시리라 또 너희의 희락의 날과 너희가 정한 절기와 초하루에는 번제물을 드리고 화목제물을 드리며 나팔을 불라 그로 말미암아 너희의 하나님이 너희를 기억하시리라 나는 너희의 하나님 여호와니라(민 10:8-10).

아론의 네 아들 중 나답과 아비후는 하나님께서 명령하지 않은 불을 드려 심판을 받아 죽었고, 르아살과 이다말만 이스라엘의 제사장으로 남아 있었다. 이스라엘 군대가 대적을 치러 나갈 때 은 나팔을 크게 불었다. 그러면 하나님께서 그들을 기억하고 대적에게서 구원해 주셨다. 전시가 아닌 여호와의 절기에도 은 나팔을 불면, 하나님께서 그들을 기억해 주셨다.

"시내 산에 연기가 자욱하니 여호와께서 불 가운데서 거기 강림하심이라 그 연기가 옹기 가마 연기 같이 떠오르고 온 산이 크게 진동하며 나팔 소리가 점점 커질 때에 모세가 말한즉 하나님이 음성으로 대답하시더라"(출 19:18, 19).

하나님께서 이스라엘 군대에게 지시하신 신호는 하나님의 구름 기둥과 제사장들의 나팔소리로 전달되었다. 구름 기둥은 이스라엘 행진의 시작과 끝과 진행 방향을 알리는 하나님의 신호였고, 제사장들의 나팔소리는 더 구체적인 하나님의 뜻을 알리는 신호였다. 백성과 천부장들을 소집하고, 순서에 따라 행진을 지시하며, 전쟁 때는 진격을 명하고 전쟁을 하지 않을 때는 절기를 알리는 신호였다.

은 나팔은 제사장들이 불었지만 그들이 임의대로 분 것은 아니었다. 하나님의 명령대로 불었다. 광야 행진을 위한 '최종 준비' 셋째는 이스라엘이 하나님의 신호대로 행동하고 이동하기 위해, 제사장들이 부는 나팔소리를 잘 듣고 신호를 분별하라는 것이다.

하나님의 군대가 시내 광야에서 광야 행진을 준비하는 본문은 크게 두 부분으로 나누어진다. 첫째 부분(민 1:1~6:27)은 열두 지파와 레위 지파 계수 및 진 편성이며, 둘째 부분(민 7:1~10:10)은 열두 지파와 레위 지파의 헌신과 유월절, 구름 기둥, 은 나팔에 대한 언급이다.

특이한 점은 둘째 부분 중 열두 지파의 헌물과 레위 지파의 헌신을 첫째 부분 이후에 언급했다는 것이다. 열두 지파의 헌물과 레위 지파의 헌신은 이스라엘이 성막을 완성하고, 모세가 성막과 성막기구와 제단에 기름을 발라 거룩하게 구별해 하나님께 봉헌했던 직후에 있었던 일이기 때문에 시간순으로는 첫째 부분 이전에 있었던 일이다. 열두 지파의 헌물과 레위 지파의 헌신은 출애굽기와 레위기 사이에 있어야 할 본문이다. 또 하나 특이한 점은 둘째 부분 중 광야 행진을 위한 세 가지 최종 준비도 첫째 부분 이후에 언급했다는 것이다.

> 이스라엘 자손이 애굽 땅에서 나온 후 둘째 해 둘째 달 첫째 날에 여호와께서 시내 광야 회막에서 모세에게 말씀하여 이르시되(민 1:1).

> 애굽 땅에서 나온 다음 해 첫째 달에 여호와께서 시내 광야에서 모세에게 말씀하여 이르시되(민 9:1).

하나님께서 이스라엘에게 광야 행진을 위한 최종 준비를 명령하신 시점은 출애굽 제2년 1월이다. 그리고 하나님께서 이스라엘에게 인구를 계수하라고 명령하신 시점은 출애굽 제2년 2월 1일이다. 시간순으로 광야 행진을 위한 최종 준비는 첫째 부분 이전에 있었던 일이다. 광야 행진을 위한 최종 준비도 역시 열두 지파의 헌물과 레위 지파의 헌신과 함께 레위기와 민수기 사이에 있어야 할 본문이다. 왜 그럴까?

하나님의 뜻이 개입되었기 때문이다. 열두 지파의 헌물과 레위 지파의 헌신은 한 영역에 집중된다. 열두 지파가 헌물을 드린 곳도 하나님의 성막이고, 레위 지파가 헌신할 곳도 하나님의 성막이다. 이스라엘 군대가 척박한 광야 행진을 거쳐 약속의 땅 가나안에 들어가기 위해서는, 반드시 임마누엘을 상징하는 거룩한 성막 중심의 삶이 되어야 한다는 의미다. 하나님은 이것을 강조하기 위해 열두 지파의 헌물과 레위 지파의 헌신을 광야 행진을 시작하는 언급 직전에 배치하신 것이다.

광야 행진을 위한 세 가지 최종 준비는 그 영역의 절정이신 한 존재에 집중된다. 이것을 놓치면 약속의 땅 가나안에 들어갈 수 없고, 광야에서 미아가 될 수밖에 없었다. 출애굽한 것도, 홍해를 건넌 것도, 시내산에서 언약을 맺고 십계명과 613조 율법을 받은 것도 물거품이 될 수 있다.

하나님은 광야 행진을 위한 세 가지 '최종 준비'가 중요해서 거듭 언급하신 것이다. 먼저 이스라엘의 인구 계수를 했던 날 '출애굽 제2년 2월 1일' 이전, 적어도 '제2년 1월 14일' 유월절 이전에 광야 행진을 위한 세 가지 최종 준비를 명령하신 것이다. 그래야 이스라엘이 유월절을 제대로 지킬 수 있기 때문이다.

그리고 인구 계수 이후 시내산을 떠나는 날 '제2년 2월 20일'(민 10:11) 이전, '제2년 2월 14일' 이전에 이를 다시 언급하셨다. 그래야 1월 14일 유월절을 지키지 못한 사람들이 2월 14일 유월절을 제대로 지킬 수 있기 때문이다.

하나님께서 최종 준비에 대한 말씀을 두 번이나 언급하신 것은 이스라엘에게 아주 중요하기 때문이다. 광야 행진을 위한 최종 준비 첫째, 하나님의 백성이라면 '유월절'을 반드시 준수하라. 둘째, '구름 기둥' 인도를 전적으로 신뢰하고 따르라. 셋째, 제사장들 '나팔소리'를 잘 듣고 분별하라.

그 때에 인자의 징조가 하늘에서 보이겠고 그 때에 땅의 모든 족속들이 통곡하며 그들이 인자가 구름을 타고 능력과 큰 영광으로 오는 것을 보리라 그가 큰 나팔소리와 함께 천사들을 보내리니 그들이 그의 택하신 자들을 하늘 이 끝에서 저 끝까지 사방에서 모으리라 (마 24:30, 31).

이스라엘 군대는 반드시 유월절을 준수하고, 구름 기둥 인도를 받으며, 나팔소리를 잘 들어야 했다. 이스라엘이 광야 생활을 잘 견디고, 약속의 땅 가나안에 들어가기 위한 하나님의 신호이기 때문이다. 신호는 비단 가나안뿐만 아니라 궁극적으로 모든 성도가 영원한 약속의 땅에 들어가기 위한 하나님의 신호이기도 하다. 역사의 종말과 주님 재림의 징조이기도 한 것이다. 유월절 어린양은 예수 그리스도를, 구름 기둥은 예수 그리스도께서 타고 오시는 구름을, 제사장들 나팔소리는 예수 그리스도 재림 때 울려 퍼지는 천사들의 나팔소리를 예표한다. 제사장들이 나팔로 신호하며 지시했던 모든 일 '소집', '행진', '진격', '절기'도 종말 때 천사들의 나팔소리에 모두 온전히 성취된다.

하나님은 천사들의 나팔소리로 하나님의 백성을 소집해 모으실 것이다(마 24:31). 하나님의 군대가 사탄 군대를 향해 진격하여 승리할 것이다(계 19:14-21). 하나님의 백성은 영원한 약속의 땅 천국을 향해 행진할 것이다(계 21:26, 27). 그리고 하나님의 율법에 약속된 모든 절기의 의미도 예수 그리스도 재림 때 온전히 성취될 것이다. 우리 주 예수 그리스도는 율법의 완성이기 때문이다.

모든 하나님의 백성은 광야 같은 이 세상을 살아가는 동안 예수 그리스도의 재림을 기다리며 살아야 한다. 그래야 궁극적인 약속에 땅

하나님 나라에 온전하게 들어갈 수 있다.

하나님은 이집트에서 나온 사람들을 계수하신 것이 아니라, 약속의 땅 가나안에 들어갈 '거룩한 군대'를 계수하신 것이다. 이스라엘은 약속의 땅에 들어가 가나안 정복 전쟁을 수행하기 위한 하나님의 군대로 부름 받았다. 이처럼 우리는 하나님의 궁극적인 약속의 땅 천국에 들어가기 위해, 세상을 정복하는 전쟁을 수행하는 그리스도의 좋은 병사로 부름 받았다.

제2강

시내산에서 가데스 바네아로

민수기 11~19장

하나님의 은혜로 출애굽한 이스라엘은 시내산에서 그분과 언약을 맺었다. 시내산 아래에서 1년에서 10일이 모자라는 11개월 20일 동안 계명과 율법을 받고 성막을 세웠고, 이스라엘 군대를 계수해 진영을 편성하는 등 광야 행진을 준비했다. 출애굽 제2년 2월 20일에 하나님의 출발 신호로 성막에서 구름이 떠올랐다. 진행을 알리는 제사장의 은 나팔 소리도 울려 이스라엘 군대는 흥분을 감추지 못했을 것이다. 그들은 시내산을 떠나 약속의 땅 가나안을 향한 광야 행진의 발걸음을 힘차게 내디뎠다.

시내산에서 출발하는 하나님의 군대(민 10:11-36)

둘째 해 둘째 달 스무날에 구름이 증거의 성막에서 떠오르매 이스라엘 자손이 시내 광야에서 출발하여 자기 길을 가더니 바란 광야에 구름이 머무니라 이와 같이 그들이 여호와께서 모세에게 명령하신 것을 따라 행진하기를 시작하였는데 선두로 유다 자손의 진영의 군기에 속한 자들이 그들의 진영별로 행진하였으니 유다 군대는 암미나답의 아들 나손이 이끌었고 … 그들이 여호와의 산에서 떠나 삼 일 길을 갈 때에 여호와의 언약궤가 그 삼 일 길에 앞서 가며 그들의 쉴 곳을 찾았고 그들이 진영을 떠날 때에 낮에는 여호와의 구름이 그 위에 덮였었더라 궤가 떠날 때에는 모세가 말하되 여호와여 일어나사 주의 대적들을 흩으시고 주를 미워하는 자가 주 앞에서 도망하게 하소서 하였고 궤가 쉴 때에는 말하되 여호와여 이스라엘 종족들에게로 돌아오소서 하였더라(민 10:11-36).

광야를 출발하는 이스라엘 군대 대열 선두에는 여호와의 언약궤가 앞서갔다. 이어 유다 자손, 레위 지파 게르손 자손과 므라리 자손, 르우벤 자손, 성막을 멘 레위 지파 고핫 자손, 에브라임 자손, 마지막으로 단 자손이 차례대로 뒤따랐다. 대열 순서는 하나님께서 명령하신대로였고, 장막을 칠 때처럼 대열 중심에 하나님의 성막이 자리잡았다.

이스라엘은 출애굽 제1년 1월 14일에 유월절 장자 재앙이 일어나 1월 15일 무교절 밤에 출애굽했고, 1월 16일 초실절 새벽에 홍해를 건넜다. 1월 18일에 마라, 2월 15일에 신 광야를 거쳐 3월 1일에 시내산에 도착하여, 오순절에 시내산 언약을 맺었다. 출애굽 제2년 1월 1일에는 성막을 완공해, 1월 14일에 광야에서 최초로 유월절을 지켰고, 2월 1일에 이스라엘의 열두 지파와 레위 지파를 계수했으며 2월 14일에는 유월절을 지키지 못한 자들이 다시 유월절을 지켰다. 그리고 시내산에 도착한 지 11개월 20일 만인 출애굽 제2년 2월 20일에 드디어 시내산을 떠나 가나안을 향해 출발했다.

악한 말의 다베라와 탐욕의 기브롯 핫다아와(민 11:1-35)

> 여호와께서 들으시기에 백성이 악한 말로 원망하매 여호와께서 들으시고 진노하사 여호와의 불을 그들 중에 붙여서 진영 끝을 사르게 하시매 백성이 모세에게 부르짖으므로 모세가 여호와께 기도하니 불이 꺼졌더라 그 곳 이름을 다베라라 불렀으니 이는 여호와의 불이 그들 중에 붙은 까닭이었더라(민 11:1-3).

히브리어 다베라는 '불로 태운다'는 의미다. 하나님은 구름 기둥의 인도에 대해 악한 말로 원망하는 이스라엘 백성에게 진노하셨다. 진영 끝에 있는 사람들이 구름 기둥의 인도를 악한 말로 원망했기 때문이다. 진영 끝이 '여호와의 불'로 태워지는 안타까운 참사가 벌어졌다. 그들의 죽음은 출애굽 이후 이스라엘 백성이 목숨을 잃은 네 번째 참사였고, 아론의 두 아들 나답과 아비후에 이어 하나님께서 불로 내리신 심판을 받았다.

하나님은 시내산을 떠나기 전 이스라엘이 광야 생활을 잘 견뎌내고 약속의 땅 가나안에 들어가기 위해, 그들에게 광야 행진을 위한 최종 준비 세 가지를 명령하셨다. 어떤 상황에서도 구름 기둥의 인도를 받으라는 두 번째 명령을 그들은 잊고 말았다.

그들 앞에는 여호와의 언약궤가 앞서 가고 있었다(민 10:33). 그러나 진영 끝에 있는 사람들은 언약궤가 잘 보이지 않았을 것이다. 그래서 여호와의 언약궤가 의미하는 '하나님의 언약'을 떠올릴 수 없었을 것이다. 하나님의 언약은 그들에게 가나안을 주시고 그들은 반드시 약속의 땅에 들어간다는 것이다. 그들은 언약을 바라보지 않고 척박한 광야를 바라보았다. 주의 일은 앞장서지 않으면 뒤에서 원망하기 마

강독 가이드

팔레스타인을 지나가는 메추라기

메추라기는 이스라엘을 지나는 대표적인 철새 중 하나다. 이스라엘은 아프리카 수단 지역에서 북유럽으로 이동하는 철새들이 잠시 쉬어 가는 곳이다. 갈릴리 호수 북쪽에 있는 훌라 호수는 대표적인 철새 도래지로 알려져 있다.

메추라기는 무리를 지어 다니는 작은 철새로 3, 4월경 수단에서 북유럽으로 이동한다. 바람을 타고 나는데, 옆바람이나 맞바람에 걸리면 쉽게 피로를 느껴 잠시 땅에 착륙한다. 장거리 비행으로 피곤해 지쳐 내려온 메추라기는 천적의 먹이가 되었다. 바람을 타지 못하고 떨어져 내려온 메추라기 떼가 작은 배에 내려오면 배가 가라앉을 정도라고 한다. 간혹 시내 반도 광야에 내려오면 사면에 메추라기가 빽빽이 쌓이고 다른 메추라기 떼가 겹쳐서 내려오기도 한다. 하나님은 철을 따라 이동하는 메추라기 떼를 강한 맞바람으로 이스라엘 진 사방에 엄청나게 쌓이게 하신 것이다.

련이다. 홍해를 건넌 직후 아말렉이 르비딤에서 이스라엘을 공격했을 때도 행진 대열의 끝이었다(신 25:18). 하나님 백성의 행진 대열 끝은 언제나 사탄의 표적이 될 수 있다.

이전에는 이스라엘이 원망과 불평을 늘어놓아도 하나님은 진노하지 않고 요구를 들어주셨다. 하지만 시내산 언약을 맺은 이후부터는 현격하게 달라지셨다. 이스라엘이 하나님과 시내산 언약을 맺으며 하나님께 계명과 율법을 받아, 하나님의 백성 된 도리가 무엇인지를 알았기 때문이다. 그들이 원망과 불평을 늘어놓는 것은 하나님께 큰 죄였다.

> 그들 중에 섞여 사는 다른 인종들이 탐욕을 품으매 이스라엘 자손도 다시 울며 이르되 누가 우리에게 고기를 주어 먹게 하랴 우리가 애굽에 있을 때에는 값없이 생선과 오이와 참외와 부추와 파와 마늘들을 먹은 것이 생각나거늘 이제는 우리의 기력이 다하여 이 만나 외에는 보이는 것이 아무 것도 없도다 하니 … 또 백성에게 이르기를 너희의 몸을 거룩히 하여 내일 고기 먹기를 기다리라 너희가 울며 이르기를 누가 우리에게 고기를 주어 먹게 하랴 애굽에 있을 때가 우리에게 좋았다 하는 말이 여호와께 들렸으므로 여호와께서 너희에게 고기를 주어 먹게 하실 것이라 하루나 이틀이나 닷새나 열흘이나 스무 날만 먹을 뿐 아니라 냄새도 싫어하기까지 한 달 동안 먹게 하시리니 이는 너희가 너희 중에 계시는 여호와를 멸시하고 그 앞에서 울며 이르기를 우리가 어찌하여 애굽에서 나왔던가 함이라 하라(민 11:4-20).

이스라엘과 섞여 사는 다른 인종들이 탐욕을 품었고 고기가 먹고 싶다는 욕심은 만나를 주시는 하나님에 대한 원망으로 온 이스라엘에 순식간에 퍼져나갔다. 그들은 출애굽 한 달이 되던 날, 출애굽 제1년 2월 15일부터 하늘에서 비 같이 내리는 만나를 양식으로 먹기 시작했다. 시내산 언약을 맺고 시내산을 떠난 출애굽 제2년 2월 20일 즈음은 양식으로 만나를 먹은 지 만 일 년이 넘는 시점이다. 그들이 고기를 먹고 싶어 하는 것은 지극히 당연한 것일 수 있다.

> 모세가 이르되 나와 함께 있는 이 백성의 보행자가 육십만 명이온데 주의 말씀이 한 달 동안 고기를 주어 먹게 하겠다 하시오니 그들을 위하여 양 떼와 소 떼를 잡은들 족하오며 바다의 모든 고기를 모은들 족하오리이까 여호와께서 모세에게 이르시되 여호와의 손이 짧으냐 네가 이제 내 말이 네게 응하는 여부를 보리라 … 바람이 여호와에게서 나와 바다에서부터 메추라기를 몰아 진영 곁 이쪽 저쪽 곧 진영 사방으로 각기 하룻길 되는 지면 위 두 규빗쯤에 내리게 한지라 백성이 일어나 그 날 종일 종야와 그 이튿날 종일토록 메추라기를 모으니 적게 모은 자도 열 호멜이라 그들이 자기들을 위하여 진영 사면에 펴 두었더라 고기가 아직 이 사이에 있어 씹히기 전에 여호와께서 백성에게 대하여 진노하사 심히 큰 재앙으로 치셨으므로 그 곳 이름을 기브롯 핫다아와라 불렀으니 욕심을 낸 백성을 거기 장사함이었더라 백성이 기브롯 핫다아와에서 행진하여 하세롯에 이르러 거기 거하니라(민 11:21-35).

이스라엘이 고기를 원하자, 하나님은 메추라기를 보내주셨다. 그런데 하나님은 고기가 아직 이 사이에 있어 씹히기도 전에 그들을 심히 큰 재앙으로 치셨다. 그들의 죽음은 출애굽 이후 이스라엘 백성이 목숨을 잃은 다섯 번째 참사였다. 왜 그러셨을까? 그들에게 냄새도 싫을 때까지 한 달 동안 먹게 하겠다고 약속하신 분은 분명 하나님이셨다. 하나님은 한 달은커녕 사흘 만에 그들을 치셨다. 하나님의 큰 재앙은 고기가 먹고 싶다고 쏟아내는 그들의 원망 때문이 아니라 '탐욕' 때문이었다.

> 호렙 산에서 세일 산을 지나 가데스 바네아까지 열 하룻길이었더라 (신 1:2).

이스라엘은 하나님의 구름 기둥의 인도로 시내산에서 출발해 가나안 남부 접경지 가데스 바네아에 도착했다. 이스라엘이 도착하기까지 걸린 시간은 열 하루였다. 지도를 보면 시내산에서 가나안 남쪽 접경지 가데스 바네아까지 거리는 약 265킬로미터다. 이스라엘은 하루 평균 24킬로미터를 걸어 척박한 광야를 이동했다. 성인뿐만 아니라 유아와 가축도 함께였다.

하나님께서 이스라엘에게 보내주신 메추라기 떼는 엄청났다. 적게 모은 자가 열 호멜(민 11:32), 1톤가량이나 모을 정도였다. 하나님은 메추라기를 진영 사방으로 각기 하룻길 정도에 쌓이도록 보내주셨다. 진영 동서남북으로 각각 24킬로미터씩 가로 48킬로미터, 세로 48킬로미터 면적에, 두 규빗(민 11:31) 1미터 높이로 쌓였다. 도대체 그렇게 많은 메추라기가 어디서 날아왔을까? 하나님은 이스라엘 백성에게 그런 식으로 메추라기를 한 달 동안 보내주시겠다고 약속하셨다.

그가 동풍을 하늘에서 일게 하시며 그의 권능으로 남풍을 인도하시고 먼지처럼 많은 고기를 비 같이 내리시고 나는 새를 바다의 모래 같이 내리셨도다 그가 그것들을 그들의 진중에 떨어지게 하사 그들의 거처에 두르셨으므로 그들이 먹고 심히 배불렀나니 하나님이 그들의 원대로 그들에게 주셨도다(시 78:26-29).

이스라엘 백성은 그날 '종일 종야'에 메추라기를 모았다(민 11:32). 하루 종일 잠도 자지 않고 모았다는 말이다. 이튿날도 종일토록 메추라기를 모았다. 히브리어 성경에는 '그 고기를 먹지도 않았다'는 언급이 있다. 잡은 메추라기는 진영 사면에 펴 말려 육포도 만들었다.

적게 모은 자도 1톤이나 모았다. 그들은 하나님께서 한 달 동안 메추라기를 주시겠다는 약속을 믿지 못한 것이다. 하나님은 그날에 한 달 분량의 메추라기를 한꺼번에 주신 것이 아니라, '하룻길' 분량만을 주셨다. 이스라엘이 하룻길을 행진하면 하나님은 마치 만나처럼 또 하룻길을 주실 것이다.

그렇게 하신 것은 그들이 하나님 말씀을 일용할 양식으로 삼게 하기 위해서였다. 하나님은 모든 필요를 채워주시는 하나님임을 그들이 알기 원하셨다. 그러나 그들은 약속의 땅 가나안이란 목적을 잃어버렸고 탐욕을 부렸다. 1인당 최소 1톤씩이나 쌓아두었다는 것은 구름기둥의 인도를 따라 약속의 땅에 가지 않겠다는 의지의 표현이었다.

그들이 그들의 탐욕대로 음식을 구하여 그들의 심중에 하나님을 시험하였으며 그뿐 아니라 하나님을 대적하여 말하기를 하나님이 광야에서 식탁을 베푸실 수 있으랴 보라 그가 반석을 쳐서 물을 내시니 시내가 넘쳤으나 그가 능히 떡도 주시며 자기 백성을 위하여 고기도 예비하시랴 하였도다 그러므로 여호와께서 듣고 노하셨으며 야곱에게 불 같이 노하셨고 또한 이스라엘에게 진노가 불타 올랐으니 이는 하나님을 믿지 아니하며 그의 구원을 의지하지 아니한 때문이로다 그러나 그가 위의 궁창을 명령하시며 하늘 문을 여시고 그들에게 만나를 비 같이 내려 먹이시며 하늘 양식을 그들에게 주셨나니 사람이 힘센 자의 떡을 먹었으며 그가 음식을 그들에게 충족히 주셨도다 그가 동풍을 하늘에서 일게 하시며 그의 권능으로 남풍을 인도하시고 먼지처럼 많은 고기를 비 같이 내리시고 나는 새를 바다의 모래 같이 내리셨도다 그가 그것들을 그들의 진중에 떨어지게 하사 그들의 거처에 두르셨으므로 그들이 먹고 심히 배불렀나니 하나님이 그들의 원대로 그들에게 주셨도다 그러나 그들이 그들의 욕심을 버리지 아니하여 그들의 먹을 것이 아직 그들의 입에 있을 때에 하나님이 그들에게 노염을 나타내사 그들 중 강한 자를 죽이시며 이스라엘의 청년을 쳐 엎드러뜨리셨도다(시 78:18-31).

히브리어 '기브롯 핫다아와'는 '탐욕의 무덤'이란 의미다. 하나님은 이스라엘의 필요를 채워주시고 요구를 들어주시는 좋으신 분이다. 필요 이상으로 더 가지려는 마음은 탐심이다.

"탐심은 우상 숭배니라"(골 3:5).

필요 이상으로 더 가지려는 마음은 하나님이 아니라 자기를 섬기는 것이므로 곧 우상숭배며, 우상을 숭배하는 이유도 자기 탐심을 채우기 위함이다. 하나님을 섬기는 것이 목적이 아니라 수단이 되는 것이 탐심이다. 그 근본은 사람이 금단의 열매를 보고 '먹음직도 하고 보암

직도 하고 지혜롭게 할 만큼 탐스럽게' 생각한 원죄다. 하나님께서 구원하신 그분의 백성에게 일용할 양식이 되는 것은 메추라기가 아니라, 하나님께서 주시는 약속의 말씀이다.

이스라엘은 자신들이 이집트에 있을 때 값없이 생선과 마늘을 먹은 것이 생각난다고 말했다(민 11:5). 사람이 탐욕에 사로잡히면 진실도 왜곡하고 거짓말도 서슴지 않는다. 그들은 이집트에서 생선과 마늘을 값없이 먹은 것이 아니라, 고역과 학대에 시달리며 노예로 살았다.

> 이스라엘 자손의 온 회중이 엘림에서 떠나 엘림과 시내 산 사이에 있는 신 광야에 이르니 애굽에서 나온 후 둘째 달 십오일이라 이스라엘 자손 온 회중이 그 광야에서 모세와 아론을 원망하여 이스라엘 자손이 그들에게 이르되 우리가 애굽 땅에서 고기 가마 곁에 앉아 있던 때와 떡을 배불리 먹던 때에 여호와의 손에 죽었더라면 좋았을 것을 너희가 이 광야로 우리를 인도해 내어 이 온 회중이 주려 죽게 하는도다 그 때에 여호와께서 모세에게 이르시되 보라 내가 너희를 위하여 하늘에서 양식을 비 같이 내리리니 백성이 나가서 일용할 것을 날마다 거둘 것이라 이같이 하여 그들이 내 율법을 준행하나 아니하나 내가 시험하리라(출 16:1-4).

민수기 기브롯 핫다아와에서도 만나와 메추라기가 등장하고, 출애굽기 신 광야에서도 만나와 메추라기가 등장한다. 기브롯 핫다아와는 하나님께서 출애굽기 신 광야에서 예고하신 시험의 장소였다. 어떻게 시험하셨을까?

"하나님, 저희는 하나님을 섬기는 것을 싫어하는 것이 아닙니다. 목구멍이 포도청이라 섬기지 못하는 것입니다. 먹고 사는 문제만 해결된다면 하나님을 더욱 잘 믿고 더욱 잘 섬길 수 있습니다."

"그렇다면 좋다. 보라 내가 하늘에서 양식을 비 같이 내리리니 백성이 나가서 일용할 것을 날마다 거둘 것이라. 먹고 사는 문제는 내가 해결해 주리라. 이같이 하여 그들이 내 율법을 준행하나 아니하나 내가 시험하리라"(출 16:4).

그들의 문제는 먹고 사는 것이 아니라 바로 탐욕이었다. 매일 하늘에서 내리는 만나로 먹고 살았다. 그러나 이에 대한 소중함도 하나님께 대한 감사도 없었다. 그곳이 광야라는 것만으로도 하나님께 감사해야 했다. 죄인의 근본 문제는 하나님 말씀을 불신하고 금단의 열매를 먹은 탐욕이다.

출애굽기 신 광야에서는 하나님께서 이스라엘의 원망에 만나와 메추라기를 주시는 것으로 끝내셨다. 그러나 하나님께서 이스라엘을 대하시는 양상이 시내산 언약 이후부터 달라졌기 때문에 민수기 기브롯 핫다아와에서는 그들을 치셨다.

하나님은 이스라엘을 시험하셨다. 하나님께서 그분의 백성을 시험하는 이유는 믿음과 순종 여부를 확인하기 위해서가 아니다. 하나님은 전지전능하시기 때문에 시험하지 않으셔도 다 아신다. 그런데도 시험하신 이유는 그들을 깨우치기 위해서다. 죄인은 시험이 없으면 스스로 의롭다고 착각하기 때문이다. 하나님의 시험은 우리가 어떤 존재인지 확인하게 하고 입증해 준다.

하나님께서 아브라함에게 이삭을 바치라고 시험하신 것도 마찬가지다. 시험은 하나님께서 우리의 믿음을 확인하기 위해 주시는 것이 아니라, 확인시켜 주기 위해 하시는 것이다.

권위에 도전하는 아론과 미리암(민 12:1-16)

> 모세가 구스 여자를 취하였더니 그 구스 여자를 취하였으므로 미리암과 아론이 모세를 비방하니라 그들이 이르되 여호와께서 모세와만 말씀하셨느냐 우리와도 말씀하지 아니하셨느냐 하매 여호와께서 이 말을 들으셨더라 이 사람 모세는 온유함이 지면의 모든 사람보다 더 하더라(민 12:1-3).

모세는 구스 여인과 결혼했다. 구스는 지금의 남부 이집트, 수단, 북부 이디오피아 지역이다. 아마도 아내 십보라가 죽고 함께 출애굽한 이방 여인과 재혼을 한 것 같다. 아론보다 미리암의 이름이 먼저 나오고 비방한다는 히브리어 동사도 여성형 단수인 것으로 보아 미리암이 비방을 주도했을 것이다.

"여호와께서 모세와만 말씀하셨느냐 우리와도 말씀하지 아니하셨느냐?" 하나님의 심기를 불편하게 하는 말이다. 모세의 잘못보다 더 크고 근본적인 문제는 이 말에 있다.

모세의 잘못은 이방 여자를 취한 것이다. 그들은 모세의 잘못을 지적하는 것이 아니라, 이방 여인과 결혼했다는 빌미로 모세가 가진 권위와 특권을 질투한 것이다. 왜 모세만 이스라엘 최고 지도자냐는 것이다. 아론과 미리암은 자신들도 이스라엘의 지도자임을 나타내기 위해 모세를 비방한 것이다.

모세는 온유함이 지면의 모든 사람보다 더했다. 그는 누이 미리암과 형 아론의 비방에 대해 어떤 말로도 대꾸하지 않았다. 오해였다면 해명하고 사실이라면 변명이라도 해야 했지만, 그는 어떤 해명도, 어떤 변명도 하지 않았다. 그렇다고 침묵을 지키는 것이 온유하다는 의미는 아니다.

모세는 모든 직분과 권위는 하나님께서 주셨다는 것을 알았다. 그래서 판단을 하나님께 맡긴 것이다. 이집트에서는 자기 의로 병사 하나를 죽였지만, 이제는 절대적으로 의로우신 하나님께 모든 것을 맡기는 사람이 되었다.

> 여호와께서 갑자기 모세와 아론과 미리암에게 이르시되 너희 세 사람은 회막으로 나아오라 하시니 그 세 사람이 나아가매 여호와께서 구름 기둥 가운데로부터 강림하사 장막 문에 서시고 아론과 미리암을 부르시는지라 그 두 사람이 나아가매 이르시되 내 말을 들으라 너희 중에 선지자가 있으면 나 여호와가 환상으로 나를 그에게 알리기도 하고 꿈으로 그와 말하기도 하거니와 내 종 모세와는 그렇지 아니하니 그는 내 온 집에 충성함이라 그와는 내가 대면하여 명백히 말하고 은밀한 말로 하지 아니하며 그는 또 여호와의 형상을 보거늘 너희가 어찌하여 내 종 모세 비방하기를 두려워하지 아니하느냐 여호와께서 그들을 향하여 진노하시고 떠나시매 구름이 장막 위에서 떠나갔고 미리암은 나병에 걸려 눈과 같더라 아론이 미리암을 본즉 나병에 걸렸는지라 아론이 이에 모세에게 이르되 슬프도다 내 주여 우리가 어리석은 일을 하여 죄를 지었으나 청하건대 그 벌을 우리에게 돌리지 마소서 그가 살이 반이나 썩어 모태로부터 죽어서 나온 자 같이 되지 않게 하소서(민 12:4-12).

모세가 침묵하자 하나님께서 말씀하기 시작하셨다. 미리암과 아론은 감히 하나님의 권위에 대적했다. 비방을 주도한 미리암은 하나님의 징계를 받아 나병에 걸리고 말았다. 과거 모세도 이집트로 돌아가라는 하나님 말씀을 거부했을 때, 그의 손에 나병이 생겨 눈 같이 되었다(출 4:6). 아론도 나병에 걸려야 마땅했지만, 이스라엘의 죄를 속죄하는 대제사장 사역을 위해 하나님께서 긍휼을 베푸셨다.

그제야 아론은 모세에게 말했다. "슬프도다 내 주여, 우리가 어리석은 일을 하여 죄를 지었으나 청하건대 그 벌을 우리에게 돌리지 마소서." 모세는 그들에게 동생이 아니라 하나님께서 세워주신 '주'였던 것이다. 모세는 분명 그들과 달랐다. 그는 시내산에서 홀로 하나님을 독대했었다. 그것도 40일씩 두 번이나.

그들은 하나님의 백성에게 육적 인간관계보다 영적 관계가 더 우선한다는 것을 그제야 깨달았다. 아론은 시내산 금송아지 우상숭배로 인해 하나님의 심판을 받아야 마땅했다. 그러나 모세의 중보로 목숨을 건졌다는 것을 까마득하게 잊고 있었다. 어리석게도 그런 자신을 대제사장으로 세워주신 하나님의 한량없는 은혜를 기억하지 못한 것이다.

> 모세가 여호와께 부르짖어 이르되 하나님이여 원하건대 그를 고쳐 주옵소서 여호와께서 모세에게 이르시되 그의 아버지가 그의 얼굴에 침을 뱉었을지라도 그가 이레 동안 부끄러워하지 않겠느냐 그런즉 그를 진영 밖에 이레 동안 가두고 그 후에 들어오게 할지니라 하시니 이에 미리암이 진영 밖에 이레 동안 갇혀 있었고 백성은 그를 다시 들어오게 하기까지 행진하지 아니하다가 그 후에 백성이 하세롯을 떠나 바란 광야에 진을 치니라(민 12:13-16).

모세의 부르짖음으로 미리암은 나병에서 즉시 나음을 입었다. 하나님은 그녀를 진영 밖에 이레 동안 가두어 두라고 명령하셨다. 레위기 위생법에 의하면 나병이 의심되면 진영 밖에서 두 이레 동안 격리된 채로 감염 여부를 진단받았고, 나음을 입으면 이레 동안 격리되어 있다가 여덟째 날에 정결례를 치르고 이스라엘 진영으로 복귀할 수 있었다(레 14:1-32).

그러나 그녀는 즉시 나음을 입었기 때문에 여덟째 날에 치르는 정결례뿐 아니라, 이레 동안 격리될 필요도 없었다. 하지만 하나님은 그녀의 과오로 이스라엘 군대 행진이 이레 동안 지체되는 것이 얼마나 부끄러운 일인지, 그녀와 모든 이스라엘 백성에게 절실히 깨닫게 하셨다.

가데스 바네아에서의 불신과 원망(민 13:1~14:45)

> 여호와께서 모세에게 말씀하여 이르시되 사람을 보내어 내가 이스라엘 자손에게 주는 가나안 땅을 정탐하게 하되 그들의 조상의 가문 각 지파 중에서 지휘관 된 자 한 사람씩 보내라 모세가 여호와의 명령을 따라 바란 광야에서 그들을 보냈으니 그들은 다 이스라엘 자손의 수령 된 사람이라 … (민 13:1-24).

출애굽 제2년 2월 20일에 시내산을 떠났던 이스라엘은 열 하룻길 만에, 제2년 3월 1일에 가데스 바네아에 도착했다. 출애굽한 날로부터는 일 년하고도 한 달 보름 만이고, 시내산에 도착한 날로부터는 만일 년 만이다. 가데스 바네아는 약속의 땅 가나안 남쪽 접경지로, 가나안 땅 최남단 브엘세바까지는 약 80킬로미터 정도다. 이스라엘이 하루에 평균 24킬로미터씩 이동한 것을 감안한다면, 앞으로 나흘 후에는 가나안 땅에 들어갈 수 있을 것이다.

> 사십 일 동안 땅을 정탐하기를 마치고 돌아와 바란 광야 가데스에 이르러 모세와 아론과 이스라엘 자손의 온 회중에게 나아와 그들에게 보고하고 그 땅의 과일을 보이고 모세에게 말하여 이르되 당신이 우리를 보낸 땅에 간즉 과연 그 땅에 젖과 꿀이 흐르는데 이것은 그 땅의 과일이니이다 그러나 그 땅 거주민은 강하고 성읍은 견고하고 심히 클 뿐 아니라 거기서 아낙 자손을 보았으며 아말렉인은 남방 땅에 거주하고 헷인과 여부스인과 아모리인은 산지에 거주하고 가나안인은 해변과 요단 가에 거주하더이다 갈렙이 모세 앞에서 백성을 조용하게 하고 이르되 우리가 곧 올라가서 그 땅을 취하자 능히 이기리라 하나 그와 함께 올라갔던 사람들은 이르되 우리는 능히 올라가서 그 백성을 치지 못하리라 그들은 우리보다 강하니라 하고 이스라엘 자손 앞에서 그 정탐한 땅을 악평하여 이르되 우리가 두루 다니며 정탐한 땅은 그 거주민을 삼키는 땅이요 거기서 본 모든 백성은 신장이 장대한 자들이며 거기서 네피림 후손인 아낙 자손의 거인들을 보았나니 우리는 스스로 보기에도 메뚜기 같으니 그들이 보기에도 그와 같았을 것이니라(민 13:25-33).

가나안을 40일 동안 정탐하고 돌아온 열두 정탐꾼은 결과를 모세와 이스라엘 온 회중에게 보고했다. 열 명은 아말렉인은 남방 땅에 거주하고, 헷인과 여부스인과 아모리인은 산지에 거주하며, 가나안인은 해변과 요단 가에 거주한다고 보고했다. 남방 평지는 가나안 남쪽 땅을, 산지는 가나안 북쪽 땅을, 해변은 지중해와 접한 가나안 서쪽 땅을, 그리고 요단 가는 가나안 동쪽 땅을 가리킨다. 이 말은 가나안 족속들이 사방 모든 땅을 차지하고 있기 때문에 이스라엘이 들어가 차지할 땅은 그 어디에도 없다는 의미다.

이어서 가나안 땅을 악평하기 시작했다. "우리가 두루 다니며 정탐한 땅은 그 거주민을 삼키는 땅이요." 그 땅은 너무도 비옥해서 언제라도 대적들이 빼앗기 위해 쳐들어와 거주민을 죽이는 전쟁이 끊이지 않을 땅이라는 것이다.

급기야 "우리는 스스로 보기에도 메뚜기 같으니, 그들이 보기에도 그와 같았을 것이니라"고 말했다. 아낙 자손에 대한 보고는 과장도 거짓도 아니었다. 아주 객관적인 사실이었다. 히브리어 '아낙'은 '장신'이란 의미로 키가 큰 '거인들'이다.

갈렙은 우리가 '능히' 이길 것이라 말했지만, 열 명의 정탐꾼은 "우리는 '능히' 올라가서 그 백성을 치지 못하리라 그들은 우리보다 강하니라"고 말했다. 열 명이 보고한 말의 문제점은 '그들'과 '우리'만을 언급했다는 것이다. '하나님'에 대한 언급이 전혀 없다. 하나님의 뜻을 이루는 일에 그분을 빼놓는다면 백전백패일 수밖에 없다. 가나안은 하나님께서 이스라엘에게 주시겠다고 약속하셨기 때문이다. 궁극적 약속의 땅 천국은 우리가 정탐해서 들어갈 수 있는 곳이 아니라, 오직 그 약속을 믿음으로 들어갈 수 있다. 하나님께서 이스라엘에게 요구하신 것은 아낙 자손을 이길 수 있는 능력이 아니라, 그들에게 없는 '그분 언약'에 대한 믿음이다. 하나님의 백성이 하나님께서 약속하신 땅에 들어가기 위해 반드시 필요한 것은 개인의 능력이 아니라, 하나님의 언약에 대한 믿음이다.

> 온 회중이 소리를 높여 부르짖으며 백성이 밤새도록 통곡하였더라 이스라엘 자손이 다 모세와 아론을 원망하며 온 회중이 그들에게 이르되 우리가 애굽 땅에서 죽었거나 이 광야에서 죽었으면 좋았을 것을 어찌하여 여호와가 우리를 그 땅으로 인도하여 칼에 쓰러지게 하려 하는가 우리 처자가 사로잡히리니 애굽으로 돌아가는 것이 낫지 아니하랴 이에 서로 말하되 우리가 한 지휘관을 세우고 애굽으로 돌아가자 하매 모세와 아론이 이스라엘 자손의 온 회중 앞에서 엎드린지라(민 14:1-5).

온 이스라엘은 밤새도록 통곡하며 모세와 아론을 원망했다. 결론적으로 하나님의 백성이 하는 모든 원망은 그분을 향한 것이다. 그가 처한 환경, 시간, 장소, 조건 등은 하나님께서 그에게 허락하신 상황이고, 하나님을 불신하는 것은 단순히 믿지 않는 것이 아니라, 하나님을 멸시하는 것이다.

> 그 땅을 정탐한 자 중 눈의 아들 여호수아와 여분네의 아들 갈렙이 자기들의 옷을 찢고 이스라엘 자손의 온 회중에게 말하여 이르되 우리가 두루 다니며 정탐한 땅은 심히 아름다운 땅이라 여호와께서 우리를 기뻐하시면 우리를 그 땅으로 인도하여 들이시고 그 땅을 우리에게 주시리라 이는 과연 젖과 꿀이 흐르는 땅이니라 다만 여호와를 거역하지는 말라 또 그 땅 백성을 두려워하지 말라 그들은 우리의 먹이

라 그들의 보호자는 그들에게서 떠났고 여호와는 우리와 함께 하시느니라 그들을 두려워하지 말라 하나(민 14:6-9).

여호수아와 갈렙은 달랐다. 열 명의 정탐꾼은 '그들에게 우리는 메뚜기'같다고 말했지만, 여호수아와 갈렙은 '그들은 우리 먹이'라고 했다. 여호와 하나님께서 자신들과 함께하신다는 것을 믿었기 때문이다. 아낙 자손이 아무리 크고 강해도, 하나님은 그보다 더 크시다는 믿음이다.

온 회중이 그들을 돌로 치려 하는데 그 때에 여호와의 영광이 회막에서 이스라엘 모든 자손에게 나타나시니라 여호와께서 모세에게 이르시되 이 백성이 어느 때까지 나를 멸시하겠느냐 내가 그들 중에 많은 이적을 행하였으나 어느 때까지 나를 믿지 않겠느냐 … 그들에게 이르기를 여호와의 말씀에 내 삶을 두고 맹세하노라 너희 말이 내 귀에 들린 대로 내가 너희에게 행하리니 너희 시체가 이 광야에 엎드러질 것이라 너희 중에서 이십 세 이상으로서 계수된 자 곧 나를 원망한 자 전부가 여분네의 아들 갈렙과 눈의 아들 여호수아 외에는 내가 맹세하여 너희에게 살게 하리라 한 땅에 결단코 들어가지 못하리라 너희가 사로잡히겠다고 말하던 너희의 유아들은 내가 인도하여 들이리니 그들은 너희가 싫어하던 땅을 보려니와 너희의 시체는 이 광야에 엎드러질 것이요 너희의 자녀들은 너희 반역한 죄를 지고 너희의 시체가 광야에서 소멸되기까지 사십 년을 광야에서 방황하는 자가 되리라 너희는 그 땅을 정탐한 날 수인 사십 일의 하루를 일 년으로 쳐서 그 사십 년간 너희의 죄악을 담당할지니 너희는 그제서야 내가 싫어하면 어떻게 되는지를 알리라 하셨다 하라 나 여호와가 말하였거니와 모여 나를 거역하는 이 악한 온 회중에게 내가 반드시 이같이 행하리니 그들이 이 광야에서 소멸되어 거기서 죽으리라 모세의 보냄을 받고 땅을 정탐하고 돌아와서 그 땅을 악평하여 온 회중이 모세를 원망하게 한 사람 곧 그 땅에 대하여 악평한 자들은 여호와 앞에서 재앙으로 죽었고 그 땅을 정탐하러 갔던 사람들 중에서 오직 눈의 아들 여호수아와 여분네의 아들 갈렙은 생존하니라 …(민 14:10-45).

가나안 땅을 악평한 열 명은 하나님 앞에서 재앙으로 즉사해, 그 죽음은 출애굽 이후 이스라엘 백성이 목숨을 잃은 여섯 번째 참사가 되었다. 이스라엘은 자신들이 원망하며 "우리가 이 광야에서 죽었으면 좋았을 것을"(민 14:2)이라고 말한 대로 메뚜기처럼 40년 동안 광야에서 방황하다가 광야에서 죽게 될 것이다. 하나님께서 모든 이스라엘을 즉시 죽이지 않은 이유는 출애굽 제2세대 때문이다. 만일 그들이 즉시 죽는다면 출애굽 제2세대는 광야에서 고아가 될 것이다. 출애굽 제2세대가 가나안에 들어가 정복 전쟁을 수행할 수 있는 군사로 성장하기까지 그들이 양육해야 했다.

여호수아와 갈렙은 그들의 말대로 광야 생활이 끝난 후, 가나안에서 가장 좋은 땅을 분배받았다. 갈렙과 그 후손은 가나안 남부에서 가장 크고 비옥한 땅을, 여호수아와 그 후손은 중부에서 가장 크고 비옥한 땅을 분배받았다. 과연 아낙 자손은 그들의 말대로 '밥'에 불과했던 것이다. 진리는 결코 다수결 원칙으로 결정되지 않는다.

이스라엘은 광야에서 하나님을 열 번 시험했다. 4년마다 시험을 받은 것이다. 길도, 물도, 양식도, 그늘도 없는 척박한 광야에서 이백만

이 넘는 엄청난 인파가 가축들과 행진하는 것은 결코 쉬운 일이 아니다. 사실 하나님을 시험하지 않을 수 없는 상황이었을지도 모른다. 하나님은 이스라엘에게 그분을 시험하지 말라고 하셨다. 하나님 말씀에 대한 불신과 불순종의 결과는 오직 죽음뿐이기 때문이다.

"그들 가운데 어떤 사람들이 원망하다가 멸망시키는 자에게 멸망하였나니 너희는 그들과 같이 원망하지 말라"(고전 10:10).

시내산에서 가데스 바네아까지 열 하룻 길이다. 가데스 바네아에서 가나안 최남단 브엘세바까지는 나흘 길이므로 시내산에서 가나안까지는 보름 길이다. 민수기는 우리에게 이스라엘이 왜 보름 길을 40년이 걸려서야 들어가게 되었는지를 교훈하고 있다. 출애굽 제1년 3월 1일은 하나님께서 이스라엘과 언약을 맺고 그분의 백성이라는 존귀한 자격을 주시기 위해 시내산에 도착하게 하셨다. 그러나 출애굽 제2년 3월 1일은 이스라엘이 그분의 백성이라는 자질이 조금도 없음을 드러내시기 위해 가데스 바네아에 도착하게 하신 날이다.

출애굽 제1년 이스라엘은 하나님과 시내산 언약을 맺은 직후 금송아지를 우상으로 숭배했다. 당시 모세는 이스라엘의 속죄를 위해 사십 주 사십 야를 떡도 물도 먹지 않고 그분 앞에 엎드렸다(신 9:18). 제2년 가데스 바네아에서도 마찬가지였다(신 9:25).

모세는 시내산에서 하나님께 십계명 두 돌판을 받을 때도, 금송아지를 우상으로 숭배했을 때도, 그리고 가데스 바네아에서 하나님 말씀을 거역했을 때도, 오로지 이스라엘이 하나님 백성이란 지위를 잃어버리지 않도록 사십 주 사십 야를 떡도 물도 먹지 않고 그분 앞에 엎드린 것이다. 그들은 완악한 죄인에 불과했으며, 하나님의 구원은 오직 영원한 대제사장 예수 그리스도 안에만 있다.

"그는 육체에 계실 때에 자기를 죽음에서 능히 구원하실 이에게 심한 통곡과 눈물로 간구와 소원을 올렸고 그의 경건하심으로 말미암아 들으심을 얻었느니라"(히 5:7).

이스라엘의 방종을 심판하시는 하나님(민 15:1-41)

여호와께서 모세에게 말씀하여 이르시되 이스라엘 자손에게 말하여 그들에게 이르라 너희는 내가 주어 살게 할 땅에 들어가서 여호와께 화제나 번제나 서원을 갚는 제사나 낙헌제나 정한 절기제에 소나 양을 여호와께 향기롭게 드릴 때에 그러한 헌물을 드리는 자는 고운 가루 십분의 일에 기름 사분의 일 힌을 섞어 여호와께 소제로 드릴 것이며 … (민 15:1-31).

하나님은 이스라엘에게 가나안에 들어가서 화제, 번제, 서원을 갚는 제사, 소제, 전제, 거제, 그리고 속죄제 등을 드려 모든 죄를 온전히 속죄받으라고 말씀하셨다. 하나님의 백성이 범죄할 때마다 그분께 회개해 용서해 주시는 은혜를 믿고 의지하라고 하셨다. 범죄하면 반드시 제사를 드려 하나님께 용서받으라는 것이다.

이스라엘 자손이 광야에 거류할 때에 안식일에 어떤 사람이 나무하는 것을 발견한지라 그 나무하는 자를 발견한 자들이 그를 모세와 아론과 온 회중 앞으로 끌어왔으나 어떻게 처치할는지 지시하심을 받지 못한 고로 가두었더니 여호와께서 모세에게 이르시되 그 사람을

> 반드시 죽일지니 온 회중이 진영 밖에서 돌로 그를 칠지니라 온 회중이 곧 그를 진영 밖으로 끌어내고 돌로 그를 쳐죽여서 여호와께서 모세에게 명령하신 대로 하니라(민 15:32-36).

하나님은 이스라엘에게 안식일에는 아무 일도 하지 말고 안식하라고 십계명 중 제4계명으로 명령하셨다. 그런데 어떤 사람이 안식일에 나무를 하다가 발각되었다. 제4계명 "안식일을 거룩하게 지키라"는 하나님의 명령을 범한 것이다. 하나님은 온 회중이 그를 진영 밖으로 끌어내어 반드시 돌로 쳐 죽이라고 명령하셨다. 그의 죽음은 출애굽 이후 이스라엘 백성이 목숨을 잃은 일곱 번째 참사였다. 여호와의 이름을 모독하며 저주해 "하나님의 이름을 망령되게 부르지 말라"는 제3계명을 범했을 뿐 아니라, 그분 신성까지 모독하는 죄를 범한 어떤 사람(레 24:10-23)에 이어, 하나님께서 돌로 쳐 죽이라 명령하신 두 번째 심판을 받은 것이다.

안식일에 나무 한 번 한 것이 돌로 쳐 죽임을 당할 정도의 죄인가? 성도가 주일 한 번 범하면 돌로 쳐 죽임을 당할 정도의 죄라는 것인가? 물론이다. 주일을 한 번만 범해도 돌로 쳐 죽임을 당할 죄다. 주일은 주님의 날이고, 새 하늘과 새 땅에는 점도 티도 없어야만 들어갈 수 있기 때문이다. 주일 성수는 성도에게 아주 중요한 일이다.

하나님은 안식일에 대한 사건이 벌어지기 전에, '제사'에 대한 말씀을 하셨다(민 15:1-31). 하나님의 백성이 범죄할 때마다 회개하고 용서해 주시는 하나님의 은혜를 믿고 의지하라 하셨다. 범죄하면 반드시 제사를 드려 하나님께 속죄함을 받으라고 하셨다.

그러나 하나님은 안식일을 범한 그에게 제사를 드려 회개하라고 말씀하지 않으시고, 이스라엘에게 돌로 쳐 죽이라고 하셨다. 문제는 그가 안식일을 범했다는 것이 아니라, 왜 안식일을 범했느냐는 것이다. 성도가 주일에 늦을 수도 있고, 빠질 수도 있다. 주일에 예기치 않은

강독 가이드

말의 권세

하나님은 우리의 모든 말을 들으신다. 다베라에서도 "여호와께서 들으시기에 백성이 악한 말로 원망하매"(민 11:1), 미리암이 나병에 걸렸을 때도 "여호와께서 모세와만 말씀하셨느냐 우리와도 말씀하지 아니하셨느냐 하매 여호와께서 이 말을 들으셨더라"(민 12:2), 그리고 가데스 바네아에서도 "이스라엘 자손이 나를 향하여 원망하는 바 그 원망하는 말을 내가 들었노라"(민 14:27)고 말씀하셨다.

하나님 백성의 말에는 권세가 있다. 이스라엘 백성도 여호수아와 갈렙도 그들의 말대로 이루어졌다. 태초에 하나님은 말씀으로 천지를 창조하셨다. 천지가 창조되기 전에는 아무것도 없었다. 하늘도, 땅도, 짐승도, 사람도 없었다. 오직 혼돈과 공허와 흑암뿐이었다. 그렇다면 하나님은 누가 듣는다고, 누구 들으라고 말씀하셨을까? 귀가 있어 들을 수 있는 생물은 다섯째 날부터 창조되었다. 들을 수 있는 짐승도 사람도 없었기 때문에, 말씀하지 않고도 생각으로만 세상을 창조하실 수도 있었을 것이다. 그러나 하나님은 말씀하셨다.

사람이 무슨 말을 하느냐에 따라 그 자신이 결정된다. 영적인 말을 하면 반드시 영적인 결과가 따르고, 육적인 말을 하면 반드시 육적인 결과가 따른다.

"네 말로 의롭다 함을 받고 네 말로 정죄함을 받으리라"(마 12:37).

사고라도 난다면 빠질 수 있다. 문제는 안식일을 범했다는 것이 아니라, 왜 안식일을 범했느냐에 있다.

문제는 방종이었다. 그는 방종했기 때문에 죽음을 면할 수가 없었던 것이다. 하나님은 백성에게 마음대로 살 수 있는 방종을 주신 것이 아니라, 마음 놓고 살 수 있는 자유를 주셨다. 그는 왜 안식일을 범했을까? 항상 예배에 늦고, 잘 나오지 않는 사람이 있다. 변하지 않는 사실은 늦는 사람이 항상 늦고, 잘 빠지는 사람이 늘 빠진다는 것이다. 누구나 늦을 수 있고 빠질 수 있다. 그러나 늦어도 되고 빠져도 된다고 생각하는 것은 방종이다. 그는 안식일을 범해도, 예배에 늦어도, 빠져도 된다고 생각했던 것 같다. 어쩌면 단 한 번이 아니라, 지속적으로 범했던 상습범을 그제야 하나님께서 심판하셨는지도 모른다.

> 여호와께서 모세에게 말씀하여 이르시되 이스라엘 자손에게 명령하여 대대로 그들의 옷단 귀에 술을 만들고 청색 끈을 그 귀의 술에 더하라 이 술은 너희가 보고 여호와의 모든 계명을 기억하여 준행하고 너희를 방종하게 하는 자신의 마음과 눈의 욕심을 따라 음행하지 않게 하기 위함이라 그리하여 너희가 내 모든 계명을 기억하고 행하면 너희의 하나님 앞에 거룩하리라 나는 여호와 너희 하나님이라 나는 너희의 하나님이 되려고 너희를 애굽 땅에서 인도해 내었느니라 나는 여호와 너희의 하나님이니라(민 15:37-41).

하나님은 이스라엘 백성의 방종을 막기 위해, 옷단에 술을 달고 그 술에 '청색' 끈을 달라고 명령하셨다. 술은 옷단 끝에 다는 장식으로 여러 가닥 실이다. 그 술에 청색 끈까지 달고 일상생활을 하라고 하신 것이다. 행동하기에 참으로 거추장스러운 복장이다.

하나님은 이스라엘이 모든 계명을 기억하고 준행하기 위해, 옷단 끝 술에 청색 끈을 묶으라 명령하셨다. 청색은 '하나님 영광'의 색으로 제사장이 입었던 겉옷도, 언약궤를 덮었던 보자기도, 떡상과 등잔대와 분향단 등 성막기구들을 쌌던 보자기도 청색이다. 그처럼 옷단 술에 묶인 청색 끈은 하나님과 이스라엘이 언약으로 묶인 관계라는 것을 의미한다. 하나님을 믿는 백성은 언약 백성이다. 하나님의 백성은 언제나 언약 안에서만 하나님과의 관계가 온전히 유지된다. 하나님 백성의 믿음도 언약 안에서만 유효하다. 언약 밖 믿음은 희망사항에 불과하다.

하나님께서 옷단 끝 술에 청색 끈을 묶으라고 명령하신 것은 그들이 하나님의 모든 계명과 율법을 망각하고, 방종을 일삼는 신앙생활이 되지 않기 위해서다. 하나님의 백성이 편한 신앙생활을 위해 방종해서 하나님의 심판을 받는 것보다 차라리 불편한 자유가 더 나은 것이다.

계명과 율법에 합당한 신앙생활은 불편하고 결코 쉬운 것이 아니다. 신앙생활 그 자체가 하나님의 백성이 척박한 광야 같은 불완전한 세상을 살아가며, 완전하신 하나님까지 섬겨야 하는 일이기 때문이다. 제대로 하는 신앙생활은 불편할 수밖에 없다. 그러나 하나님의 계명과 율법이 생활양식으로 정착된다면 자연스러워지는 것이다.

"좁은 문으로 들어가라 멸망으로 인도하는 문은 크고 그 길이 넓어 그리로 들어가는 자가 많고 생명으로 인도하는 문은 좁고 길이 협착하여 찾는 자가 적음이라"(마 7:13, 14).

> 예수께서 가르치실 때에 이르시되 긴 옷을 입고 다니는 것과 시장에서 문안 받는 것과 회당의 높은 자리와 잔치의 윗자리를 원하는 서기관들을 삼가라(막 12:38, 39).

예수님 당시 성경을 필사했던 서기관들은 아주 긴 옷을 입었다. 옷단 끝 술에 다른 사람들보다 더욱 긴 청색 끈을 많이 달았다. 그들은 하나님의 계명을 철저히 준수한다는 의미로 청색 끈을 길게 달아 과시했다. 본질은 청색 끈을 다는 것이 아니라, 하나님의 계명에 합당한 삶을 사는 것이다.

말씀의 본질을 망각한 그들이 바로 율법주의자였다. 분명히 해야 할 점은 예수님께서 책망하신 것은 율법을 지키는 것이 아니라, 율법주의라는 것이다. 예수님은 율법 그 자체나 율법 준수를 단 일점일획이라도 책망하신 적이 없다. 율법주의자들이 의미도 모르고 율법을 문자적으로만 지키는 것을 책망하셨다. 율법은 구원받는 법이 아님에도 불구하고, 그들은 율법을 지켜 구원받으려 했다. 예수님은 율법을 제대로 지키라고 책망하셨다. 성도가 율법을 망각하고 신앙생활이 방종으로 흐르는 것도 문제지만, 율법을 착각하고 율법주의가 되는 것도 문제다.

권위에 도전하는 레위 지파와 르우벤 지파(민 16:1-50)

> 레위의 증손 고핫의 손자 이스할의 아들 고라와 르우벤 자손 엘리압의 아들 다단과 아비람과 벨렛의 아들 온이 당을 짓고 이스라엘 자손

총회에서 택함을 받은 자 곧 회중 가운데에서 이름 있는 지휘관 이백 오십 명과 함께 일어나서 모세를 거스르니라 그들이 모여서 모세와 아론을 거슬러 그들에게 이르되 너희가 분수에 지나도다 회중이 다 각각 거룩하고 여호와께서도 그들 중에 계시거늘 너희가 어찌하여 여호와의 총회 위에 스스로 높이느냐(민 16:1-3).

모세 사촌인 고핫 손자 고라는 자신이 속한 레위 지파를 선동했고, 다단과 아비람과 온은 자신들이 속한 르우벤 지파를 선동했다. 나아가 온 이스라엘을 선동해 모세와 아론의 권위에 도전하고 대적했다. 그들은 모세와 아론이 "분수에 지나치다"고 했다.

고라 일당은 레위 지파 중 아론과 그 자손들만이 제사장직으로 세워진다는 것에 불만을 품었다. 다단과 아비람과 온 일당은 르우벤 지파가 장자 지파였음에도 불구하고, 유다 지파가 가장 선두에 선다는 것과 레위 지파 모세가 이스라엘 최고 지도자라는 것에 불만을 품었다.

고핫 자손 고라의 무리와 르우벤 지파는 공교롭게도 모두 성막 남쪽에 진을 쳤고, 모세와 아론과 유다 지파는 모두 성막 동쪽에 진을 친 사람들이다.

모세가 듣고 엎드렸다가 고라와 그의 모든 무리에게 말하여 이르되 아침에 여호와께서 자기에게 속한 자가 누구인지, 거룩한 자가 누구인지 보이시고 그 사람을 자기에게 가까이 나아오게 하시되 곧 그가 택하신 자를 자기에게 가까이 나아오게 하시리니 이렇게 하라 너 고라와 네 모든 무리는 향로를 가져다가 내일 여호와 앞에서 그 향로에 불을 담고 그 위에 향을 두라 그 때에 여호와께서 택하신 자는 거룩하게 되리라 레위 자손들아 너희가 너무 분수에 지나치느니라 모세가 또 고라에게 이르되 너희 레위 자손들아 들으라 이스라엘의 하나님이 이스라엘 회중에서 너희를 구별하여 자기에게 가까이 하게 하사 여호와의 성막에서 봉사하게 하시며 회중 앞에 서서 그들을 대신하여 섬기게 하심이 너희에게 작은 일이겠느냐 하나님이 너와 네 모든 형제 레위 자손으로 너와 함께 가까이 오게 하셨거늘 너희가 오히려 제사장의 직분을 구하느냐 이를 위하여 너와 너의 무리가 다 모여서 여호와를 거스르는도다 아론이 어떠한 사람이기에 너희가 그를 원망하느냐 모세가 엘리압의 아들 다단과 아비람을 부르러 사람을 보냈더니 그들이 이르되 우리는 올라가지 않겠노라 네가 우리를 젖과 꿀이 흐르는 땅에서 이끌어 내어 광야에서 죽이려 함이 어찌 작은 일이기에 오히려 스스로 우리 위에 왕이 되려 하느냐 이뿐 아니라 네가 우리를 젖과 꿀이 흐르는 땅으로 인도하여 들이지도 아니하고 밭도 포도원도 우리에게 기업으로 주지 아니하니 네가 이 사람들의 눈을 빼려느냐 우리는 올라가지 아니하겠노라 … (민 16:4-22).

모세가 듣고 그들에게 말했다. “너희가 너무 분수에 지나치느니라” (민 16:7). 그들이 했던 그 말을 그대로 되돌려주었다. 분수에 지나치다는 말은 너무 많이 가졌다는 의미다.

모세는 고라와 그 무리 이백 오십 인에게 여호와 앞에 향로에 불을 담고 그 위에 향을 두라고 했다. 하나님께서 지목하신 제사장이 과연 누구인지 가려내기 위해서였다. 성소를 출입하고 분향단에서 하나님께 향을 올려 드리는 일은 오직 제사장만 할 수 있기 때문이다. 향로는 성소 내 분향단에서 향을 피우는 데 쓰는 작은 화로다.

다단과 아비람을 부르러 가자, 그들은 모세가 자신들을 '젖과 꿀이 흐르는 땅'에서 이끌어 냈다고 말했다. 모세가 그들을 젖과 꿀이 흐르는 가나안 땅으로 이끌어 가는 중이었는데도, 그들은 그곳에서 이끌려 나왔다고 말했다. 그들은 이집트를 젖과 꿀이 흐르는 땅이라고 말한 것이다. 마치 에덴에서 여자에게 "반드시 죽으리라"는 하나님 말씀을 "결코 죽지 아니하리라"는 말로 뒤집은 것과 같은 것이다. 그들이 원한 것은 약속의 땅 가나안에 들어가는 것이 아니라, 이집트 땅으로 돌아가는 것이었다.

그들은 눈에 보이는 것만을 생각하고 말했다. 그들을 이집트에서 이끌어 낸 분은 보이지 않는 하나님이지만, 눈에 보이는 모세가 이끌어 냈다고 했다. 이집트는 젖과 꿀이 흐르는 땅도 아니다. 고역과 학대에 시달리는 그들의 눈물과 피가 흐르는 땅이었다. 그들은 단순히 모세와 아론의 권위에만 도전한 것이 아니라, 지도자를 세우시는 하나님의 신적 권위에도 도전했고, 하나님의 언약도 전면적으로 부인하는 죄를 범하고 있었다.

> 여호와께서 모세에게 말씀하여 이르시되 회중에게 명령하여 이르기를 너희는 고라와 다단과 아비람의 장막 사방에서 떠나라 하라 모세가 일어나 다단과 아비람에게로 가니 … 모세가 이르되 여호와께서 나를 보내사 이 모든 일을 행하게 하신 것이요 나의 임의로 함이 아닌 줄을 이 일로 말미암아 알리라 곧 이 사람들의 죽음이 모든 사람과 같고 그들이 당하는 벌이 모든 사람이 당하는 벌과 같으면 여호와께서 나를 보내심이 아니거니와 만일 여호와께서 새 일을 행하사 땅이 입

을 열어 이 사람들과 그들의 모든 소유물을 삼켜 산 채로 스올에 빠지게 하시면 이 사람들이 과연 여호와를 멸시한 것인 줄을 너희가 알리라 그가 이 모든 말을 마치자마자 그들이 섰던 땅바닥이 갈라지니라 땅이 그 입을 열어 그들과 그들의 집과 고라에게 속한 모든 사람과 그들의 재물을 삼키매 그들과 그의 모든 재물이 산 채로 스올에 빠지며 땅이 그 위에 덮이니 그들이 회중 가운데서 망하니라(민 16:23-33).

모세는 그들에게 '전무후무한 심판'이 임할 거라고 말했다. 그 심판은 그들이 하나님을 멸시했다는 것과 자신을 세우신 하나님은 자신의 말을 듣고 계신다는 것에 대한 증거가 될 것이라고 선포했다. "내가 여호와의 이름으로 명하노니, 땅은 입을 열어 저들과 모든 소유물을 산 채로 스올에 빠지게 할지어다." 이 말이 끝나기가 무섭게 그들이 서 있는 땅이 갈라져 그들을 모조리 삼켜 버렸다. 홍해를 가르신 하나님의 검이 이번에는 땅을 가른 것이다. 전무후무한 심판이었다.

고라 일당은 자신들의 분수를 몰랐다. 고라는 레위 둘째 아들 고핫 자손이다. 고핫은 차자였지만 셋째 므라리 뿐만 아니라 장자 게르손까지 제치고 세 아들 중 하나님께 가장 귀한 직무를 위임받은 자다. 성막과 성막기구를 관리하는 직무 중 가장 중요한 '언약궤'를 포함한 성막기구를 관리하는 직무였다.

그들은 하나님께서 자신들에게 주신 직무의 귀중함은 깨닫지 못하고, 다른 사람의 직분만을 세상적인 눈으로 부러워했다. 남의 떡이 커 보이는 법이다. 하나님은 그분의 백성에게 가장 합당한 떡을 생명의 양식으로 나누어 주시는 공평하신 분이다. 모든 이스라엘 백성은 거룩하신 하나님께 부름 받은 제사장이며 이것이 그들의 시작이고 그들이 존재하는 이유였다.

"너희가 내게 대하여 제사장 나라가 되며 거룩한 백성이 되리라 너는 이 말을 이스라엘 자손에게 전할지니라"(출 19:6).

> 그 주위에 있는 온 이스라엘이 그들의 부르짖음을 듣고 도망하며 이르되 땅이 우리도 삼킬까 두렵다 하였고 여호와께로부터 불이 나와서 분향하는 이백오십 명을 불살랐더라 여호와께서 모세에게 말씀하여 이르시되 너는 제사장 아론의 아들 엘르아살에게 명령하여 붙는 불 가운데에서 향로를 가져다가 그 불을 다른 곳에 쏟으라 그 향로는 거룩함이니라 사람들은 범죄하여 그들의 생명을 스스로 해하였거니와 그들이 향로를 여호와 앞에 드렸으므로 그 향로가 거룩하게 되었나니 그 향로를 쳐서 제단을 싸는 철판을 만들라 이스라엘 자손에게 표가 되리라 하신지라 제사장 엘르아살이 불탄 자들이 드렸던 놋 향로를 가져다가 쳐서 제단을 싸서 이스라엘 자손의 기념물이 되게 하였으니 이는 아론 자손이 아닌 다른 사람은 여호와 앞에 분향하러 가까이 오지 못하게 함이며 또 고라와 그의 무리와 같이 되지 않게 하기 위함이라 여호와께서 모세를 시켜 그에게 명령하신 대로 하였더라 (민 16:34-40).

여호와께로부터 나온 불은 향로로 분향하는 이백오십 명을 불살랐다. 향로는 제사장들만 다룰 수 있는데 그들이 율법을 어기고 향로에 불을 담았기 때문이다. 그들의 죽음은 하나님께서 내리신 세 번째 불 심판이다. 하나님은 이백오십 개의 향로를 쳐서 만든 철판으로 제단을 싸라고 명령하셨다. 따라서 성막에 제사 드리러 오는 모든 이스라엘 백성은 철판으로 싸인 제단을 보지 않을 수 없었다. 하나님은 번제단에 제사로 회개하는 죄인을 구원하시고, 회개하지 않는 죄인을 심판하는 하나님이심을 똑똑히 기억하게 하셨다.

> 이튿날 이스라엘 자손의 온 회중이 모세와 아론을 원망하여 이르되 너희가 여호와의 백성을 죽였도다 하고 회중이 모여 모세와 아론을 칠 때에 회막을 바라본즉 구름이 회막을 덮었고 여호와의 영광이 나타났더라 모세와 아론이 회막 앞에 이르매 여호와께서 모세에게 말씀하여 이르시되 너희는 이 회중에게서 떠나라 내가 순식간에 그들을 멸하려 하노라 하시매 그 두 사람이 엎드리니라 이에 모세가 아론에게 이르되 너는 향로를 가져다가 제단의 불을 그것에 담고 그 위에 향을 피워 가지고 급히 회중에게로 가서 그들을 위하여 속죄하라 여호와께서 진노하셨으므로 염병이 시작되었음이니라 아론이 모세의 명령을 따라 향로를 가지고 회중에게로 달려간즉 백성 중에 염병이 시작되었는지라 이에 백성을 위하여 속죄하고 죽은 자와 산 자 사이에 섰을 때에 염병이 그치니라 고라의 일로 죽은 자 외에 염병에 죽은 자가 만 사천칠백 명이었더라 염병이 그치매 아론이 회막 문 모세에게로 돌아오니라(민 16:41-50).

고라 일당의 죽음에 분노한 일부 백성이 모세와 아론을 원망하며 죽이려고 했다. 그러자 갑자기 하나님의 영광이 나타나 이스라엘을 염병으로 심판하기 시작했다. 염병은 급속도로 이스라엘 회중 속으로 퍼져 나갔다. 이스라엘 백성의 장막 안에서 비명소리가 들려오기 시작했다. 비명소리는 여호와의 영광 가까이 있는 장막에서 먼 방향으로 퍼져 나갔을 것이다. 하나님께서 염병으로 내리신 최초의 심판이다.

아론은 급히 모세의 지시대로 향로를 가져다가 제단의 불을 담고 향을 피워 회중에게 가서 그들을 위해 속죄했다. 그리고 죽은 자와 산 자 사이에 섰다. 아직 비명소리가 나지 않은 장막들 앞에 선 것이다. 그러자 염병이 그쳤다. 그는 향로를 다룰 수 있고, 백성을 위해 속죄할 수 있는 하나님께서 세우신 제사장이었다. 이백오십 명의 향로는 반역자들에게 하나님의 심판을 불러들였지만, 아론의 향로는 이스라엘에게 하나님의 구원을 불러들였다. 고라의 일로 죽은 자 외에 염병으로만 죽은 자가 만 사천칠백 명이나 되었다. 시내산 아래에서 금송아지 우상숭배로 삼천 명이 죽은 이후, 최대의 사망자가 나온 끔찍한 참사였다. 고라와 그 일당이 땅의 삼킴을 당하고, 이백오십 명이 불살라지며, 만 사천칠백 명이 염병으로 받은 심판은 출애굽 이후 이스라엘 백성이 목숨을 잃은 여덟 번째 참사였다. 또한 하나님께서 염병으로 내리신 첫 번째 심판이다.

살구 열매가 열린 아론의 지팡이(민 17:1-13)

여호와께서 모세에게 말씀하여 이르시되 너는 이스라엘 자손에게 말하여 그들 중에서 각 조상의 가문을 따라 지팡이 하나씩을 취하되 곧 그들의 조상의 가문대로 그 모든 지휘관에게서 지팡이 열둘을 취하고 그 사람들의 이름을 각각 그 지팡이에 쓰되 레위의 지팡이에는 아론의 이름을 쓰라 이는 그들의 조상의 가문의 각 수령이 지팡이 하나씩 있어야 할 것임이니라 그 지팡이를 회막 안에서 내가 너희와 만나는 곳인 증거궤 앞에 두라 내가 택한 자의 지팡이에는 싹이 나리니 이것으로 이스라엘 자손이 너희에게 대하여 원망하는 말을 내 앞에서 그치게 하리라 모세가 이스라엘 자손에게 말하매 그들의 지휘관들이 각 지파대로 지팡이 하나씩을 그에게 주었으니 그 지팡이가 모두 열둘이라 그 중에 아론의 지팡이가 있었더라 모세가 그 지팡이들을 증거의 장막 안 여호와 앞에 두었더라 이튿날 모세가 증거의 장막에 들어가 본즉 레위 집을 위하여 낸 아론의 지팡이에 움이 돋고 순이 나고 꽃이 피어서 살구 열매가 열렸더라 모세가 그 지팡이 전부를 여호와 앞에서 이스라엘 모든 자손에게로 가져오매 그들이 보고 각각 자기 지팡이를 집어들었더라 여호와께서 또 모세에게 이르시되 아론의 지팡이는 증거궤 앞으로 도로 가져다가 거기 간직하여 반역한 자에 대한 표징이 되게 하여 그들로 내게 대한 원망을 그치고 죽지 않게 할지니라 모세가 곧 그 같이 하되 여호와께서 자기에게 명령하신 대로 하였더라(민 17:1-11).

증거궤 앞에 둔 죽은 나무 지팡이 열둘 중, 아론의 지팡이에서 움이 돋고 순이 나며 꽃이 피어 살구 열매가 열렸다. 하나님은 이 지팡이를 증거궤에 간직하라고 명령하셨다. 이것은 아론 후손들의 제사장직에 대한 하나님의 보증이었다. 살구꽃은 등잔대 줄기와 여섯 가지 끝에 달린 꽃 형상의 등잔과 꽃받침과 꽃이다(출 25:33, 34). 등잔대가 있는 성소는 제사장만 출입할 수 있는 곳으로 하나님은 아론 자손의 제사장직에 대한 권위를 세워주신 것이다.

지팡이에 살구 열매가 열린 곳도 증거궤 앞이고, 지팡이를 넣어 간직하라고 명령하신 곳도 증거궤 내였다. 증거궤를 두는 지성소는 대제사장만 출입할 수 있는 곳으로 하나님은 아론의 대제사장직에 대한 권위도 세워주셨다.

죽은 나무 지팡이에서 살아 있는 움이 돋고 순이 나며 꽃이 피어 살구 열매가 하룻밤 사이에 열린 기적은 모두를 깜짝 놀라게 했다. 무엇보다도 놀란 사람은 아론 자신이었다. 왜냐하면 그는 과거 누이 미리암과 함께 모세의 권위에 도전했기 때문이다. 아론은 자신이 향로로 백성을 위해 속죄하고 죽은 자와 산 자 사이에 섰을 때, 염병이 중단되고 사망자가 만 사천칠백 명에 그치는 사건을 경험했다.

그로 인해 자기 직분과 직무도 모세 못지않다는 것을 깨달았다. 모세가 지팡이로 홍해를 갈라 이스라엘을 이집트와 분리시키는 놀라운 일을 행했던 것처럼, 자신도 향로로 염병의 진행을 갈라, 살아 있는 자들을 죽은 자들과 분리하는 놀라운 일을 행한 것이다. 대제사장 아론은 바로 산 자와 죽은 자를 구분하는 기준 되신 대제사장 예수 그리스도를 예표하고, 하룻밤 사이에 열매가 열린 죽은 나무 지팡이는 예수 그리스도의 부활을 예표한다.

이스라엘의 반역으로 하나님은 성막 안에 두 가지 표징을 두게 하셨다. 이백오십 명의 향로를 쳐서 만든 철판으로 싼 제단은 레위 지파 중, 아론의 후손들 외에는 누구도 제사를 집례할 수 없다는 것에 대한 표징과 살구 열매가 열린 지팡이는 제사장 중 대제사장 아론 외에는 아무도 지성소에 출입할 수 없다는 것에 대한 표징이다. 이는 모든 이스라엘이 하나님에 대한 원망을 그치고 죽음을 면하기 위해서다.

향로로 쳐서 만든 철판으로 싼 제단은 성막 뜰에 있었고, 아론의 싹난 지팡이는 성소 휘장 너머 지성소에 두었다. 향로로 쳐서 만든 제단

강독 가이드

아몬드나무

우리말 성경에 나오는 살구나무의 히브리어는 '샤케드'다. 샤케드는 사실 살구나무가 아니라 아몬드나무를 가리키는 말이다. 성경이 우리말로 번역될 당시, 아몬드나무를 몰랐던 우리로선 그렇게 번역할 수밖에 없었을 것이다.

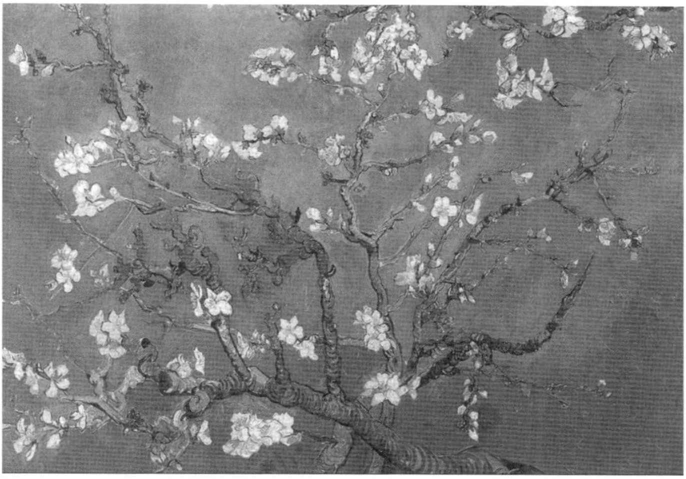

빈센트 반 고흐 〈꽃이 핀 아몬드나무〉 1890년, 네덜란드 암스테르담 반 고흐 박물관 소장

의 철판은 모든 이스라엘이 성막을 출입하며 볼 수 있게 하셨고, 살구 열매가 열린 지팡이는 모든 제사장이 성소를 드나들며 떠올리게 하셨다. 철판과 지팡이는 모두 하나님의 권위에 도전한 이스라엘의 범죄 이후에 만들어지고 생긴 것이다. 하나님의 권위에 도전하는 행위는 모든 이스라엘에게 치명적 죄악이다.

염병으로 심판받는 사건과 지팡이에 살구 열매가 열린 사건은 대조

적이다. 살아 있는 사람이 기적적인 심판으로 죽음을 당하는가 하면, 죽은 나무 지팡이에 기적적으로 살구 열매가 열리기도 했다. 심판하시는 하나님인 동시에 구원하시는 하나님이시다.

제사장과 레위인의 직무(민 18:1-32)

여호와께서 아론에게 이르시되 너와 네 아들들과 네 조상의 가문은 성소에 대한 죄를 함께 담당할 것이요 너와 네 아들들은 너희의 제사장 직분에 대한 죄를 함께 담당할 것이니라 너는 네 형제 레위 지파 곧 네 조상의 지파를 데려다가 너와 함께 있게 하여 너와 네 아들들이 증거의 장막 앞에 있을 때 그들이 너를 돕게 하라 레위인은 네 직무와 장막의 모든 직무를 지키려니와 성소의 기구와 제단에는 가까이 하지 못하리니 두렵건대 그들과 너희가 죽을까 하노라 레위인은 너와 합동하여 장막의 모든 일과 회막의 직무를 다할 것이요 다른 사람은 너희에게 가까이 하지 못할 것이니라 이와 같이 너희는 성소의 직무와 제단의 직무를 다하라 그리하면 여호와의 진노가 다시는 이스라엘 자손에게 미치지 아니하리라 보라 내가 이스라엘 자손 중에서 너희의 형제 레위인을 택하여 내게 돌리고 너희에게 선물로 주어 회막의 일을 하게 하였나니 너와 네 아들들은 제단과 휘장 안의 모든 일에 대하여 제사장의 직분을 지켜 섬기라 내가 제사장의 직분을 너희에게 선물로 주었은즉 … (민 18:1-32).

"우리는 죽게 되었나이다. 망하게 되었나이다. 다 망하게 되었나이다. 여호와의 성막에 가까이 나아가는 자마다 다 죽사오니 우리가 다 망하여야 하리이까?”(민 17:12, 13) 고라 무리가 땅의 삼킴을 당하고 분향한 이백오십 명이 불살라지며 만 사천칠백 명이 염병으로 죽자, 이스라엘 백성은 여호와의 진노가 두려워 어떻게 제단에 나갈 수 있겠느냐고 질문했다. 이 질문에 대한 하나님의 답변이 바로 제사장과 레위인의 직무였다. 제사장이 자기 직무를 돕는 하나님의 선물인 레위인과 함께 성소와 제단의 직무를 다하면, 여호와의 진노가 다시는 이스라엘 자손에게 미치지 않을 것이기 때문이다.

하나님은 모든 제사장과 레위인이 하나님께 제사 드리는 백성을 돕고, 그들에게 율법을 가르치는 일에 전념할 수 있도록 이스라엘 열두 지파가 하나님께 드리는 십일조를 레위 지파에게 돌리라고 명령하셨다. 레위 지파는 받은 십일조의 십일조를 제사장에게 돌렸다(민 18:21-32). 열두 지파가 하나님께 드리는 십일조와 모든 예물은 레위 지파를 위해 드리게 하신 것이 아니라, 그들 자신을 위해 드리게 하신 것이다. 레위인을 통해 하나님의 율법을 항상 가까이 하고, 배울 수 있게 해서 하나님의 백성답게 살게 하신 것이다. 이스라엘의 모든 십일조는 오직 하나님께 드리는 것이다. 열두 지파가 십일조를 레위 지파에게 주는 것도, 레위 지파가 열두 지파에게 받는 것도 아니었다.

하나님께서 이스라엘 백성에게 맡기시는 직무와 직분은 영광스러운 선물이다. 동시에 하나님 나라를 위해 절제하고 희생하며 죽어야만 하는 고통스러운 십자가이기도 하다. 십자가가 하나님의 영광스러운 선물인 것은 어깨에 진 십자가의 크기가 영원한 하나님 나라에서 받을 면류관의 크기와 동일하기 때문이다.

“누구든지 나를 따라오려거든 자기를 부인하고 자기 십자가를 지고 나를 따를 것이니라"(마 16:24).

속죄하는 붉은 암송아지 잿물(민 19:1-22)

> 여호와께서 모세와 아론에게 말씀하여 이르시되 여호와께서 명령하시는 법의 율례를 이제 이르노니 이스라엘 자손에게 일러서 온전하여 흠이 없고 아직 멍에 메지 아니한 붉은 암송아지를 네게로 끌어오게 하고 너는 그것을 제사장 엘르아살에게 줄 것이요 그는 그것을 진영 밖으로 끌어내어서 자기 목전에서 잡게 할 것이며 제사장 엘르아살은 손가락에 그 피를 찍고 그 피를 회막 앞을 향하여 일곱 번 뿌리고 그 암소를 자기 목전에서 불사르게 하되 그 가죽과 고기와 피와 똥을 불사르게 하고 동시에 제사장은 백향목과 우슬초와 홍색 실을 가져다가 암송아지를 사르는 불 가운데에 던질 것이며 제사장은 자기의 옷을 빨고 물로 몸을 씻은 후에 진영에 들어갈 것이라 그는 저녁까지 부정하리라 송아지를 불사른 자도 자기의 옷을 물로 빨고 물로 그 몸을 씻을 것이라 그도 저녁까지 부정하리라 이에 정결한 자가 암송아지의 재를 거두어 진영 밖 정한 곳에 둘지니 이것은 이스라엘 자손 회중을 위하여 간직하였다가 부정을 씻는 물을 위해 간직할지니 그것은 속죄제니라 … (민 19:1-22).

출애굽 이후 하나님을 거역한 이스라엘 백성은 심판받아 이스라엘 진영에서 죽임당했다. 시내산에서 금송아지를 숭배하고 레위 지파에게 도륙당한 삼천 명(출 32:28), 여호와께서 명령하지 않은 불을 담아 분향해 하나님의 불에 타 죽은 나답과 아비후(레 10:1), 여호와의 이름을 모독하며 저주해 돌로 쳐 죽임을 당한 어떤 사람(레 24:11), 다베라에서 악한 말로 원망해 진영 끝에 붙은 불에 타 죽은 사람들(민 11:1), 기브롯 핫다아와에서 탐욕을 부려 고기가 아직 이 사이에 있어 씹히기도 전에 하나님의 진노에 죽은 사람들(민 11:34), 가나안 정탐 후 땅에 대한 악평으로 하나님의 재앙에 죽은 열 명(민 14:37), 안식일에 나무해서 돌로 쳐 죽임을 당한 어떤 사람(민 15:36), 땅이 입을 열어 삼킴당한 고라의 무리(민 16:32), 향로에서 나온 불에 불살라진 분향한 이백오십 명(민 16:35), 반역에 가담해 염병으로 죽은 만 사천칠백 명(민 16:49), 그리고 수명을 다한 수많은 사람이 죽었다.

따라서 이스라엘 백성은 사람 시체를 만지지 않을 수가 없어 부정해지기 일쑤였다. 시체를 만진 사람은 남아를 낳은 산모, 유출자나 여인처럼 이레 동안 부정했다. 시체를 만지는 일은 더욱 부정해서 다른 정결례와 달리, 셋째 날과 일곱째 날 두 번 행해야만 정결함을 입을 수 있었다(민 19:11, 12).

하나님은 흠이 없고 아직 멍에를 메지 않은 붉은 암송아지를 나음 입은 나병 환자가 정결례에서 드린(레 14:4) 백향목과 우슬초와 홍색 실과 함께 불사르라고 명령하셨다. 불사르고 남은 재를 흐르는 물에 섞어 부정하게 된 자에게 뿌리면 속죄제를 드리는 것과 동일한 죄 사함을 주시겠다고 약속해 주셨다.

"염소와 황소의 피와 및 암송아지의 재를 부정한 자에게 뿌려 그 육체를 정결하게 하여 거룩하게 하거든 하물며 영원하신 성령으로 말미암아 흠 없는 자기를 하나님께 드린 그리스도의 피가 어찌 너희 양심을 죽은 행실에서 깨끗하게 하고 살아 계신 하나님을 섬기게 하지 못하겠느냐"(히 9:13, 14).

이스라엘 군대가 광야를 행진하며 이동할 때나 전쟁 때를 염두에 두신 하나님의 배려였다. 행진 중에는 레위 지파가 성막과 성막기구를 거두어 수레에 싣거나 어깨에 메고 이동하기 때문에 속죄제를 드리는 것이 불가능했고 전시 중에도 마찬가지였다. 하나님의 백성은 언제 어디서 어떤 상황에서도 하나님의 은혜로 속죄받아 정결함을 입어야 한다.

제3강

가데스 바네아에서 가데스 바네아로

민수기 20~25장

출애굽 제2년 2월 20일 시내산을 떠나 광야 행진을 시작한 이스라엘 군대는 열 하룻길 만에 가나안 땅 남쪽 접경지 가데스 바네아에 도착했다. 열두 명의 지휘관이 40일 동안 가나안 땅도 정탐했다. 여호수아와 갈렙을 제외한 사람들은 아낙 자손의 장대한 신장을 보고 두려워 그 땅을 주시겠다는 하나님의 약속을 불신했고, 하나님의 인도까지 원망했다. 하나님은 징계로 광야 생활을 40년으로 결정하셨고, 가데스 바네아는 이스라엘에게 아픈 기억을 남긴 곳이 되었다. 이스라엘이 광야를 행진하다 다시 가데스 바네아로 돌아왔지만, 그들은 하나님의 인도하심과 도우심을 그토록 많이 경험하고도 여전히 원망을 일삼는 죄인이었다.

다시 돌아온 가데스 바네아(민 20:1–29)

> 첫째 달에 이스라엘 자손 곧 온 회중이 신 광야에 이르러 백성이 가데스에 이르더니 미리암이 거기서 죽으매 거기에 장사되니라 회중이 물이 없으므로 모세와 아론에게로 모여드니라 백성이 모세와 다투어 말하여 이르되 우리 형제들이 여호와 앞에서 죽을 때에 우리도 죽었더라면 좋을 뻔하였도다 너희가 어찌하여 여호와의 회중을 이 광야로 인도하여 우리와 우리 짐승이 다 여기서 죽게 하느냐 너희가 어찌하여 우리를 애굽에서 나오게 하여 이 나쁜 곳으로 인도하였느냐 이 곳에는 파종할 곳이 없고 무화과도 없고 포도도 없고 석류도 없고 마실 물도 없도다(민 20:1–5).

이스라엘 군대는 아픈 기억이 있는 신 광야 가데스 바네아로 돌아왔다. 그들의 불신으로 40년 광야 생활이 결정되었던 때는 출애굽 제2년 삼월이다. 위 성경구절에서는 첫째 달이라고 기록되었을 뿐 출애굽한 지 제 몇 년째라는 언급이 없어, 그들이 얼마 만에 돌아왔는지는 알 수 없다. 그때 모세의 누이 미리암이 거기서 죽어 장사되었다. 미리암은 광야 40년 생활 중 어느 시점에서 수명을 다한 것일까?

가데스 바네아로 돌아온 이스라엘은 여전히 원망이 많았다. 그곳에는 파종할 땅도, 무화과도, 포도도, 석류도, 마실 물도 없었기 때문이다. 그들은 '없다'는 말을 다섯 번이나 반복했다. 불평은 있는 것이 아니라, 없는 것을 바라볼 때 쏟아지는 것이다. 부족함이 없는 에덴에서도 아담과 하와가 금단의 열매를 먹으면 안 된다는 것을 부족함이라 여겼을 때 죄를 지었다. 백성은 모세와 다투기까지 했고, 심지어 자신들이 살아 있음을 한탄까지 했다.

모세와 아론이 회중 앞을 떠나 회막 문에 이르러 엎드리매 여호와의 영광이 그들에게 나타나며 여호와께서 모세에게 말씀하여 이르시되 지팡이를 가지고 네 형 아론과 함께 회중을 모으고 그들의 목전에서 너희는 반석에게 명령하여 물을 내라 하라 네가 그 반석이 물을 내게 하여 회중과 그들의 짐승에게 마시게 할지니라 모세가 그 명령대로 여호와 앞에서 지팡이를 잡으니라 모세와 아론이 회중을 그 반석 앞에 모으고 모세가 그들에게 이르되 반역한 너희여 들으라 우리가 너희를 위하여 이 반석에서 물을 내랴 하고 모세가 그의 손을 들어 그의 지팡이로 반석을 두 번 치니 물이 많이 솟아나오므로 회중과 그들의 짐승이 마시니라 여호와께서 모세와 아론에게 이르시되 너희가 나를 믿지 아니하고 이스라엘 자손의 목전에서 내 거룩함을 나타내지 아니한 고로 너희는 이 회중을 내가 그들에게 준 땅으로 인도하여 들이지 못하리라 하시니라 이스라엘 자손이 여호와와 다투었으므로 이를 므리바 물이라 하니라 여호와께서 그들 중에서 그 거룩함을 나타내셨더라(민 20:6-13).

이스라엘 자손이 마실 물이 없어 원망을 늘어놓자, 하나님은 모세에게 반석을 명령해 물을 내어, 그들에게 마시게 하라고 말씀하셨다. 그러나 모세는 끊임없이 원망하는 이스라엘 백성에게 화가 치밀어 혈기를 부리고 말았다. 지난 시간 힘든 행진을 동행하고 결국 광야에서 생을 마감한 누이 미리암의 죽음이 혈기를 부추겼을 것이고, 스트레스 또한 적지 않았을 것이다. 누이 미리암이 아니었다면 갈대상자에

담긴 어린 모세는 살아 있을 수도 없었다.

"반역한 너희여 들으라." 모세가 이스라엘 백성을 가리킨 히브리어 '너희'를 직역하면 '망할 것들'이다.

> 그들이 또 므리바 물에서 여호와를 노하시게 하였으므로 그들 때문에 재난이 모세에게 이르렀나니 이는 그들이 그의 뜻을 거역함으로 말미암아 모세가 그의 입술로 망령되이 말하였음이로다(시 106:32, 33).

모세는 자신들이 물을 내는 것도 아니면서 마치 자신들이 낸다는 듯이 우리라고 했다. 그들은 하나님 말씀을 믿지 않았고, 이스라엘 자손 목전에서 하나님의 거룩함을 나타내지 않았다. 반석에서 물을 내는 일은 하나님께서 하시는 일인데도 자신들이 하는 것처럼 말했다. 그들이 하나님이 되었다. 원죄는 스스로 하나님이 되는 것이다. 하나님은 천지를 창조하신 조물주시고 그들은 하나님의 피조물이다. 피조물에 불과한 자신들을 거룩하신 하나님과 구분하지 않았다.

모세는 손을 들어 지팡이로 반석을 두 번 내려쳤다. 반석에 명령해 물을 내게 하라는 하나님 말씀과 전혀 다른 행동이다. 모세는 그 순간 하나님 말씀을 믿지 않았다. 르비딤 광야에서 반석을 내리쳤던 것을 떠올리며, 말씀보다 경험에 근거해 반석을 내리친 것이다. 하나님 말씀에 대한 불순종과 이스라엘에게 부린 혈기가 화근이 되어 모세와 아론은 약속의 땅 가나안에 들어가지 못하는 결정적 요인이 되었다.

> 여호와께서 모세에게 이르시되 백성 앞을 지나서 이스라엘 장로들을

> 데리고 나일 강을 치던 네 지팡이를 손에 잡고 가라 내가 호렙 산에 있는 그 반석 위 거기서 네 앞에 서리니 너는 그 반석을 치라 그것에서 물이 나오리니 백성이 마시리라 모세가 이스라엘 장로들의 목전에서 그대로 행하니라(출 17:5, 6).

이스라엘이 하나님과 시내산 언약을 맺기 전, 르비딤 광야에서도 모세가 반석에서 물을 내는 일이 있었다. 그때는 분명 하나님께서 모세에게 반석을 지팡이로 내려치라고 명령하셨다. 그러나 가데스 바네아에서는 내려치라고 말씀하신 것이 아니라, '명령'해 물을 내라 하셨다. 하나님은 반석을 내려쳐서는 안 된다고 하신 것이다. 똑같이 반석에서 물을 내는 일이지만 방법이 달랐다. 왜냐하면 똑같지 않기 때문이다. 여기에는 아주 깊은 상징적 의미가 숨어 있다.

광야는 마실 물이 없는 곳이다. 이스라엘은 행진 중 갈증으로 힘들었고, 혹시 죽지 않을까 심히 두려워했다. 실제로 르비딤 광야에서도, 가데스 바네아에서도 그들은 물 때문에 모세와 다투었다. 뿐만 아니라 하나님을 시험할 정도로 물에 대해 아주 간절했다.

> 다 같은 신령한 음료를 마셨으니 이는 그들을 따르는 신령한 반석으로부터 마셨으매 그 반석은 곧 그리스도시라(고전 10:4).

하나님은 이스라엘에게 놀라운 일을 행하셨다. 광야 40년 내내 목마르지 않도록 물을 내는 '신령한 반석'이 그들을 따라다니게 하셨다. 이스라엘 군대만 육십만이고, 전체는 이백만이 넘었다. 뿐만 아니라 이집트에서 몰고 나온 수많은 가축도 있었다. 그 많은 군중과 가축들이 마시려면 반석의 크기도 엄청났을 것이다.

> 낮에는 구름으로, 밤에는 불빛으로 인도하셨으며 광야에서 반석을 쪼개시고 매우 깊은 곳에서 나오는 물처럼 흡족하게 마시게 하셨으며 또 바위에서 시내를 내사 물이 강 같이 흐르게 하셨으나 그들은 계속해서 하나님께 범죄하여 메마른 땅에서 지존자를 배반하였도다(시 78:14-17).

도대체 어떻게 그 큰 반석이 이스라엘과 함께 행진했을까? 반석은 보통 바위가 아니라, '신령한 반석', 귀하고 견고한 '기촛돌'(사 28:16), 손대지 아니한 '돌'(단 2:34), 보배로운 '산 돌'(the living stone 벧전 2:4)이었다. 믿기 힘든 것은 반석이 이스라엘과 함께 행진했을 뿐만 아니라, 반석에서 물이 나왔다는 것이다.

따라서 모세가 시내산 언약 이전에 르비딤 광야에서 지팡이로 내리친 반석과 시내산 언약 이후 가데스 바네아에서 지팡이로 두 번 내리친 반석(민 20:11)은 동일한 반석이다.

중요한 것은 그 반석은 바로 '예수 그리스도'(고전 10:4)를 상징한다는 것이다. 르비딤 광야에서 모세가 반석을 나무 지팡이로 내려쳤을 때 생수가 쏟아져 나왔다(출 17:6). 이는 갈보리 언덕에서 예수 그리스도께서 나무 십자가에 달려 피를 쏟아내실 것을 예표한다(요 19:34). 모세의 지팡이는 곧 예수 그리스도의 '십자가'였다. 르비딤 광야에서 일어난 사건 이후, 이스라엘은 시내산 언약을 맺어 하나님의 백성이 되었다. 갈보리산 십자가 사건 이후, 믿는 자들은 '갈보리 언약'을 맺어 하나님의 자녀가 되었다.

모세는 시내산 언약이 체결된 이후, 가데스 바네아에서 나무 지팡이로 반석을 두 번이나 내려쳤다. 상징적으로 절대 있을 수 없는 일이 벌어진 것이다. 단번에, 영원히, 완전한 구원 언약이 체결되었는데 예수 그리스도를 또 다시 십자가에 못 박는 것과도 같은 일이 생긴 것이다. 모세는 하나님 백성의 모든 죄를 속죄해 주시는 예수 그리스도 보혈의 공로를 훼손하고 부인한 셈이 되었다.

사실 출애굽 이후 모세가 크게 노한 것은 이번만이 아니다. 시내산에서 이스라엘 백성이 금송아지를 우상으로 숭배하는 것을 보고 크게 노해, 하나님께서 친히 기록해 주신 십계명 두 돌판을 던져 깨뜨렸다(출 32:19). 이 사건은 누구도 율법으로는 구원받을 수 없다는 것을 상징하기 때문에 하나님은 다시 십계명 두 돌판을 친히 기록해 주셨다. 그러나 가데스 바네아에서 반석을 내려친 사건은 달랐다.

이 사건은 예수 그리스도의 십자가 속죄는 '단 한 번'만으로도 '영원'하고 '완전'하다는 것을 드러내고 있다. 하나님의 은혜를 오직 믿음으로 구원받아 하나님의 백성이 되었다면, 다시 구원받을 필요가 없다는 것을 의미한다. 하나님의 은사와 부르심에는 후회하심도 없으며(롬 11:29), 한 번 구원은 영원한 구원이기 때문이다.

시내산 언약 문서 십계명 두 돌판은 이스라엘의 우상숭배로 말미암아 단 한 번 깨뜨려진 것으로 족했다. 이후 이스라엘의 변함없는 완악함에도 불구하고, 하나님께서 친히 거듭 기록해 주신 두 돌판은 다시 깨뜨려지지 않았다. 두 돌판이 들어 있는 언약궤는 마지막 날 하늘 성전(계 11:19)에서야 볼 수 있기 때문에 영원히 깨뜨릴 수도 없다.

"너희가 죽었고 너희 생명이 그리스도와 함께 하나님 안에 감추어졌음이라"(골 3:3).

그래서 하나님께서 모세와 아론에게 "너희가 나를 믿지 아니하고 이스라엘 자손의 목전에서 내 거룩함을 나타내지 아니한 고로 너희는 이 회중을 내가 그들에게 준 땅으로 인도하여 들이지 못하리라"고 말씀하신 것이다. 그들은 행위로도 하나님 말씀에 순종하지 않았을 뿐더러, 상징적으로도 예수 그리스도 대속 은혜에 큰 흠집을 내고 말았다. 예수님의 성육신은 단 한 번이다. 십자가도, 부활도, 승천도 그리고 재림도 단 한 번이다. 예수 그리스도는 믿는 자의 모든 죄를 대속하신 영원한 대제사장이시다.

"성도에게 단번에 주신 믿음의 도를 위하여 힘써 싸우라"(유 1:3).

모세가 가데스에서 에돔 왕에게 사신을 보내며 이르되 당신의 형제 이스라엘의 말에 우리가 당한 모든 고난을 당신도 아시거니와 우리 조상들이 애굽으로 내려갔으므로 우리가 애굽에 오래 거주하였더니 애굽인이 우리 조상들과 우리를 학대하였으므로 우리가 여호와께 부르짖었더니 우리 소리를 들으시고 천사를 보내사 우리를 애굽에서 인도하여 내셨나이다 이제 우리가 당신의 변방 모퉁이 한 성읍 가데스에 있사오니 청하건대 우리에게 당신의 땅을 지나가게 하소서 우리가 밭으로나 포도원으로 지나가지 아니하고 우물물도 마시지 아니하고 왕의 큰길로만 지나가고 당신의 지경에서 나가기까지 왼쪽으로나 오른쪽으로나 치우치지 아니하리이다 한다고 하라 하였더니 에돔 왕이 대답하되 너는 우리 가운데로 지나가지 못하리라 내가 칼을 들고 나아가 너를 대적할까 하노라 이스라엘 자손이 이르되 우리가 큰길로만 지나가겠고 우리나 우리 짐승이 당신의 물을 마시면 그 값을 낼 것이라 우리가 도보로 지나갈 뿐인즉 아무 일도 없으리이다 하나

이스라엘의 출애굽 경로

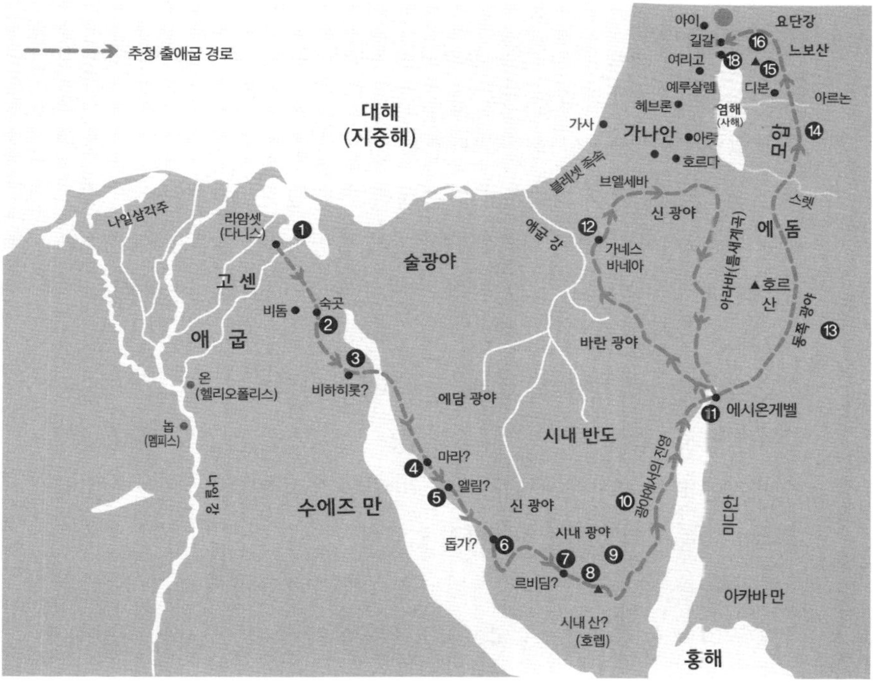

추정 출애굽 경로
대해
(지중해)
나일삼각주
라암셋
(다니스)
고 센
비돔
숙곳
애 굽
온
(헬리오폴리스)
놉
(멤피스)
나일 강
비하히롯?
술광야
에담 광야
수에즈 만
마라?
엘림?
신 광야
돕가?
르비딤?
시내 광야
시내 산?
(호렙)
시내 반도
바란 광야
애굽 강
블레셋 족속
가사
가나안
아랏
호르다
헤브론
예루살렘
여리고
길갈
아이
요단강
느보산
디본
아르논
염해
(사해)
브엘세바
신 광야
가데스
바네아
에 돔
호르
산
세렛
에시온게벨
아카바 만
홍해

그는 이르되 너는 지나가지 못하리라 하고 에돔 왕이 많은 백성을 거느리고 나와서 강한 손으로 막으니 에돔 왕이 이같이 이스라엘이 그의 영토로 지나감을 용납하지 아니하므로 이스라엘이 그들에게서 돌이키니라(민 20:14-21).

이스라엘 군대는 가나안에 들어가기 위해 에돔 길로 경유하기를 간절히 원했다. 그들에게는 매우 큰 전과가 있었기 때문이다. 이스라엘은 지난번처럼 가데스 바네아에서 불신을 되풀이 하지 않기 위해 에돔 길을 경유해 즉시 가나안으로 북상하기 원했다. 게다가 에돔 길은 해발 800미터에 있어서 시원하고 걷기에 좋았다. 예로부터 왕이나 대상들이 많이 이용해서 그 길을 '왕의 큰길'(민 20:17)이라고 불렀다.

모세는 그 길을 지나갈 수 있도록 허락해 달라는 서신을 에돔 왕에게 보냈지만 거부당했다. 모세는 하나님의 명령대로(신 2:4-6) 에돔에 피해를 입히지 않을 것이고 양식과 물도 돈으로 살 것이며, 혹시 피해가 생기면 모든 비용을 배상하겠다고 했다. 오직 지나갈 수 있게만 해 달라고 거듭 부탁했지만 허락하지 않았다.

그들과 싸울 수도 없었다. 하나님은 이스라엘 군대에게 "그들과 다투지 말라 그들의 땅은 한 발자국도 너희에게 주지 아니하리니 이는 내가 세일 산을 에서에게 기업으로 주었음이라"(신 2:5)고 하셨고, "너는 에돔 사람을 미워하지 말라 그는 네 형제임이니라"(신 23:7)고도 하셨다. 에돔 조상 에서와 이스라엘 조상 야곱은 한 형제이기 때문이다. 하나님은 왜 약속의 땅 가나안으로 즉시 들어가려고 한 이스라엘을 돕지 않으셨을까? 왜 이스라엘을 가로막는 에돔 왕을 내버려두셨을까?

에돔 왕이 거부하자 갑자기 구름 기둥이 움직이기 시작했다. 에돔 길을 통해 가나안으로 곧장 북상하는 것이 아니라, 가나안 남쪽 접경지의 극동을 향해 진행하는 것이다. 에돔 길을 통해 조금만 더 북상하면 약속의 땅인데 구름 기둥이 전혀 다른 길로 인도했다. 출애굽 제2년에 이스라엘이 그곳에서 곧장 북상하지 않아 길고 험한 광야 생활을 징계받았는데, 이제는 구름 기둥이 다른 방향으로 인도하는 것이다.

에돔 길을 통해 북상하는 것은 하나님의 뜻이 아니었다. 이스라엘은 할 수 없이 발걸음을 옮겨 가나안 남쪽 접경지의 극동을 돌아서 가나안 동쪽 경계라 할 수 있는 요단강을 따라 북상했다.

만일 이스라엘이 에돔 길을 통해 북상해 가나안으로 곧장 들어갔다면, 그들의 고된 행진도 끝나고 시간도 단축되었을 것이다.

하나님은 이스라엘이 에돔 길을 통해 북상하는 것을 허락하지 않으셨다. 그들이 곧장 가나안으로 진입하는 것을 막은 것은 에돔 왕이 아니라 바로 하나님이셨다. 여기에는 아주 놀라운 하나님의 섭리가 숨어 있다.

"이는 내 생각이 너희의 생각과 다르며 내 길은 너희의 길과 다름이니라 여호와의 말씀이니라"(사 55:8).

하나님은 종종 우리를 먼 길로 인도하신다. 그렇게 하시는 것에는 분명한 하나님의 뜻이 있다. 더 거룩하도록, 더 온전하도록, 절대 약속의 기업을 잃어버리지 않도록 하기 위해서다. 종국에는 하나님의 완전하심을 깨닫게 하기 위해서다. 지금 이스라엘 백성을 인도하는 것은 없는 길을 만들어서라도, 홍해를 건너게 한 전능하신 하나님의 구름 기둥임을 잊어서는 안 된다. 자신이 먼 길로 돌아가고 있다는 생각이 들어도 좌절하지 말고 하나님을 기대하며 그 손길을 기다려야 한다.

"너는 범사에 그를 인정하라 그리하면 네 길을 지도하시리라"(잠 3:6).

하나님은 우리의 삶에 일어나는 모든 일에 하나님의 간섭하심이 있음을 반드시 믿으라고 말씀하셨고, 범사에 하나님을 인정하라고 명령하셨다. 하나님은 지금도 우리의 길을 지도하고 계신다.

여기까지 인도하신 하나님, 엘로힘–천지를 창조하신 하나님, 엘샤다이–전능하신 하나님, 여호와 이레–예비하시는 하나님, 여호와–어떤 조건에도 영향을 받지 않으시는 하나님, 여호와 라파–치료하시는 하나님, 여호와 닛시–승리의 하나님, 여호와 칸나–질투의 하나님, 여호와 카도쉬–거룩하신 하나님, 이분이 바로 우리 아버지시다. 모든 문제는 범사에 하나님을 인정하는 것에서부터 해결의 실마리를 찾을 수 있다. 그리고 그 자체가 답이다.

> 이스라엘 자손 곧 온 회중이 가데스를 떠나 호르 산에 이르렀더니 여호와께서 에돔 땅 변경 호르 산에서 모세와 아론에게 말씀하시니라 이르시되 아론은 그 조상들에게로 돌아가고 내가 이스라엘 자손에게 준 땅에는 들어가지 못하리니 이는 너희가 므리바 물에서 내 말을 거역한 까닭이니라 너는 아론과 그의 아들 엘르아살을 데리고 호르 산에 올라 아론의 옷을 벗겨 그의 아들 엘르아살에게 입히라 아론은 거기서 죽어 그 조상에게로 돌아가리라 모세가 여호와의 명령을 따라 그들과 함께 회중의 목전에서 호르 산에 오르니라 모세가 아론의 옷을 벗겨 그의 아들 엘르아살에게 입히매 아론이 그 산 꼭대기에서 죽으니라 모세와 엘르아살이 산에서 내려오니 온 회중 곧 이스라엘 온

족속이 아론이 죽은 것을 보고 그를 위하여 삼십 일 동안 애곡하였더라(민 20:22-29).

모세 누이 미리암에 이어 형 아론도 죽었다. 아론은 호르산 꼭대기에서 모세와 아들 엘르아살이 지켜보는 가운데 숨을 거두었다. 하나님은 모세에게 아론의 옷을 아들 엘르아살에게 입히게 하고, 그를 이스라엘 제2대 대제사장으로 삼게 하셨다. 아론도 미리암과 함께 약속의 땅 가나안에는 들어가지 못했다. 가데스 바네아에서 반석을 두 번이나 쳐 하나님 말씀을 거역했기 때문이다.

이스라엘 온 회중이 아론이 죽은 것을 보고 30일 동안 애곡했다. 그가 세상을 떠났다는 것도 슬픈 일이지만, 약속의 땅 가나안을 밟아보지 못하고 떠났다는 것이 그들의 마음을 더욱 슬프게 했을 것이다. 미리암이 떠난 그 해에 아론도 떠났고, 그 해에 모세도 떠났다. 그렇다면 미리암과 아론과 모세가 떠났다는 그 해는 출애굽한 지 몇 년째였을까?

이스라엘 자손이 애굽 땅에서 나온 지 사십 년째 오월 초하루에 제사장 아론이 여호와의 명령으로 호르 산에 올라가 거기서 죽었으니(민 33:38).

이스라엘 군대는 출애굽 제2년 3월 1일에 가나안 남쪽 접경지 가데스 바네아에 도착했다. 그들은 하나님의 언약을 불신해서 가나안에 들어가지 못하고 오랜 세월 광야 생활을 해야 했다. 이스라엘이 다시 가데스 바네아로 돌아온 때는 미리암과 아론이 죽은 해 첫째 달이다

(민 20:1). 미리암과 아론이 '출애굽 제40년'에 죽었기 때문에 이스라엘 군대는 가데스 바네아를 떠난 지 무려 38년 만에 돌아온 것이다.

이스라엘이 에돔 길을 통해 북상하지 못하고 가나안 남쪽 접경지의 극동으로 진행하던 시점은 출애굽 제40년 5월 이전이다. 그들은 출애굽 제41년 1월 10일(수 4:19)에 요단강을 건너 가나안에 들어가게 되었고, 최소 8개월 이상이 더 지연된 것이다.

이스라엘 군대는 그렇게 38년 동안 광야를 돌며 훈련받은 것이다. 그들에게 물이 필요하면 따르던 신령한 반석에서 물이 솟구쳐 올랐다. 그런데도 그들은 조금도 달라지지 않았다. 하나님은 믿음을 시험하기 위해 간혹 반석에서 물이 솟구쳐 나오는 것을 지연시키기도 하셨을 것이다. 그들은 믿음으로 기다리지 못하고 여지없이 불평을 쏟아놓았다. "우리 형제들이 여호와 앞에서 죽을 때에 우리도 죽었더라면 좋을 뻔 하였도다 너희가 어찌하여 여호와의 회중을 이 광야로 인도하여 우리와 우리 짐승이 다 여기서 죽게 하느냐?"(민 20:3, 4)

모세를 조금이나마 이해할 수 있을 것이다. 38년이 지났는데도 전혀 달라지지 않은 그들에게 그가 할 수 있는 말은 "반역한 이 망할 것들아"였다. 이때까지 모세는 이스라엘에게 이런 말을 한 번도 하지 않았다. 38년 전에 하나님은 "내가 전염병으로 그들을 쳐서 멸하고 네게 그들보다 크고 강한 나라를 이루게 하리라"(민 14:12)고 말씀하셨지만, 모세는 하나님께 "구하옵나니 주의 인자의 광대하심을 따라 이 백성의 죄악을 사하시되 애굽에서부터 지금까지 이 백성을 사하신 것 같이 사하시옵소서"(민 14:19)라고 이스라엘을 위해 간청하였다.

하나님께 인정도 받았다. "이 사람 모세는 온유함이 지면의 모든 사람보다 더하더라"(민 12:3). 이스라엘 백성은 변하지 않은 죄성을 범사에 드러내었고, 결국 모세도 무너질 수밖에 없는 죄인에 불과했다. 이집트에서 병사 하나를 죽였던 자기 의가 여지없이 드러나고 말았다. 이 시점은 가나안에 들어가기까지 불과 일 년 정도밖에 남지 않은 안타까운 때였다.

우리는 어떤 행위로도 하나님 나라에 들어갈 수 없다. 모세 또한 오직 하나님의 은혜로만 그분 나라에 들어갈 수 있다. 하나님은 혈기를 부리는 모세를 통해 오직 은혜로만 구원받을 수 있는 복음을 드러내신 것이다.

민수기는 시간적으로 두 부분으로 나누어진다. 전반부(민 1:1~19:22)는 출애굽 제2년 광야 행진 초반부 첫 해를, 후반부(민 20:1~36:13)는 출애굽 제40년 광야 행진 종반부 마지막 해를 다루고 있다. 모세오경을 시간적으로 구분하면 창세기는 창조부터 이스라엘이 형성되는 과정을, 출애굽기는 출애굽부터 성막 완공까지 출애굽 제1년을, 레위기부터 민수기 19장까지는 출애굽 제2년을, 그리고 민수기 20장부터 신명기 전체는 출애굽 제40년을 서술한다.

민수기는 광야 40년 초반부와 종반부로 나누어지며, 그 사이에는 기록되지 않은 침묵의 38년이 있다. 민수기는 왜 38년 세월을 침묵하고 있을까? 그 이유는 아마도 더는 언급할 가치가 없기 때문일 것이다.

장대에 달린 놋뱀(민 21:1-35)

네겝에 거주하는 가나안 사람 곧 아랏의 왕이 이스라엘이 아다림 길로 온다 함을 듣고 이스라엘을 쳐서 그 중 몇 사람을 사로잡은지라 이스라엘이 여호와께 서원하여 이르되 주께서 만일 이 백성을 내 손에 넘기시면 내가 그들의 성읍을 다 멸하리이다 여호와께서 이스라엘의 목소리를 들으시고 가나안 사람을 그들의 손에 넘기시매 그들과 그들의 성읍을 다 멸하니라 그러므로 그 곳 이름을 호르마라 하였더라 (민 21:1-3).

이스라엘 군대는 에돔 땅을 거쳐 북상하지 못하고 동편으로 행진했다. 그러던 중 광야 네겝에 거주하는 가나안 사람 아랏 왕의 공격을 받아 이스라엘 몇 사람이 사로잡혔다. 이스라엘은 하나님께 서원했다. "주께서 만일 이 백성을 내 손에 넘기시면 내가 그들의 성읍을 다 멸하리이다." 그들이 처음으로 하나님께 믿음의 서원을 했다. 그들을 진멸하는 것도 하나님의 뜻과 부합하는 것이었다.

그들은 아랏 왕과 그 성읍을 다 멸하고 그곳을 호르마라 불렀다. 히브리어 '호르마'는 '파괴'라는 의미로 그들은 하나님께 서원한 대로 모조리 파괴하고 진멸해 버렸다. 이는 38년 전에 당한 패배에 대한 설욕이기도 했다.

모세가 이 말로 이스라엘 모든 자손에게 알리매 백성이 크게 슬퍼하여 아침에 일찍이 일어나 산 꼭대기로 올라가며 이르되 보소서 우리가 여기 있나이다 우리가 여호와께서 허락하신 곳으로 올라가리니 우리가 범죄하였음이니이다 모세가 이르되 너희가 어찌하여 이제 여호와의 명령을 범하느냐 이 일이 형통하지 못하리라 여호와께서 너희 중에 계시지 아니하니 올라가지 말라 너희의 대적 앞에서 패할까 하노라 아말렉인과 가나안인이 너희 앞에 있으니 너희가 그 칼에 망

> 하리라 너희가 여호와를 배반하였으니 여호와께서 너희와 함께 하지 아니하시리라 하나 그들이 그래도 산 꼭대기로 올라갔고 여호와의 언약궤와 모세는 진영을 떠나지 아니하였더라 아말렉인과 산간지대에 거주하는 가나안인이 내려와 그들을 무찌르고 호르마까지 이르렀더라(민 14:39-45).

38년 전 출애굽 제2년 이스라엘 군대는 가나안 남쪽 접경지 가데스 바네아에서 가나안 땅으로 북상하지 않아서 하나님께 40년 광야 생활이라는 징계를 받았다. 직후 이스라엘은 후회하고 뜻을 돌이켜 모세의 만류에도 불구하고 다시 가나안 북상을 시도했다. 그때 아말렉인과 가나안인이 이스라엘을 쳐서 이기고 호르마까지 점령한 일이 있었다.

그러나 38년 후 이스라엘이 호르마를 진멸하고 정복한 것이다. 동진하기 시작한 하나님의 구름 기둥은 그들을 새로운 국면으로 인도하고 있었다.

> 백성이 호르 산에서 출발하여 홍해 길을 따라 에돔 땅을 우회하려 하였다가 길로 말미암아 백성의 마음이 상하니라 백성이 하나님과 모세를 향하여 원망하되 어찌하여 우리를 애굽에서 인도해 내어 이 광야에서 죽게 하는가 이 곳에는 먹을 것도 없고 물도 없도다 우리 마음이 이 하찮은 음식을 싫어하노라 하매 여호와께서 불뱀들을 백성 중에 보내어 백성을 물게 하시므로 이스라엘 백성 중에 죽은 자가 많은지라 백성이 모세에게 이르러 말하되 우리가 여호와와 당신을 향하여 원망함으로 범죄하였사오니 여호와께 기도하여 이 뱀들을 우리에

게서 떠나게 하소서 모세가 백성을 위하여 기도하매 여호와께서 모세에게 이르시되 불뱀을 만들어 장대 위에 매달아라 물린 자마다 그것을 보면 살리라 모세가 놋뱀을 만들어 장대 위에 다니 뱀에게 물린 자가 놋뱀을 쳐다본즉 모두 살더라(민 21:4-9).

이스라엘은 가나안으로 들어가는 가장 빠르고 시원한 에돔 땅을 통과하려고 했지만, 에돔 왕에게 거부당하자 마음이 상해 하나님과 모세를 원망했다. 최악의 원망이었다. 이전까지는 이스라엘의 모든 원망은 모세와 아론에 대한 것이지만, 이제는 하나님을 향한 원망이 터져 나왔다. 출애굽 제1년에는 '꿀 섞은 과자'(출 16:31)와도 같고, 출애굽 제2년에는 '기름 섞은 과자'(민 11:8)와도 같다고 여긴 만나를 출애굽 제40년에 와서는 '하찮은 음식'이라 부르며 싫어하기까지 했다.

광야의 불뱀은 독성이 강하다. 물리면 마치 불에 타는 것처럼 화끈거리는 심한 고통을 느끼기 때문에 불뱀이라고 부르는데 고열과 갈증으로 목숨을 잃기도 한다. 하나님은 불신하고 불평하는 자들에게 불뱀을 보내셔서 죽음에 이르는 심판을 하셨다. 그들의 죽음은 출애굽 이후 이스라엘 백성이 목숨을 잃은 아홉 번째 참사였다.

백성은 모세에게 "우리가 여호와와 당신을 향하여 원망함으로 범죄하였사오니"라고 말했다. 원망하는 것이 범죄라는 것을 그제야 시인한 것이다. "여호와께 기도하여 이 뱀들을 우리에게서 떠나게 하소서." 범죄 시인에 이어 기도 부탁까지 했다.

하지만 하나님은 그들의 원대로 응답하지 않으셨다. "놋뱀을 만들어 장대 위에 매달아라. 물린 자마다 그것을 보면 살리라." 모세 예상도 빗나갔다. 40년 전 호렙산에서는 하나님께서 뱀의 꼬리를 잡으라고 명령하시고, 그 뱀을 지팡이로 만드셨기 때문이다. 하나님은 그들의 요구에 응답하신 것이 아니었고, 모세의 기대와도 달랐다.

뱀에게 물린 자들이 하나님 말씀대로 놋뱀을 쳐다보았을 때 모두 살아났다. 장대에 달린 놋뱀 자체에 능력이 있는 것이 아니라, 바라보면 살 수 있다는 하나님의 초월적 말씀을 믿고 순종함에 능력이 있었다. 놀랍게도 그들은 범죄 시인과 기도 부탁을 넘어서서 하나님 말씀을 믿고 온전히 순종했다. 불뱀에게 물리는 사건에서 드디어 그들에게 40년 광야 훈련의 효과가 드러나고 있었다.

역시 여호와 하나님이셨다. 만일 그들의 원대로 하나님께서 불뱀을 물러가게 하셨거나, 모세 기대대로 지팡이로 만드셨다면 물리지 않은 자들은 안전했을 것이다. 그러나 물린 자들은 죽음을 면할 길이 없었다. 하나님은 놋뱀을 바라보게 하심으로 이미 물린 자들도 치유받게 하셨고, 모두에게 살 길을 열어주셨다.

장대의 히브리어 '닛시'는 '나의 깃발'이란 의미다. 모세가 르비딤에서 예수님을 상징하는 반석을 내리쳤던 지팡이도, 아말렉이 습격해 왔을 때 산 위에서 높이 들었던 지팡이도 닛시였다. 닛시는 하나님께서 이스라엘을 출애굽시키기 위해 모세를 이집트로 돌려보내며 그 손에 들려주신 그분의 지팡이였다(출 4:20). 이집트에서 그 지팡이가 높이 들렸을 때마다 하나님의 권능이 나타났고, 지팡이를 내밀었을 때 홍해도 갈라졌다. 놋뱀을 달아 높이 들었던 장대는 승리를 보증하며 나부끼는 하나님의 깃발이었다. 마침내 그 닛시는 높이 들려진 예수님의 십자가로 완성되었다.

모세가 광야에서 뱀을 든 것 같이 인자도 들려야 하리니 이는 그를 믿는 자마다 영생을 얻게 하려 하심이니라 하나님이 세상을 이처럼 사랑하사 독생자를 주셨으니 이는 그를 믿는 자마다 멸망하지 않고 영생을 얻게 하려 하심이라(요 3:14-16).

하나님은 원망하는 죄인들을 불뱀으로 심판하셨다. 그러나 하나님 말씀을 믿고 바라보는 자들은 놋뱀으로 죽음에서 구원하셨다. 이처럼 하나님 말씀을 믿지 않는 자들은 심판을 받는다. 그러나 예수 그리스도께서 광야에서 들려진 뱀처럼 십자가에서 들려진 복음의 말씀을 믿고 바라보는 자들은 심판에서 구원받는다. 그래서 예수님은 십자가에서 들려지신 것이다.

"내가 땅에서 들리면 모든 사람을 내게로 이끌겠노라"(요 12:32).

이스라엘 자손이 그 곳을 떠나 오봇에 진을 쳤고 오봇을 떠나 모압 앞쪽 해 돋는 쪽 광야 이예아바림에 진을 쳤고 거기를 떠나 세렛 골짜기에 진을 쳤고 거기를 떠나 아모리인의 영토에서 흘러 나와서 광야에 이른 아르논 강 건너편에 진을 쳤으니 아르논은 모압과 아모리 사이에서 모압의 경계가 된 곳이라 이러므로 여호와의 전쟁기에 일렀으되 수바의 와헙과 아르논 골짜기와 모든 골짜기의 비탈은 아르 고을을 향하여 기울어지고 모압의 경계에 닿았도다 하였더라 거기서 브엘에 이르니 브엘은 여호와께서 모세에게 명령하시기를 백성을 모으라 내가 그들에게 물을 주리라 하시던 우물이라 그 때에 이스라엘이 노래하여 이르되 우물물아 솟아나라 너희는 그것을 노래하라 이 우물은 지휘관들이 팠고 백성의 귀인들이 규와 지팡이로 판 것이로다 하였더라 그들은 광야에서 맛다나에 이르렀고 맛다나에서 나할리엘에 이르렀고 나할리엘에서 바못에 이르렀고 바못에서 모압 들에 있는 골짜기에 이르러 광야가 내려다 보이는 비스가 산 꼭대기에 이르렀더라(민 21:10-20).

이스라엘 군대는 장대에 달린 놋뱀 사건으로 하나님의 은혜를 깨달았다. 불뱀에 물려도 하나님 말씀을 믿으면 결코 죽지 않는다는 믿음이다. 그래서 하나님의 은혜를 깨닫고 브엘에 도착해서 노래를 불렀다. 이 노래는 이스라엘이 홍해를 가르고 마른 땅을 밟아 건넌 뒤에 불렀던 찬양 이후 처음으로 등장한다. 비단 노래뿐만이 아니었다. "우물물아 솟아나라. 너희는 그것을 노래하라." 우물에게 물을 솟구치게 하라고 명령했으며, 심지어 노래까지 부르라고 했다. 히브리어 '브엘'은 우물 혹은 샘이라는 뜻이다.

그들은 이제 원망과 불평도 버렸다. 하나님께서 모세에게 명령해 반석에서 물을 내라고 하신 말씀을 떠올리며, 우물물에게 명령까지 하여 하나님께 영광을 돌렸다. 이스라엘의 몸이 이집트에서 빠져나오는 데에는 단 하루가 걸렸다. 그러나 그들의 마음속에서 이집트를 빼내는 데에는 무려 40년이나 걸렸다.

이스라엘이 아모리 왕 시혼에게 사신을 보내어 이르되 우리에게 당신의 땅을 지나가게 하소서 우리가 밭에든지 포도원에든지 들어가지 아니하며 우물물도 마시지 아니하고 당신의 지경에서 다 나가기까지 왕의 큰길로만 지나가리이다 하나 시혼이 이스라엘이 자기 영토로 지나감을 용납하지 아니하고 그의 백성을 다 모아 이스라엘을 치러 광야로 나와서 야하스에 이르러 이스라엘을 치므로 이스라엘이 칼날

> 로 그들을 쳐서 무찌르고 그 땅을 아르논에서부터 얍복까지 점령하여 암몬 자손에게까지 미치니 암몬 자손의 경계는 견고하더라 이스라엘이 이같이 그 모든 성읍을 빼앗고 그 아모리인의 모든 성읍 헤스본과 그 모든 촌락에 거주하였으니 헤스본은 아모리인의 왕 시혼의 도성이라 시혼이 그 전 모압 왕을 치고 그의 모든 땅을 아르논까지 그의 손에서 빼앗았더라 … 그들이 돌이켜 바산 길로 올라가매 바산 왕 옥이 그의 백성을 다 거느리고 나와서 그들을 맞아 에드레이에서 싸우려 하는지라 여호와께서 모세에게 이르시되 그를 두려워하지 말라 내가 그와 그의 백성과 그의 땅을 네 손에 넘겼나니 너는 헤스본에 거주하던 아모리인의 왕 시혼에게 행한 것 같이 그에게도 행할지니라 이에 그와 그의 아들들과 그의 백성을 다 쳐서 한 사람도 남기지 아니하고 그의 땅을 점령하였더라(민 21:21-35).

이스라엘 군대는 가나안 남쪽 경계에서 에돔 왕의 저지로 북상하지 못했다. 그들은 동쪽으로 이동해 가나안 남쪽 경계 중 가장 동쪽에 위치한 지역을 돌아 가나안 동쪽 경계 요단강을 왼쪽에 끼고 북상했다. 그러던 중 남아모리 헤스본 왕 시혼을 만났다. 그도 에돔 왕처럼 자기 영토를 지나가는 것을 용납하지 않았다. 그러나 이스라엘 군대는 하나님의 은혜로 완전한 승리를 하고, 모든 성읍과 헤스본을 빼앗았다. 특히 헤스본과 그 주변은 이전에 모압 왕이 남아모리 왕 시혼에게 빼앗긴 땅이었는데, 이스라엘이 남아모리 왕에게 그 땅을 다시 빼앗은 것이다.

북아모리 바산 왕 옥도 이스라엘을 대적했다. "그를 두려워하지 말라 내가 그와 그의 백성과 그의 땅을 네 손에 넘겼나니 너는 헤스본에 거주하던 아모리인의 왕 시혼에게 행한 것 같이 그에게도 행할지니라”(34절)는 하나님 말씀에 순종한 이스라엘은 바산 왕 옥도 정복했고, 그렇게 이스라엘은 요단강 동편 땅을 정복해 나갔다.

가나안 사람 아랏 왕의 군대를 무찌를 때는 이스라엘 군대가 서원해 승리했다(민 21:1-3). 그러나 남아모리 ᅴ왕 시혼과 북아모리 바산 왕 옥의 군대를 무찌를 때는 하나님 말씀에 순종해 승리할 수 있었다. 자기 의지를 하나님께 아뢰는 서원보다, 하나님의 의지에 반응하는 순종이 더 낫다.

38년 전 가데스 바네아에서는 달랐다. 이스라엘은 가나안을 싸워 정복하라는 하나님의 약속을 믿지도 못했고 명령에도 불순종했다. 그래서 광야를 40년 동안 행진한 것이다. 그러나 출애굽 제40년째에는 하나님 약속의 말씀을 믿고, 강한 대적들과 싸우고 요단 동편을 정복해 가는 강한 용사로 변해 있었다. 이스라엘은 드디어 요단강 건너편 약속의 땅 가나안이 내다보이는 모압 평지까지 북상했다.

하나님을 거역하는 발람(민 22:1-41)

이스라엘 자손이 또 길을 떠나 모압 평지에 진을 쳤으니 요단 건너편 곧 여리고 맞은편이더라 십볼의 아들 발락이 이스라엘이 아모리인에게 행한 모든 일을 보았으므로 모압이 심히 두려워하였으니 이스라엘 백성이 많음으로 말미암아 모압이 이스라엘 자손 때문에 번민하더라 미디안 장로들에게 이르되 이제 이 무리가 소가 밭의 풀을 뜯어 먹음 같이 우리 사방에 있는 것을 다 뜯어먹으리로다 하니 그 때에 십

> 볼의 아들 발락이 모압 왕이었더라 그가 사신을 브올의 아들 발람의 고향인 강 가 브돌에 보내어 발람을 부르게 하여 이르되 보라 한 민족이 애굽에서 나왔는데 그들이 지면에 덮여서 우리 맞은편에 거주하였고 우리보다 강하니 청하건대 와서 나를 위하여 이 백성을 저주하라 내가 혹 그들을 쳐서 이겨 이 땅에서 몰아내리라 그대가 복을 비는 자는 복을 받고 저주하는 자는 저주를 받을 줄을 내가 앎이니라 (민 22:1-6).

이스라엘 군대는 아랏 족속 왕과 남아모리 헤스본 왕 시혼과 북아모리 바산 왕 옥을 차례대로 꺾고 가나안 여리고 맞은편, 요단 동편 모압 평지로 북상했다. 이스라엘이 아모리인들에게 행한 모든 일을 본 모압은 심히 두려워하고 번민했다. 왜냐하면 과거 헤스본과 그 주변을 정복한 아모리를 이스라엘이 이기고 헤스본과 그 주변을 정복했기 때문이다. 이스라엘은 자신들보다 강하고 아모리보다 더욱 강한 군대였던 것이다.

모압 왕 발락(파괴자, 약탈자라는 의미)은 이스라엘을 꺾기 위해 북쪽으로 약 640킬로미터 떨어진 아람에 사절단을 보냈다. 당시 국제적으로 잘 알려진 점술가(수 13:22) 발람의 도움을 받기 위해서다. 그는 군대를 소집하고 정비한 것이 아니라 예언자를 불렀다. 군사력으로는 이스라엘 군대를 도저히 이길 수 없다는 것을 알고 발락 왕은 예언자 발람을 통해 영적 주술로 이스라엘과 승부를 내려고 한 것이다.

> 모압 장로들과 미디안 장로들이 손에 복채를 가지고 떠나 발람에게 이르러 발락의 말을 그에게 전하매 발람이 그들에게 이르되 이 밤에

> 여기서 유숙하라 여호와께서 내게 이르시는 대로 너희에게 대답하리라 모압 귀족들이 발람에게서 유숙하니라 하나님이 발람에게 임하여 말씀하시되 너와 함께 있는 이 사람들이 누구냐 발람이 하나님께 아뢰되 모압 왕 십볼의 아들 발락이 내게 보낸 자들이니이다 이르기를 보라 애굽에서 나온 민족이 지면에 덮였으니 이제 와서 나를 위하여 그들을 저주하라 내가 혹 그들을 쳐서 몰아낼 수 있으리라 하나이다 하나님이 발람에게 이르시되 너는 그들과 함께 가지도 말고 그 백성을 저주하지도 말라 그들은 복을 받은 자들이니라 발람이 아침에 일어나서 발락의 귀족들에게 이르되 너희는 너희의 땅으로 돌아가라 여호와께서 내가 너희와 함께 가기를 허락하지 아니하시느니라 …(민 22:7-21).

모압과 미디안 장로들은 복채를 가지고 발람을 만났다. 발람은 하나님의 뜻을 여쭈었지만 그분께서 허락하실 리가 만무했다. 발람은 발락 왕의 제안을 거절했다. 그러자 발락 왕은 더 높은 고관들을 더 많이 보내고 더 두둑한 복채를 약속했다. 발람은 또 하나님께 여쭈었다. 하나님의 뜻은 역사 속에서 한 번도 변경된 적이 없었지만 그는 자기 뜻을 하나님께 관철시키려 했다.

> 화 있을진저 이 사람들이여, 가인의 길에 행하였으며 삯을 위하여 발람의 어그러진 길로 몰려 갔으며 고라의 패역을 따라 멸망을 받았도다(유 1:11).

하나님은 가지 말라고 하신 처음 뜻과 달리, 발람의 원대로 발락 왕에게 가라고 허락하셨다. 하나님은 발락 왕과 예언자 발람이 연합해도 이스라엘 군대를 절대로 이길 수 없고, 모든 역사와 인생은 오직 하나님만이 다스리고 있다는 것을 분명히 드러내기 위해 허락하신 것이다. 그렇게 발락 왕과 발람은 한편이 되었다.

> 그가 감으로 말미암아 하나님이 진노하시므로 여호와의 사자가 그를 막으려고 길에 서니라 발람은 자기 나귀를 탔고 그의 두 종은 그와 함께 있더니 나귀가 여호와의 사자가 칼을 빼어 손에 들고 길에 선 것을 보고 길에서 벗어나 밭으로 들어간지라 발람이 나귀를 길로 돌이키려고 채찍질하니 여호와의 사자는 포도원 사이 좁은 길에 섰고 좌우에는 담이 있더라 나귀가 여호와의 사자를 보고 몸을 담에 대고 발람의 발을 그 담에 짓누르매 발람이 다시 채찍질하니 여호와의 사자가 더 나아가서 좌우로 피할 데 없는 좁은 곳에 선지라 나귀가 여호와의 사자를 보고 발람 밑에 엎드리니 발람이 노하여 자기 지팡이로 나귀를 때리는지라 여호와께서 나귀 입을 여시니 발람에게 이르되 내가 당신에게 무엇을 하였기에 나를 이같이 세 번을 때리느냐 발람이 나귀에게 말하되 네가 나를 거역하기 때문이니 내 손에 칼이 있었더면 곧 너를 죽였으리라 … (민 22:22-35).

하나님은 발람에게 두 번이나 말씀하셨고, 칼을 빼어 길에 선 하나님의 사자를 통해서도 말씀하셨다. 하나님께서 그에게 세 번이나 하나님의 뜻을 듣고 보게 하셨지만, 그는 끝내 거역하였다.

하나님은 미련하고 고집 세기로 유명한 나귀를 빌어 발람의 악한 중심을 드러내셨다. 나귀는 발람에게 세 번이나 맞았다. 나귀가 마치 발람처럼 주인 되신 하나님의 뜻을 고집스럽게 세 번이나 거역했기 때문이다.

그들이 바른 길을 떠나 미혹되어 브올의 아들 발람의 길을 따르는도다 그는 불의의 삯을 사랑하다가 자기의 불법으로 말미암아 책망을 받되 말하지 못하는 나귀가 사람의 소리로 말하여 이 선지자의 미친 행동을 저지하였느니라(벧후 2:15, 16).

발람은 나귀가 보는 것을 볼 수 없고 나귀에게 책망 들을 정도로 어리석었다. 에덴동산의 뱀처럼 나귀가 입을 열어 말을 하는 기적을 보고도 하나님의 뜻을 깨닫지 못했다. 그는 돌이키지 않고 기어이 발락 왕에게 갔다. 나귀는 굽은 있지만 되새김질 하지 않는 부정한 짐승이다. 그는 메소포타미아의 영험한 예언자로 유명했지만, 실상은 봐야 할 것을 보지 못하고 들어야 할 것을 듣지 못하는 나귀보다도 미련한 자였다. 하나님의 뜻을 친히 듣고 보고도 깨닫지 못하는 부정한 짐승만도 못한 존재였다.

"존귀하나 깨닫지 못하는 사람은 멸망하는 짐승 같도다"(시 49:20).

발람이 나귀에게 말했다. "내 손에 칼이 있었더면 곧 너를 죽였으리라"(29절). 그의 말대로 그는 여호와 사자의 칼에 죽임을 당해야 했다. 하나님은 그의 말대로 그를 심판하셨다.

그 죽인 자 외에 미디안의 다섯 왕을 죽였으니 미디안의 왕들은 에위와 레겜과 수르와 후르와 레바이며 또 브올의 아들 발람을 칼로 죽였더라(민 31:8).

이스라엘 군대를 저주하려는 발람(민 23:1-30)

> 발람이 발락에게 이르되 나를 위하여 여기 제단 일곱을 쌓고 거기 수송아지 일곱 마리와 숫양 일곱 마리를 준비하소서 하매 발락이 발람의 말대로 준비한 후에 발락과 발람이 제단에 수송아지와 숫양을 드리니라 발람이 발락에게 이르되 당신의 번제물 곁에 서소서 나는 저리로 가리이다 여호와께서 혹시 오셔서 나를 만나시리니 그가 내게 지시하시는 것은 다 당신에게 알리리이다 하고 언덕길로 가니 하나님이 발람에게 임하시는지라 발람이 아뢰되 내가 일곱 제단을 쌓고 각 제단에 수송아지와 숫양을 드렸나이다 여호와께서 발람의 입에 말씀을 주시며 이르시되 발락에게 돌아가서 이렇게 말할지니라 그가 발락에게로 돌아간즉 발락과 모압의 모든 고관이 번제물 곁에 함께 섰더라 … (민 23:1-30).

발락 왕은 발람을 데리고 바알 산당이 있는 산꼭대기에 올라갔다. 그곳에서는 이스라엘 군대 진 끝까지 한눈에 내려다볼 수 있었는데, 견고한 이스라엘 군대 진을 본 발람은 주눅들었을 것이다. 그는 일곱 개의 제단을 쌓고 일곱 마리의 수송아지와 숫양으로 하나님께 제사를 드렸다. 발람의 의도는 많은 제단을 쌓고 많은 제물을 드려서 하나님을 기쁘게 하는 것이었다.

하나님께서 기뻐하시는 제사는 성막에 있는 번제단에서 흠 없는 짐승을 받으시는 것이다. 또한 그분의 백성이 '하나님의 율법'대로 행하는 것이다. 하나님은 발람이 바알의 산당에서 드린 많은 제단이나 많은 제물을 결코 기뻐하지 않으셨다. 그분은 제물의 양을 보시는 것이 아니라, 제물의 질을 보시기 때문이다. 질은 하나님 말씀대로 행했느냐다. 하나님의 율법에 합당치 않은 제사는 하나님께 드리는 것이 아니다. 자기 탐욕을 이루기 위해 하나님께 뇌물을 바치는 것과 같다.

하나님께서 발람에게 임하셨다. 발람은 "내가 일곱 제단을 쌓고 각 제단에 수송아지와 숫양을 드렸나이다"라고 말씀드렸다. 자신이 드린 뇌물이 얼마나 큰지 생색낸 것이다. 하나님은 발락의 말과는 상관없는 명령을 하셨다.

"발락에게 돌아가서 이렇게 말할지니라. 하나님이 저주하지 않으신 자를 내가 어찌 저주하며, 여호와께서 꾸짖지 않으신 자를 내가 어찌 꾸짖으랴"(8절).

발람은 이스라엘 군대를 저주하려고 했다. 그러나 하나님의 권능으로 말미암아 그 입술에서는 저주가 아니라 축복이 선포되었다. 모압 왕 발락은 첫 번째 저주의 실패한 원인을 발락이 산꼭대기에서 내려다 본 이스라엘 군대의 견고한 진 때문이라고 생각했다. 견고한 진영에 압도된 나머지 심적 부담을 느껴 저주 대신 축복을 했다고 판단했다. 그래서 발락 왕은 발람과 이스라엘 진영의 끝만 보이는 비스가 산꼭대기로 이동해 두 번째 저주를 시도했지만, 그곳에서도 마찬가지였다. 발람의 입에서는 역시 축복이 선포되었다. 하나님은 복 주시기로 작정하신 자들에게는 영원히 복을 주신다. 이 세상에는 하나님의 백성을 해할 점술도 복술도 없다.

이스라엘 군대를 축복하는 발람(민 24:1-25)

발람이 자기가 이스라엘을 축복하는 것을 여호와께서 선히 여기심을 보고 전과 같이 점술을 쓰지 아니하고 그의 낯을 광야로 향하여 눈을 들어 이스라엘이 그 지파대로 천막 친 것을 보는데 그 때에 하나님의 영이 그 위에 임하신지라 그가 예언을 전하여 말하되 브올의 아들 발람이 말하며 눈을 감았던 자가 말하며 하나님의 말씀을 듣는 자, 전능자의 환상을 보는 자, 엎드려서 눈을 뜬 자가 말하기를 야곱이여 네 장막들이, 이스라엘이여 네 거처들이 어찌 그리 아름다운고 그 벌어짐이 골짜기 같고 강 가의 동산 같으며 여호와께서 심으신 침향목들 같고 물 가의 백향목들 같도다 그 물통에서는 물이 넘치겠고 그 씨는 많은 물 가에 있으리로다 그의 왕이 아각보다 높으니 그의 나라가 흥왕하리로다 하나님이 그를 애굽에서 인도하여 내셨으니 그 힘이 들소와 같도다 그의 적국을 삼키고 그들의 뼈를 꺾으며 화살로 쏘아 꿰뚫으리로다 꿇어 앉고 누움이 수사자와 같고 암사자와도 같으니 일으킬 자 누구이랴 너를 축복하는 자마다 복을 받을 것이요 너를 저주하는 자마다 저주를 받을지로다(민 24:1-9).

발람은 바알 산당이 있는 산과 비스가 산에 이어 브올산 꼭대기에서 세 번째 저주를 시도했다. 그러나 역시 축복이 선포되었다. 하나님의 백성은 환경을 탓해서는 안 된다. 하나님은 어떤 조건에도 영향을 받지 않으시는 여호와 하나님이시기 때문이다.

발락이 발람에게 노하여 손뼉을 치며 말하되 내가 그대를 부른 것은 내 원수를 저주하라는 것이어늘 그대가 이같이 세 번 그들을 축복하였도다 그러므로 그대는 이제 그대의 곳으로 달아나라 내가 그대를 높여 심히 존귀하게 하기로 뜻하였더니 여호와께서 그대를 막아 존귀하지 못하게 하셨도다 발람이 발락에게 이르되 당신이 내게 보낸 사신들에게 내가 말하여 이르지 아니하였나이까 가령 발락이 그 집에 가득한 은금을 내게 줄지라도 나는 여호와의 말씀을 어기고 선악간에 내 마음대로 행하지 못하고 여호와께서 말씀하신 대로 말하리라 하지 아니하였나이까 이제 나는 내 백성에게로 돌아가거니와 들으소서 내가 이 백성이 후일에 하나님의 백성에게 어떻게 할지를 당신에게 말하리이다 하고 예언하여 이르기를 브올의 아들 발람이 말하며 눈을 감았던 자가 말하며 하나님의 말씀을 듣는 자가 말하며 지극히 높으신 자의 지식을 아는 자, 전능자의 환상을 보는 자, 엎드려서 눈을 뜬 자가 말하기를 내가 그를 보아도 이 때의 일이 아니며 내가 그를 바라보아도 가까운 일이 아니로다 한 별이 야곱에게서 나오며 한 규가 이스라엘에게서 일어나서 모압을 이쪽에서 저쪽까지 쳐서 무찌르고 또 셋의 자식들을 다 멸하리로다 … 발람이 일어나 자기 곳으로 돌아가고 발락도 자기 길로 갔더라(민 24:10-25).

발람이 네 번째에는 시키지도 않은 예언을 했는데, 발락 왕과 모압 족속을 향한 저주를 쏟아내었다. 왕을 상징하는 '별'과 '규'가 약 400년 후에 일어날 이스라엘 왕 다윗이 모압을 멸망시킬 것(삼하 8:2)이라 예언했다. 과연 하나님께서 그의 입술을 통해 말하게 한 "야곱을 해할 점술이 없고 이스라엘을 해할 복술이 없도다"라는 말씀대로였다. 결과적으로 발락 왕이 저주해 달라는 이스라엘 군대를 세 번이나 축복했고, 마지막에는 도리어 발락 왕의 모압 족속을 저주한 것이다. 그 누구도 하나님의 백성을 저주할 수 없다. 아무리 영험한 예언자 발람일지라도. 우리 하나님은 언약해 주실 뿐 아니라, 언약을 반드시 이루시는 여호와 하나님이시다.

> 여호와께서 아브람에게 이르시되 너는 너의 고향과 친척과 아버지의 집을 떠나 내가 네게 보여 줄 땅으로 가라 내가 너로 큰 민족을 이루고 네게 복을 주어 네 이름을 창대하게 하리니 너는 복이 될지라 너를 축복하는 자에게는 내가 복을 내리고 너를 저주하는 자에게는 내가 저주하리니 땅의 모든 족속이 너로 말미암아 복을 얻을 것이라 하신지라(창 12:1-3).

하나님은 아브라함에게 언약하신대로 아브라함의 자손 이스라엘을 저주하려 한 발락 왕의 모압을 저주하셨다. 예수 그리스도께서 모든 저주를 십자가에서 우리 대신 받으셨고, 성령님도 말할 수 없는 탄식으로 우리를 위해 친히 간구하시며, 주님도 하나님 보좌 우편에서 항상 중보하시기 때문이다. 나귀가 고집스럽게 세 번이나 자기 뜻을 거역했던 것처럼 발람도 발락 왕에게 가지 말라는 하나님 뜻을 세 번이나 거역했다. 이어서 세 번이나 이스라엘을 저주하려 했지만, 도리어 축복이 선포된 이유도 이 때문이다.

하나님은 예언자의 입을 통해 그분 뜻을 선포하게 하셨다. 궁극적으로 가증한 입술로 자신과 온 열방을 심판하실 메시아에 대한 예언도 하게 하셨다. 하나님께서 모압 왕 발락에게 가라고 발람의 뜻을 허락하신 이유는, 그분은 하나님의 백성을 지키고 보호하신다는 것을 분명히 드러내기 위해서다. 발락 왕과 발람은 자리를 옮겨가며 이스라엘을 세 번이나 저주하려 했지만, 이스라엘 군대 중 이 사실을 눈치챈 사람은 아무도 없었다. 하나님의 백성이 놀라운 섭리를 느끼지 못할 뿐, 전지전능하신 하나님은 어떤 상황에서도 그분의 백성과 함께 하시며 풍성한 은혜를 베풀어 주신다.

"하나님께로부터 나신 자가 그를 지키시매 악한 자가 그를 만지지도 못하느니라"(요일 5:18).

이스라엘 군대의 행음과 우상숭배(민 25:1-18)

> 이스라엘이 싯딤에 머물러 있더니 그 백성이 모압 여자들과 음행하기를 시작하니라 그 여자들이 자기 신들에게 제사할 때에 이스라엘 백성을 청하매 백성이 먹고 그들의 신들에게 절하므로 이스라엘이 바알브올에게 가담한지라 여호와께서 이스라엘에게 진노하시니라 여호와께서 모세에게 이르시되 백성의 수령들을 잡아 태양을 향하여 여호와 앞에 목매어 달라 그리하면 여호와의 진노가 이스라엘에게서 떠나리라 모세가 이스라엘 재판관들에게 이르되 너희는 각각 바알브올에게 가담한 사람들을 죽이라 하니라(민 25:1-5).

하나님은 이스라엘 군대를 모압 왕 발락과 발람의 악한 모의에서 온전히 지켜주셨다. 그런데 느닷없이 이스라엘 군대가 행음을 하고 우상을 숭배했다. 심지어는 죽은 자에게 제사한 음식까지 먹었다(시 106:28). 하나님은 이스라엘에게 진노하셨고, 모세는 이스라엘 재판관들에게 바알브올에게 가담한 사람들을 모조리 죽이라고 명령했다.

출애굽 제1년 3월 오순절에 이스라엘은 하나님과 시내산 언약을 체결했다. 그러나 그 직후 이스라엘 백성은 시내산 아래에서 금송아지를 우상으로 숭배하고 성적 광란을 벌렸다. 그로부터 39년이 지난 출애굽 제40년 모압 평지 싯딤에서 또 다시 브올 지방 바알을 우상으로 숭배하며 성적 광란을 벌리고 있었다.

하나님은 시내산 아래에서 우상숭배자들을 칼로 심판하신 것처럼, 싯딤에서도 염병으로 심판하셨다. 시내산 아래에서는 삼천 명이 칼에 심판받았고, 고라와 다단의 반역에서는 고라와 그 일당이 땅에 삼킴을 당했고, 이백오십 명이 불살라지며, 만 사천칠백 명이 전염병으로 심판받았다. 그런데 싯딤에서는 이만 사천 명이 하나님께서 내리신 두 번째 전염병 심판을 받았다. 백성의 수령들이 목매어 달려 당한 죽음과 전염병으로 이만 사천 명이 당한 죽음은 출애굽 이후 이스라엘 백성이 목숨을 잃은 열 번째 참사이고, 하나님께서 내리신 심판 중 최대 사망자가 발생한 가장 참혹한 심판이었다. 출애굽 시 이십 세 미만이거나 광야에서 태어난 출애굽 제2세대는 그들의 부모 세대가 광야에서 죽어가는 것을 지켜봐야 했다. 그런데 발람도 돌아간 상황에서 왜 이런 끔찍한 참사가 벌어진 것일까?

> 그러나 네게 두어 가지 책망할 것이 있나니 거기 네게 발람의 교훈을 지키는 자들이 있도다 발람이 발락을 가르쳐 이스라엘 자손 앞에 걸림돌을 놓아 우상의 제물을 먹게 하였고 또 행음하게 하였느니라 (계 2:14).

발람은 이스라엘 군대를 저주하는 일에 실패했다. 그러나 많은 은금을 취하기 위해 발락 왕에게 이스라엘 군대를 와해시킬 수 있는 한 가지 간계를 주고 떠났다. 그 간계는 이스라엘 군대가 하나님과 언약을 맺은 관계이기 때문에 군사력과 어떤 주술로 무너뜨릴 수 없다는 점을 역이용하라는 것이었다. 언약관계에 문제가 생기면 이스라엘을 무너뜨릴 수 있다는 것이다. 하나님께서 보호하시는 이스라엘을 하나님께서 치도록 만들라는 것이다. 발락 왕은 그의 간계대로 이스라엘 군대를 속이고 유혹했다(민 25:18).

"하나님은 죄를 아주 싫어하시니 모압 여인들로 이스라엘 군대를 유혹하여 행음하게 하고, 우상숭배까지 하게 한다면 거룩하신 하나님은 반드시 그들을 치실 것이오. 그들의 음식은 아침에도 만나, 점심에도 만나, 저녁에도 만나. 어제도 만나, 오늘도 만나, 내일도 틀림없이 만나를 먹을 것이요. 이스라엘 백성은 만나를 하찮은 음식으로 여기니 기름진 음식과 술을 준비해서 그들을 청하시오(민 25:2). 아울러 성적으로도 유혹할 수 있도록 이스라엘 군대를 위한 막사도 설치하시오."

이스라엘 군대는 음행과 우상숭배를 자행하고 말았다. 그들은 하나님과 이스라엘 관계의 아킬레스건이 무엇인지 제대로 간파한 것이다.

발람에 대한 언급은 민수기에서 네 장이나 언급된다. 단일 주제로는 민수기에서 제일 많은 분량을 차지하고 아주 중요한 교훈을 담고 있다. 이 사건은 출애굽 제40년 약속의 땅 가나안에 들어가기 직전에 벌어진 일로 하나님 백성이 약속의 땅, 새 하늘과 새 땅에 들어가기 직전인 종말 때도 반드시 일어날 일을 예표한다. 그것은 음행과 우상숭배다. 예수 그리스도께서 재림하시기 직전 적그리스도가 먼저 와서 그리스도로 가장해 성도를 '666' 우상숭배와 음행으로 미혹한다. 발람은 마치 하나님의 선지자처럼 그분 말씀을 대언해 미래를 정확히 내다보는 예언을 했다. 하지만 그는 하나님 말씀을 끝까지 거역한 선지자에 불과했다. 발락 왕에게 가지 말라는 하나님의 뜻을 세 번이나 거역했고, 이스라엘을 세 번이나 저주하려 했으며, 결국에는 이스라엘을 음행과 우상숭배에 빠지게 만들었다.

종말에 나타나는 거짓 선지자도 마치 주님처럼 이적과 능력을 행할 것이고, 하나님의 백성을 유혹해 넘어뜨리려 할 것이다. 하나님의 백성에게 진리와 거짓을 구분하는 기준은 이적이나 능력이 아니다. 성경에서 하나님의 이적과 능력을 가장 많이 경험한 세대는 출애굽 제1세대로 그 기간은 무려 40년이었다. 그들은 이집트에서 열 가지 재앙을 보았고 홍해를 건넜지만, 시내산 언약 직후 금송아지를 만들어 숭배하고 그 앞에서 음란한 일을 자행했다. 약속의 땅 가나안에 들어간 사람도 그들 중 여호수아와 갈렙뿐이다. 하나님의 진리와 거짓을 구분하는 기준은 오직 완전하신 '하나님 말씀'이다.

"그 날에 많은 사람이 나더러 이르되 주여 주여 우리가 주의 이름으로 선지자 노릇 하며 주의 이름으로 귀신을 쫓아 내며 주의 이름으로 많은 권능을 행하지 아니하였나이까 하리니 그 때에 내가 그들에게 밝히 말하되 내가 너희를 도무지 알지 못하니 불법을 행하는 자들아 내게서 떠나가라 하리라"(마 7:22, 23).

이스라엘 자손의 온 회중이 회막 문에서 울 때에 이스라엘 자손 한 사람이 모세와 온 회중의 눈앞에 미디안의 한 여인을 데리고 그의 형제에게로 온지라 제사장 아론의 손자 엘르아살의 아들 비느하스가 보고 회중 가운데에서 일어나 손에 창을 들고 그 이스라엘 남자를 따라 그의 막사에 들어가 이스라엘 남자와 그 여인의 배를 꿰뚫어서 두 사람을 죽이니 염병이 이스라엘 자손에게서 그쳤더라 그 염병으로 죽은 자가 이만 사천 명이었더라 여호와께서 모세에게 말씀하여 이르시되 제사장 아론의 손자 엘르아살의 아들 비느하스가 내 질투심으로 질투하여 이스라엘 자손 중에서 내 노를 돌이켜서 내 질투심으로 그들을 소멸하지 않게 하였도다 그러므로 말하라 내가 그에게 내 평화의 언약을 주리니 그와 그의 후손에게 영원한 제사장 직분의 언약이라 그가 그의 하나님을 위하여 질투하여 이스라엘 자손을 속죄하였음이니라 … (민 25:6-18).

이스라엘의 음행과 우상숭배로 이스라엘 진영은 심판과 전염병으로 비명소리가 하늘을 찔렀다. 하나님의 영광 가까이 있는 장막에서부터 먼 방향으로 급속도로 퍼져나가는 전염병의 진행을 지켜보는 이스라엘 백성은 공포에 질려 회막 문에서 울었다.

그런 와중에 이스라엘 자손 한 사람이 음행하기 위해 모세와 온 회중이 보는 앞에서, 한 미디안 여인을 데리고 이스라엘 진영으로 들어왔다. 그는 양심에 화인 맞은 자였다. 하나님께서 거하시는 이스라엘 진영에 악행을 끌고 들어와 보란 듯이 더럽혔다.

제사장 비느하스는 창으로 그와 여인의 배를 꿰뚫어 죽여 심판했다. 맹렬한 하나님의 질투였다. 시내산에서 하나님과 이스라엘은 혼인 언약식을 거행하지 않았던가? 서로를 자신의 전부로 여기고 정절을 지키겠다고 피로 맹세하지 않았던가?

하나님의 심판을 대행한 비느하스는 하나님의 질투를 너무 잘 알고 있었다. 그가 속한 레위 지파는 하나님께 성막을 섬기고 율법을 가르치는 사명을 받았고, 시내산에서 하나님의 백성 중에 있는 죄를 멀리하고, 죄의 근원인 삼천 명을 칼로 도륙하여 제거했기 때문이다(출 32:28). 이스라엘 제1대 대제사장은 아론이고, 제2대 대제사장은 그의 아들 엘르아살이다(민 20:28). 그리고 하나님의 질투를 품은 비느하스가 제3대 대제사장에 오를 것이다(수 24:33).

"주의 율법을 버린 악인들로 말미암아 내가 맹렬한 분노에 사로잡혔나이다"(시 119:53).

비느하스가 두 사람을 심판하자, 이내 전염병이 이스라엘에서 그쳤다. 그는 우상숭배와 음행을 심판해 하나님의 노를 그치게 했다. 비느하스는 세상의 모든 부정함을 심판하고 하나님의 백성을 거룩하게 하여, 영원한 평화의 언약을 성취하실 대제사장 예수 그리스도를 예표했다.

> 군인들이 가서 예수와 함께 못 박힌 첫째 사람과 또 그 다른 사람의 다리를 꺾고 예수께 이르러서는 이미 죽으신 것을 보고 다리를 꺾지 아니하고 그 중 한 군인이 창으로 옆구리를 찌르니 곧 피와 물이 나오더라(요 19:32-34).

제사장 비느하스가 죄인들을 창으로 찔러 하나님의 노를 그치게 해서 이스라엘을 구원한 것처럼 예수 그리스도도 창에 찔려 돌아가심으로 하나님의 노를 그치게 하고 모든 죄인을 구원에 이르게 하셨다.

사탄은 하나님의 백성을 무너뜨리기 위해 한 손에는 박해, 다른 손에는 유혹을 가지고 있다. 하나님의 백성이 아무리 많은 훈련을 받아도 사탄의 거짓된 유혹은 대제사장 예수 그리스도께서 재림하실 때까지 끊임없이 있을 것이다. 하나님의 백성은 오직 하나님 말씀을 기준 삼아 함께하시는 주님의 약속을 믿어야 한다. 우리는 사탄의 박해와 유혹에 승리하는 하나님의 군대로 그리스도의 순결한 신부가 되어야 한다.

제4강

기업을 약속받는 하나님의 군대

민수기 26~36장

이스라엘 군대는 시내산에서 제1차 군대 계수를 하고 광야로 출발했지만, 가데스 바네아에서 범한 불신으로 광야 40년이 결정되었다. 40년 광야 생활은 그들의 불신의 대한 하나님의 징계인 동시에 이집트의 생활양식에 물든 옛 세대가 완전히 죽고 새 세대로 교체되는 시간이었다. 이스라엘에게는 반드시 필요한 시간이었고 이 또한 하나님의 은혜였다. 하나님은 제40년 모압 평지에서 출애굽 제2세대에게 제2차 군대 계수를 명령하셨다.

이스라엘의 제2차 군대 계수(민 26:1-65)

염병 후에 여호와께서 모세와 제사장 아론의 아들 엘르아살에게 말씀하여 이르시되 이스라엘 자손의 온 회중의 총수를 그들의 조상의 가문을 따라 조사하되 이스라엘 중에 이십 세 이상으로 능히 전쟁에 나갈 만한 모든 자를 계수하라 하시니 모세와 제사장 엘르아살이 여리고 맞은편 요단 가 모압 평지에서 그들에게 전하여 이르되 여호와께서 애굽 땅에서 나온 모세와 이스라엘 자손에게 명령하신 대로 너희는 이십 세 이상 된 자를 계수하라 하니라(민 26:1-4).

하나님은 모세와 아론의 아들 엘르아살에게 말씀하셨다. 아론이 죽고 엘르아살이 제2대 대제사장이 되었기 때문이다. 하나님은 발람의 간계에 빠져 이스라엘 군대가 범한 음행과 우상숭배를 전염병으로 심판하신 후에, 이스라엘 중 이십 세 이상으로 능히 전쟁에 나갈 만한 모든 자를 제2차로 계수하라고 명령하셨다. 이 책 이름이 민수기(民數記)인 이유도 이 때문이다.

이스라엘의 장자는 르우벤이라 르우벤 자손은 하녹에게서 난 하녹 종족과 발루에게서 난 발루 종족과 헤스론에게서 난 헤스론 종족과 갈미에게서 난 갈미 종족이니 이는 르우벤 종족들이라 계수된 자가 사만 삼천칠백삼십 명이었더라 발루의 아들은 엘리압이요 엘리압의 아들은 느무엘과 다단과 아비람이라 이 다단과 아비람은 회중 가운데서 부름을 받은 자들이니 고라의 무리에 들어가서 모세와 아론을 거슬러 여호와께 반역할 때에 땅이 그 입을 벌려서 그 무리와 고라를 삼키매 그들이 죽었고 당시에 불이 이백오십 명을 삼켜 징표가 되게 하였으나 고라의 아들들은 죽지 아니하였더라 시므온 자손의 종족들은 이러하니 느무엘에게서 난 느무엘 종족과 야민에게서 난 야민 종족과 야긴에게서 난 야긴 종족과 … (민 26:5-18).

이스라엘 열두 지파 제2차 군대 계수에서 인구수가 감소한 지파는 르우벤, 시므온, 에브라임, 갓, 그리고 납달리다. 그중 확연하게 줄어든 지파는 르우벤과 시므온이다. 르우벤 지파는 광야 생활 중, 고라와 다단과 온을 중심으로 당을 지어 모세와 아론의 권위에 도전하는 반역을 일으켰다. 하나님께서 그들을 염병으로 심판해서 일만 사천칠백 명이 목숨을 잃었는데, 사망자 중 르우벤 지파가 대다수를 차지했다. 시므온 지파는 그 수가 가장 많이 감소했는데 발람의 간계로 범한 음행과 우상숭배에 다른 지파보다 적극적으로 가담했기 때문일 것이다. 그들은 왜 다른 지파들보다 더 적극적으로 가담했을까?

이스라엘 자손의 온 회중이 회막 문에서 울 때에 이스라엘 자손 한 사람이 모세와 온 회중의 눈앞에 미디안의 한 여인을 데리고 그의 형제에게로 온지라 제사장 아론의 손자 엘르아살의 아들 비느하스가 보고 회중 가운데에서 일어나 손에 창을 들고 그 이스라엘 남자를 따라 그의 막사에 들어가 이스라엘 남자와 그 여인의 배를 꿰뚫어서 두 사람을 죽이니 염병이 이스라엘 자손에게서 그쳤더라 … 죽임을 당한 이스라엘 남자 곧 미디안 여인과 함께 죽임을 당한 자의 이름은 시므리니 살루의 아들이요 시므온인의 조상의 가문 중 한 지도자이며 죽임을 당한 미디안 여인의 이름은 고스비이니 수르의 딸이라 수르는 미디안 백성의 한 조상의 가문의 수령이었더라(민 25:6-15).

하나님께서 이스라엘 진영 안에 거하셨기 때문에, 진영 안에 있는 모든 부정한 자들을 내보내야 했다(민 5:1-3). 그러나 시므리는 이스라엘 진영에 부정한 이방 여인 고스비를 데리고 들어와 더럽혔다. 비느하스에 의해 시므리가 죽자 전염병이 그쳤다. 시므리가 음행과 우상숭배 사건의 주동자이기 때문일 것이다. 시므리는 시므온 지파 조상 가문의 지도자였다. 그래서 온 시므온 지파가 지도자를 따라 음행과 우상숭배에 적극적으로 가담했고, 그 결과 이스라엘 군대는 전염병으로 이만 사천 명이나 죽는 엄청난 심판을 받았다.

"너희는 하나님의 은혜에 이르지 못하는 자가 없도록 하고 또 쓴 뿌리가 나서 괴롭게 하여 많은 사람이 이로 말미암아 더럽게 되지 않게 하며"(히 12:15).

민수기에서는 두 번의 '염병 심판'을 언급한다. 한 번은 일만 사천 칠백 명(민 16:49), 또 한 번은 이만 사천 명(민 25:9)이 염병으로 죽었다. 민수기에서 이스라엘이 하나님께 심판받은 다른 사건에서는 몇 명이 죽었는지에 대한 언급이 없다. 유독 두 번의 염병 심판에서만 사망자 수를 언급했다. 하나님은 르우벤 지파와 시므온 지파가 왜 감소했는지 우리에게 알려주시고, 죄가 얼마나 치명적인 것인지를 교훈하신다.

르우벤 지파와 시므온 지파는 제2대였던 르우벤 진영 소속이다. 제2대에 소속된 갓 지파도 마찬가지로 감소했다. 열두 지파 군대 계수의 평균은 약 오만 명이었다. 그러나 제2대에 속한 세 지파는 모두 평균에 미치지 못했다.

> 유다의 아들들은 에르와 오난이라 이 에르와 오난은 가나안 땅에서 죽었고 유다 자손의 종족들은 이러하니 셀라에게서 난 셀라 종족과

베레스에게서 난 베레스 종족과 세라에게서 난 세라 종족이며 또 베레스 자손은 이러하니 헤스론에게서 난 헤스론 종족과 하물에게서 난 하물 종족이라 이는 유다 종족들이니 계수된 자가 칠만 육천오백 명이었더라 잇사갈 자손의 종족들은 이러하니 … 헤벨의 아들 슬로브핫은 아들이 없고 딸뿐이라 그 딸의 이름은 말라와 노아와 호글라와 밀가와 디르사니 이는 므낫세의 종족들이라 계수된 자가 오만 이천칠백 명이었더라 … (민 26:19-50).

이스라엘 열두 지파 제2차 군대 계수에서 증가한 지파는 유다, 잇사갈, 스불론, 므낫세, 베냐민, 단, 그리고 아셀 지파다. 그중에서 가장 현저하게 증가한 지파는 유다이다. 유다 지파는 평균을 넘는 칠만 육천 오백 명으로 제1차에 비해 일천 구백 명이나 증가했다.

유다 지파는 이스라엘 군대 제1대로 하나님의 뜻을 행하는 데 가장 앞장서서 충성했기 때문이다. 제1대에 소속된 잇사갈 지파와 스불론 지파도 평균 이상으로 증가했다. 불순종하는 자들과 교제하면 함께 벌을 받고, 순종하는 자들과 교제하면 함께 복을 받기 마련이다.

이스라엘의 제2차 군대 계수를 언급하는 본문은 '염병 후에'(민 26:1)라는 심상치 않은 말로 시작된다. 제2차에 군대로 계수된 '육십만 천 칠백삼십'과 그 직전에 염병으로 죽은 '이만 사천'은 완전한 하나님의 섭리를 증거한다. 하나님은 가나안에 들어갈 군대를 계수하기 직전, 그분 뜻대로 군대를 계수하기 위해 염병으로 심판하신 것이다.

하나님은 가나안에 들어갈 출애굽 제2세대 중 거짓 이스라엘을 전부 가려내야 하셨다. 약속의 땅에는 오직 믿음으로만 들어갈 수 있기 때문이다. 하나님께는 이스라엘 중 참 이스라엘과 거짓 이스라엘을 가려낼 수 있는 완벽한 신(神)의 한수가 필요했다. 그것이 거짓 선지자 발람이다. 하나님은 약속의 땅 가나안에 들어가는 마지막 시점에 발람을 보내서, 그에게 음행과 우상숭배로 이스라엘을 시험하도록 허락하셨다. 그리하여 입술로는 스스로를 이스라엘이라고 고백하면서도, 음행과 우상숭배를 자행했던 거짓 이스라엘을 전부 가려내시고, 아울러 대적 거짓 선지자 발람과 발락 왕의 나라까지 심판하신 것이다(민 31:7, 8).

> 하나님의 말씀은 살아 있고 활력이 있어 좌우에 날선 어떤 검보다도 예리하여 혼과 영과 및 관절과 골수를 찔러 쪼개기까지 하며 또 마음의 생각과 뜻을 판단하나니 지으신 것이 하나도 그 앞에 나타나지 않음이 없고 우리의 결산을 받으실 이의 눈 앞에 만물이 벌거벗은 것 같이 드러나느니라(히 4:12, 13).

하나님 말씀은 세상 어떤 검보다도 예리하다. 성경은 사람이 영과 혼과 육으로 구성되었다고 증거한다. 영 · 혼 · 육은 경계도 알 수 없고 분리할 수도 없다. 말씀의 검은 세상 모든 사람을 찔러 영혼과 육으로 예리하게 쪼갠다. 쪼개진 영혼을 찔러 영과 혼으로, 육을 관절과 골수로 쪼개신다. 그리고 혼 속 마음의 생각과 뜻까지 판단하신다.

우리의 결산을 받으실 '이의 눈 앞'을 헬라어로 직역하면 '하나님 말씀은 우리에게 그분 눈'이다. 그분 말씀이 우리를 불꽃 같은 눈동자로 꿰뚫어 보시고 있다는 의미다. 우리가 성경을 읽는 것이 아니라 그분 말씀이 우리를 읽어내시는 것이다. 하나님 말씀은 세상 만물이 그분 눈앞에 벌거벗은 것 같이 드러나게 하신다.

"이제는 나 곧 내가 그인 줄 알라 나 외에는 신이 없도다 나는 죽이기도 하며 살리기도 하며 상하게도 하며 낫게도 하나니 내 손에서 능히 빼앗을 자가 없도다"(신 32:39).

하나님은 오직 말씀을 믿는 참 언약의 백성만을 약속의 땅에 들여보내기 위해, 그들이 가나안에 들어가기 직전에 거짓 선지자 발람을 보내셨다. 그래서 마지막으로 남은 거짓 이스라엘을 모조리 도려내신 것이다.

"너는 그 선지자나 꿈 꾸는 자의 말을 청종하지 말라 이는 너희의 하나님 여호와께서 너희가 마음을 다하고 뜻을 다하여 너희의 하나님 여호와를 사랑하는 여부를 알려 하사 너희를 시험하심이니라"(신 13:3).

> 둘 다 추수 때까지 함께 자라게 두라 추수 때에 내가 추수꾼들에게 말하기를 가라지는 먼저 거두어 불사르게 단으로 묶고 곡식은 모아 내 곳간에 넣으라 하리라(마 13:30).

하나님은 이스라엘 군대가 약속의 땅 가나안에 들어가기 직전까지 참 이스라엘과 거짓 이스라엘을 함께 두셨다. 그리고 마침내 참 이스라엘과 거짓 이스라엘을 가려내셨다. 가라지를 먼저 거두어 불사르시는 것처럼, 거짓 이스라엘을 가려내어 염병으로 불사르셨다. 곡식을 모아 그분의 곳간에 넣으시는 것처럼 참 이스라엘을 모아 약속의 땅에 들어가게 하신 것이다.

그처럼 하나님은 교회 내에서도 마지막 때까지 곡식과 가라지를 함께 자라도록 내버려 두신다. 마침내 적그리스도를 보내셔서 곡식 중에서 가라지를 모조리 구별해 내신다. 하나님은 참 신부와 거짓 신부를 가려내시는 전능하신 구원과 심판의 하나님이시다. 오직 하나님 말씀을 믿으며 살아가는 하나님의 백성만 새 하늘과 새 땅에 온전히 들어갈 수 있다.

출애굽 이후 이스라엘 중 하나님을 거역한 백성이 그분께 심판받아 목숨을 잃는 참사가 여러 번 있었다. 시내산에서 언약을 맺은 직후 금송아지를 우상으로 숭배해 레위 지파에게 도륙당한 삼천 명(출 32:28), 여호와께서 명령하지 않은 다른 불을 담아 분향해 하나님의 불에 타 죽은 아론의 두 아들 나답과 아비후(레 10:1), 하나님의 이름 여호와를 모독하며 저주해 돌로 쳐 죽임을 당한 어떤 사람(레 24:11), 다베라에서 악한 말로 원망해 진영 끝에 붙은 불에 타 죽은 사람들(민 11:1), 기브롯 핫다아와에서 탐욕을 부려 고기가 아직 이 사이에 있어 씹히기도 전에 하나님의 진노에 죽은 사람들(민 11:34), 가나안 정탐 후 그 땅을 악평해 하나님의 재앙에 죽은 열 명(민 14:37), 안식일에 나무해서 돌로 쳐 죽임을 당한 어떤 사람(민 15:36), 반역을 일으켜 땅에 삼킴당한 고라의 무리들(민 16:32)과 반역에 가담해 향로에서 나온 불에 불살라진 이백오십 명(민 16:35)과 염병으로 죽은 만 사천칠백 명(민 16:49), 하나님을 원망해서 불뱀에 물려 죽은 사람들(민 21:6), 그리고 싯딤에서 우상숭배와 음행으로 목매어 달린 백성의 수령들(민 25:4), 염병으로 이만 사천 명(민 25:9)이 죽은 참사다. 모두 열 번이었다.

> 내 영광과 애굽과 광야에서 행한 내 이적을 보고서도 이같이 열 번이나 나를 시험하고 내 목소리를 청종하지 아니한 그 사람들은 내가 그들의 조상들에게 맹세한 땅을 결단코 보지 못할 것이요 또 나를 멸시

하는 사람은 한 사람도 그것을 보지 못하리라 … 너희 시체가 이 광야에 엎드러질 것이라 너희 중에서 이십 세 이상으로서 계수된 자 곧 나를 원망한 자 전부가 여분네의 아들 갈렙과 눈의 아들 여호수아 외에는 내가 맹세하여 너희에게 살게 하리라 한 땅에 결단코 들어가지 못하리라(민 14:22-30).

이스라엘 군대가 40년 광야 행진 중 하나님과 모세를 시험하고 그분의 목소리를 청종하지 않은 것은 모두 '열 번'이다. 하나님께서 천지를 창조하실 때 열 번 언급된 '그 종류대로'라는 말씀은 모든 생명체를 처음부터 온전히 창조하셨음을 분명히 드러내고 있다. 하나님께서 선포하신 십계명은 하나님의 거룩하심을 온전히 드러내신 것이고, 이집트에 내리신 열 가지 재앙은 파라오의 완악함을 드러내게 하신 것이다. 마지막 유월절 장자 재앙을 첫 번째로 내리셨다면 열 가지 재앙까지 갈 필요도 없었지만, 파라오의 완악함이 분명하게 드러나도록 유월절 장자 재앙을 맨 나중에 내리신 것이다. 야곱을 열 번이나 속여 변경한 품삯도 라반의 지독함을 스스로 드러내게 하셨으며, 정탐 후 부정적 보고를 한 열 명도 이스라엘의 완벽한 불신을 드러내고 있다. 이처럼 이스라엘 백성이 하나님께 쏟은 열 번의 원망도, 목숨을 잃은 열 번의 참사도 그들의 완악함을 분명하게 드러낸 것이다.

출애굽 제2년 가데스 바네아에서 하나님을 시험하고 원망한 이십 세 이상으로 계수된 모든 자 중, 갈렙과 여호수아 외에는 그 누구도 약속의 땅에 결단코 들어가지 못할 거라고 맹세하셨다. 그런데 출애굽 제40년 싯딤에 있었던 이스라엘 중 가나안에 들어가서는 안 될 이만 사천 명이 여전히 살아남아 있었다.

"만군의 여호와께서 맹세하여 이르시되 내가 생각한 것이 반드시 되며 내가 경영한 것을 반드시 이루리라"(사 14:24).

하나님은 그분의 맹세를 지키기 위해서라도 발람의 간계를 허락해 그들을 시험하셔야 했다. 그리고 염병으로 심판하셨다. 하나님 말씀을 이루기 위해 죽지 않아도 될 사람들을 죽이신 것은 아니다. 약속의 땅 가나안에 합당하지 않은 사람들을 걸러내신 것이다. 하나님은 공의의 하나님이시다. 입술로 고백한다고 해서 새 하늘과 새 땅에 들어가게 하시는 하나님이 아니시다.

이스라엘 군대 제1차 계수는 광야 행진을 시작하기 직전에 준비하며 실시했고, 제2차는 약속의 땅 가나안에 들어가기 전에 가나안 정복을 준비하며 실시했다. 민수기에는 하나님의 군대를 계수하는 내용이 두 번 언급된다. 그처럼 종말을 언급하는 요한계시록에서도 계수된 하나님의 군대가 역시 두 번 언급된다.

> 내가 인침을 받은 자의 수를 들으니 이스라엘 자손의 각 지파 중에서 인침을 받은 자들이 십사만 사천이니 유다 지파 중에 인침을 받은 자가 일만 이천이요 르우벤 지파 중에 일만 이천이요 갓 지파 중에 일만 이천이요 아셀 지파 중에 일만 이천이요 납달리 지파 중에 일만 이천이요 므낫세 지파 중에 일만 이천이요 시므온 지파 중에 일만 이천이요 레위 지파 중에 일만 이천이요 잇사갈 지파 중에 일만 이천이요 스불론 지파 중에 일만 이천이요 요셉 지파 중에 일만 이천이요 베냐민 지파 중에 인침을 받은 자가 일만 이천이라(계 7:4-8).

> 또 내가 보니 보라 어린 양이 시온 산에 섰고 그와 함께 십사만 사천

이 서 있는데 그들의 이마에는 어린 양의 이름과 그 아버지의 이름을 쓴 것이 있더라 내가 하늘에서 나는 소리를 들으니 많은 물 소리와도 같고 큰 우렛소리와도 같은데 내가 들은 소리는 거문고 타는 자들이 그 거문고를 타는 것 같더라 그들이 보좌 앞과 네 생물과 장로들 앞에서 새 노래를 부르니 땅에서 속량함을 받은 십사만 사천 밖에는 능히 이 노래를 배울 자가 없더라(계 14:1-3).

민수기는 요한계시록의 예표가 되는 성경이다. 민수기의 이스라엘 군대 계수는 요한계시록의 하나님 백성의 인구 계수로 완성된다. 하나님은 백성의 충만을 상징하는 수 '십사만 사천'이 차기까지 백성과 함께하시며 역사를 다스리신다.

하나님의 군대는 그때도 있었고 종말 때도 있을 것이며 지금도 있다. 하나님께서 그분의 백성을 통해 이 땅에서 만들어 가시는 역사는 곧 하늘 역사의 모형이다. 보이는 이 땅에서의 삶이 실상이 아니라, 보이지 않는 하늘에서의 삶이 실상이다. 이 땅에서의 삶은 하늘의 삶을 준비하고 훈련받는 기간일 뿐이다.

민수기에서 하나님의 군대를 계수한 두 번의 계수 사이 마지막에 하나님의 군대를 박해하는 모압 왕 발락과 하나님의 군대를 미혹하는 발람이 있었다. 박해와 유혹을 이긴 자들만 약속의 땅 가나안에 들어갈 수 있다.

요한계시록에 나오는 하나님 군대의 두 번 언급 사이 마지막에 등장하는 인물들도 하나님의 군대를 박해하는 적그리스도와 하나님의 군대를 미혹하는 거짓 선지자다. 박해와 유혹을 이긴 자들이 약속의 땅 천국에 들어갈 것이다. 민수기에서도 요한계시록에서도 그리고 지금을 살아가는 우리도 하나님의 군대로 살아야 세상의 박해와 유혹을 이기고 최후 승리를 얻을 수 있다.

민수기 때도, 요한계시록 종말 때도, 역사 한복판에서도 그러했다. 성경을 구약과 신약으로 나누고, 역사를 주전과 주후로 나눌 때도 그러했다. 예수님께서 십자가에서 돌아가실 때 두 번의 사형선고를 받았다. 먼저 유대인의 공회에서 예수님께서 '하나님의 아들'이라고 말씀하신 것을 빌미삼아 신성모독죄라는 죄목으로 사형선고를 내렸다. 빌라도의 로마 법정에서는 예수님께서 '유대인의 왕'이라고 말씀하신 것을 빌미삼아 황제반란죄라는 죄목으로 사형선고를 내렸다. 유대인 공회는 종교적 권세이고, 빌라도의 로마 법정은 정치적 권세다. 예수님은 종교적 권세와 정치적 권세의 동맹에 의해 십자가에서 돌아가신 것이다. 역사는 하나님 말씀이 현실로 드러나는 현장이다. 하나님께서 창조자시고 통치자시며 심판자심을 역사가 증거하고 있다.

제2차 계수에서는 제1차와 다른 네 가지에 주목할 필요가 있다. 첫째, 제1차 계수에서는 열두 지파의 지휘관 이름과 인구수를 언급한 것과 달리, 제2차에서는 각 지파 내 종족들의 족장 이름과 인구수가 언급되었다. 슬로브핫 딸들의 종족과 레위 지파 종족들까지 포함하면, 이스라엘은 모두 칠십 종족으로 구성된 큰 민족이다. 야곱 족속이 이집트에 들어왔을 때에는 70명이었지만, 이스라엘이 가나안에 들어갈 때는 70종족으로 번성해 있었다.

"여호와께서 아브람에게 이르시되 너는 너의 고향과 친척과 아버지의 집을 떠나 내가 네게 보여 줄 땅으로 가라 내가 너로 큰 민족을 이루고 네게 복을 주어 네 이름을 창대하게 하리니 너는 복이 될지라" (창 12:1, 2).

'70'은 세상 나라들의 시작이 된 노아의 세 아들 셈과 함과 야벳 후손의 숫자다. 70은 나라의 시작을 의미해 이스라엘 70종족은 온 세계에 하나님 나라를 드러내는 시작점이 될 것이다.

둘째, 제2차 계수에서 주목할 점은 고라 아들들이 죽지 않았음이 언급된다는 것이다(민 26:11). 고라와 다단과 아비람과 그 무리는 모세와 아론의 권위에 반역해서 온 가족이 하나님의 심판을 받았다. 땅이 입을 벌려 그들을 삼켰고, 동조한 이백오십 명도 불살라져 처참하게 멸망당했다. 그런데도 제2차 인구 계수에서 고라 아들들이 살아 있음이 언급되었다. 하나님은 공의의 하나님이시기 때문이다. 부모의 잘못으로 자녀들이 심판받는 경우는 없다. 고라 후손은 공의의 하나님을 찬송했다. 하나님은 주옥같은 열한 편의 시편으로 그들에게 영광을 받으셨다.

<고라 자손의 시, 인도자를 따라 깃딧에 맞춘 노래>

만군의 여호와여 주의 장막이 어찌 그리 사랑스러운지요 … 주의 궁정에서의 한 날이 다른 곳에서의 천 날보다 나은즉 악인의 장막에 사는 것보다 내 하나님의 성전 문지기로 있는 것이 좋사오니 여호와 하나님은 해요 방패이시라 여호와께서 은혜와 영화를 주시며 정직하게 행하는 자에게 좋은 것을 아끼지 아니하실 것임이니이다 만군의 여호와여 주께 의지하는 자는 복이 있나이다(시 84:1-12).

고라 자손은 주의 장막이 아름답다고 노래했다. 주의 궁정에서의 한 날이 다른 곳에서의 천 날보다 낫고, 악인의 장막에 사는 것보다 하나님의 성전 문지기로 있는 것이 좋다고 했다. 악인의 장막은 바로 땅의 삼킴당한 그들의 조상 고라가 살던 장막이다. 후에는 선지자 사무엘이 그 후손으로 태어나기도 했다(대상 6:33-37). 조상과 달리 그들은 패역한 길을 가지 않아서 한량없는 하나님의 은혜를 누린 것이다.

> 이스라엘 자손의 계수된 자가 육십만 천칠백삼십 명이었더라 여호와께서 모세에게 말씀하여 이르시되 이 명수대로 땅을 나눠 주어 기업을 삼게 하라 수가 많은 자에게는 기업을 많이 줄 것이요 수가 적은 자에게는 기업을 적게 줄 것이니 그들이 계수된 수대로 각기 기업을 주되 오직 그 땅을 제비 뽑아 나누어 그들의 조상 지파의 이름을 따라 얻게 할지니라 그 다소를 막론하고 그들의 기업을 제비 뽑아 나눌지니라(민 26:51-56).

셋째, 제2차 계수에서 주목할 점은 계수된 모든 자에게 가나안 땅을 제비 뽑아 기업으로 나눠 주실 것이라는 약속이다. 기업은 하나님께서 그분의 백성에게 반드시 주시는 하나님의 유산이다. 기업은 터 기(基)와 업 업(業)으로 하나님께서 백성이 잘 살 수 있도록 기본적 터전을 나누어 주시는 것이다. 기업은 '분깃', '유업', '후사'라고도 한다. 하나님은 모든 백성에게 반드시 기업을 나누어 주시기 때문에 기업이 없는 백성은 단 한 사람도 없다.

성경에 언급되는 기업은 생명, 권리, 땅 그리고 자녀다. 이스라엘 백성이 이집트 파라오의 손아귀에 있을 때는 네 가지 기업이 하나도 없었다. 첫째, 이스라엘에게는 생명의 기업이 없었다. 파라오는 모든 이스라엘 백성의 생사여탈권을 쥐고 있었다. 하나님께서 유월절 어린양의 피로 구원하셔서 멸망하지 않고 생명을 얻게 하셨다. 하나님은 그분 말씀을 믿는 모든 자에게 생명의 기업을 주시는 분이다.

"하나님이 세상을 이처럼 사랑하사 독생자를 주셨으니 이는 그를 믿는 자마다 멸망하지 않고 영생을 얻게 하려 하심이라"(요 3:16).

둘째, 이스라엘에게는 권리의 기업도 없었다. 파라오는 모든 이스라엘 백성을 노예로 삼아 고역과 학대를 일삼았다. 그러나 우주와 역사의 진정한 주권자이신 하나님께서 파라오의 모든 학대와 권세를 폐하시고, 파라오의 노예를 하나님의 백성으로 변화시키셨다. 하나님은 어린양의 피를 믿음으로 바르는 모든 자를 살려만 주시는 것이 아니라, 하나님의 백성이라는 권리도 주시는 분이다.

"영접하는 자 곧 그 이름을 믿는 자들에게는 하나님의 자녀가 되는 권세를 주셨으니"(요 1:12).

셋째, 이스라엘에게는 땅의 기업도 없었다. 이스라엘 백성이 요셉 덕분에 비옥한 고센 땅에 잠시 거주했지만, 그들은 한낱 나그네에 불과했고, 후에는 파라오의 박해와 학대에 고통받는 노예로 전락하고 말았다. 하나님은 홍해를 건너게 해서 이스라엘을 이집트에서 분리시키셨다. 그리고 젖과 꿀이 흐르는 가나안 땅에 들어가게 하셔서 그 땅을 제비 뽑아 기업으로 나눠 주실 것이다. 하나님은 그들을 백성으로 삼아주셨고 소유까지 주셨다.

"온유한 자는 복이 있나니 그들이 땅을 기업으로 받을 것임이요"(마 5:5).

넷째, 이스라엘에게는 자녀의 기업도 없었다. 이스라엘 자손이 이집트에서 번성해 온 땅에 가득하게 되자, 파라오는 남자 아기가 태어나면 나일강에 던져 죽이라고 명령했다. 그러나 하나님께서 이스라엘 남자 아기를 물에 수장시킨 파라오를 홍해에 수장시킴으로 그들은 다시 자녀를 가질 수도, 대를 이어갈 수도 있게 하셨다. 그들의 자녀는 이십 세 이상으로 싸움에 나갈 수 있는 남자만 육십만 천칠백삼십 명이었다. 부모 세대에 결코 뒤지지 않았으며, 큰 민족도 흐트러지지 않았다. 하나님은 모든 백성에게 소유만 주시는 것이 아니라, 가족도 주시는 분이시다.

"그러므로 이제부터 너희는 외인도 아니요 나그네도 아니요 오직 성도들과 동일한 시민이요 하나님의 권속이라"(엡 2:19).

> 레위인으로 계수된 자들의 종족들은 이러하니 게르손에게서 난 게르손 종족과 고핫에게서 난 고핫 종족과 므라리에게서 난 므라리 종족이며 레위 종족들은 이러하니 립니 종족과 헤브론 종족과 말리 종족과 무시 종족과 고라 종족이라 고핫은 아므람을 낳았으며 아므람의 처의 이름은 요게벳이니 레위의 딸이요 애굽에서 레위에게서 난 자라 그가 아므람에게서 아론과 모세와 그의 누이 미리암을 낳았고 …
> (민 26:57-65).

이스라엘은 제1차 계수와 마찬가지로 먼저 열두 지파를 계수하고 이어 레위 지파를 별도로 계수했다. 레위 지파는 가나안 땅을 기업으로 받지 않기 때문이다.

시내 광야에서 실시한 제1차 계수에서 이스라엘 열두 지파는 육십만 삼천오백오십 명이었다. 모압 평지에서 실시한 제2차에서는 총계가 육십만 일천칠백삼십 명(민 26:51)으로, 38년 동안 일천백이십 명이 줄었다. 하지만 레위 지파가 일천 명 늘어났기 때문에 전체적으로는 일백이십 명이 줄어든 것이다. 사실 육십만이란 수를 감안한다면, 38

년 동안 일백이십 명이 줄어들었을 뿐이다.

결론적으로 제1차 계수를 받은 자들 중에 가나안에 들어간 이스라엘 백성은 육십만 삼천오백사십여덟 명을 제외한 여호수아와 갈렙 두 사람뿐이다. '육십만'이란 숫자는 하나님의 '한량없는 은혜'를 드러낸다. 야곱 족속 칠십 명이 육십만으로 번성한 것은 이집트 나일강 하구에 있는 물이 풍부하고 기름진 고센에서 400년 동안 거했던 결과였다. 아무것도 없는 척박한 광야에서 40년을 버티는 것은 불가능하다. 그런데도 육십만이 유지된 것은 엄청난 하나님의 은혜였다.

> 너희는 유혹의 욕심을 따라 썩어져 가는 구습을 따르는 옛 사람을 벗어 버리고 오직 너희의 심령이 새롭게 되어 하나님을 따라 의와 진리의 거룩함으로 지으심을 받은 새 사람을 입으라(엡 4:22-24).

광야에서 죽은 출애굽 제1세대는 가나안 땅에 들어가지 못했다. 하지만 이것이 새 하늘과 새 땅에 들어가지 못했다는 의미는 아니다. 출애굽 제2세대가 온전했기 때문에 가나안에 들어갈 수 있었던 것도 아니다. 아론도, 미리암도, 심지어 모세도 가나안 땅에는 들어가지 못했으며, 가나안에 들어간 이들도 끊임없이 변함없이 죄를 지었다. 그 이후 펼쳐진 사사시대는 암울하기 그지없었다.

고린도 교회 성도 중에는 아버지의 첩을 취한 자가 있었다(고전 5:1). 바울 사도는 그를 "주 예수의 능력으로 사탄에게 내주었다"고 언급했다. 그가 지옥에 떨어졌다는 의미가 아니다. 하나님의 영광을 가리는 육신을 멸함으로 더 이상 죄를 짓지 못하게 만들어 그 영은 주 예수의 날에 구원을 받게 하기 위함이다(고전 5:5).

형제들아 나는 너희가 알지 못하기를 원하지 아니하노니 우리 조상들이 다 구름 아래에 있고 바다 가운데로 지나며 모세에게 속하여 다 구름과 바다에서 세례를 받고 다 같은 신령한 음식을 먹으며 다 같은 신령한 음료를 마셨으니 이는 그들을 따르는 신령한 반석으로부터 마셨으매 그 반석은 곧 그리스도시라 그러나 그들의 다수를 하나님이 기뻐하지 아니하셨으므로 그들이 광야에서 멸망을 받았느니라 이러한 일은 우리의 본보기가 되어 우리로 하여금 그들이 악을 즐겨 한 것 같이 즐겨 하는 자가 되지 않게 하려 함이니 그들 가운데 어떤 사람들과 같이 너희는 우상 숭배하는 자가 되지 말라 기록된 바 백성이 앉아서 먹고 마시며 일어나서 뛰논다 함과 같으니라(고전 10:1-7).

광야에서 죽은 옛 세대는 영적으로 성도의 옛 사람을, 가나안 땅에 들어간 새 세대는 새 사람을 상징한다. 궁극적으로 하나님 약속의 땅 천국에서는 이 땅에서의 모든 옛 사람적 요소는 사라지고, 하나님의 권능으로 거듭난 새 사람적 요소만 영생에 참여한다는 것이다. 이 땅에서 하나님의 백성이 옛 사람의 성품으로 살아가는 시간은 영적으로 사망과 다를 바 없고, 새 사람의 성품으로 살아가는 시간만 생명과 평안을 누리는 진정한 시간이 될 것이다.

기업을 주시는 하나님(민 27:1-23)

요셉의 아들 므낫세 종족들에게 므낫세의 현손 마길의 증손 길르앗의 손자 헤벨의 아들 슬로브핫의 딸들이 찾아왔으니 그의 딸들의 이름은 말라와 노아와 호글라와 밀가와 디르사라 그들이 회막 문에서 모세와 제사장 엘르아살과 지휘관들과 온 회중 앞에 서서 이르되 우리 아버지가 광야에서 죽었으나 여호와를 거슬러 모인 고라의 무리에 들지 아니하고 자기 죄로 죽었고 아들이 없나이다 어찌하여 아들이 없다고 우리 아버지의 이름이 그의 종족 중에서 삭제되리이까 우리 아버지의 형제 중에서 우리에게 기업을 주소서 하매 모세가 그 사연을 여호와께 아뢰니라 여호와께서 모세에게 말씀하여 이르시되 슬로브핫 딸들의 말이 옳으니 너는 반드시 그들의 아버지의 형제 중에서 그들에게 기업을 주어 받게 하되 그들의 아버지의 기업을 그들에게 돌릴지니라 너는 이스라엘 자손에게 말하여 이르기를 사람이 죽고 아들이 없으면 그의 기업을 그의 딸에게 돌릴 것이요 딸도 없으면 그의 기업을 그의 형제에게 줄 것이요 형제도 없으면 그의 기업을 그의 아버지의 형제에게 줄 것이요 그의 아버지의 형제도 없으면 그의 기업을 가장 가까운 친족에게 주어 받게 할지니라 하고 나 여호와가 너 모세에게 명령한 대로 이스라엘 자손에게 판결의 규례가 되게 할지니라(민 27:1-11).

넷째, 제2차 계수에서 주목할 점은 슬로브핫 딸들 이름이 언급된다는 것이다. 하나님은 이십 세 이상으로 능히 전쟁에 나갈 만한 모든 자에게 약속의 땅 가나안에 들어간 후, 제비 뽑아 땅을 기업으로 나누어 주라고 명령하셨다(민 26:52-56). 그 기준은 이스라엘 군대에 입대한 남자들에게만 해당되기 때문에 아들이 없는 가문에서는 기업을 받을 수가 없었다. 그래서 아들 없이 죽은 슬로브핫의 다섯 딸이 하나님께 나와 자신들의 기업을 요구했다. 하나님은 딸만 있는 가문에는 딸에게 기업을 주고, 딸도 없으면 가장 가까운 친족에게 기업을 주라고 명령하셨다. 기업은 하나님께서 모든 백성에게 반드시 나누어 주시는 것이기 때문이다. 놀라운 것은 그들이 가나안 정복을 기정사실화하고 있다는 점이다.

> 여호와께서 모세에게 이르시되 눈의 아들 여호수아는 그 안에 영이 머무는 자니 너는 데려다가 그에게 안수하고 그를 제사장 엘르아살과 온 회중 앞에 세우고 그들의 목전에서 그에게 위탁하여 네 존귀를 그에게 돌려 이스라엘 자손의 온 회중을 그에게 복종하게 하라 그는 제사장 엘르아살 앞에 설 것이요 엘르아살은 그를 위하여 우림의 판결로써 여호와 앞에 물을 것이며 그와 온 이스라엘 자손 곧 온 회중은 엘르아살의 말을 따라 나가며 들어올 것이니라 모세가 여호와께서 자기에게 명령하신 대로 하여 여호수아를 데려다가 제사장 엘르아살과 온 회중 앞에 세우고 그에게 안수하여 위탁하되 여호와께서 모세에게 명령하신 대로 하였더라(민 27:12-23).

모세는 하나님의 명령대로 자기 뒤를 이을 이스라엘 군대 지휘관으로 여호수아를 임명했다. 40년 광야 생활 동안 하나님께 믿음을 보이고 모세를 수종 든 훈련된 자이기 때문이다. 따라서 가나안을 정복할 이스라엘 군대는 출애굽 제2세대로, 대제사장은 엘르아살, 지휘관은 여호수아로 전격적인 세대교체가 일어났다.

이스라엘의 의무, 제사와 절기(민 28:1~29:40)

> 여호와께서 모세에게 말씀하여 이르시되 이스라엘 자손에게 명령하여 그들에게 이르라 내 헌물, 내 음식인 화제물 내 향기로운 것은 너희가 그 정한 시기에 삼가 내게 바칠지니라 또 그들에게 이르라 너희가 여호와께 드릴 화제는 이러하니 일 년 되고 흠 없는 숫양을 매일 두 마리씩 상번제로 드리되 어린 양 한 마리는 아침에 드리고 어린 양 한 마리는 해 질 때에 드릴 것이요 또 고운 가루 십분의 일 에바에 빻아 낸 기름 사분의 일 힌을 섞어서 소제로 드릴 것이니 이는 시내산에서 정한 상번제로서 여호와께 드리는 향기로운 화제며 또 그 전제는 어린 양 한 마리에 사분의 일 힌을 드리되 거룩한 곳에서 여호와께 독주의 전제를 부어 드릴 것이며 해 질 때에는 두 번째 어린 양을 드리되 아침에 드린 소제와 전제와 같이 여호와께 향기로운 화제로 드릴 것이니라 … (민 28:1-31).

하나님은 이스라엘이 약속의 땅 가나안에 들어가 지켜야 할 각종 제사와 절기를 명령하셨다. 매일 아침과 저녁으로 드리는 번제인 상번제, 매주 일곱째 날에 지키는 안식일, 매월 첫째 날에 지키는 초하루, 그리고 매년 정해진 날에 지키는 유월절, 칠칠절, 나팔절, 속죄일, 수장절 등의 절기에는 기업을 주신 하나님께 제사 드려 감사와 영광을 돌리라고 명령하셨다.

하나님께서 제사와 절기에 대해서는 시내산에서 레위기를 통해 이미 말씀하셨다. 그런데도 모압 평지에서 거듭 말씀하신 이유는 그 대상이 출애굽을 직접 경험한 제1세대에서 제2차 군대 계수를 입은 제2

세대로 바뀌었기 때문이다.

강독 가이드
제사와 절기

매일 상번제: 하루는 지구가 한 바퀴 자전하는 시간이다. 지구가 자전하는 속도는 초당 473미터씩 이동하며 자전 주기 23시간 56분 4.09초를 유지한다.
매주 안식일: 한 주간은 하나님께서 6일 동안 창조하시고 제 7일에 안식함으로 7일이 한 주간이다.
매월 초하루: 한 달은 달이 지구를 한 바퀴 도는 시간이다. 달은 지구 둘레를 초당 약 1킬로미터씩 이동한다.
매년 유월절: 1년은 지구가 태양을 한 바퀴 공전하는 시간이다. 지구는 태양 둘레를 10만 8천 7백 킬로미터 속도로 공전하고 초당 약 30킬로미터씩 이동한다. 태양과는 1억 5천만 킬로미터를 유지하며, 공전 주기 365일 5시간 48분 48초를 유지한다.

"해와 달아 그를 찬양하며 밝은 별들아 다 그를 찬양할지어다 하늘의 하늘도 그를 찬양하며 하늘 위에 있는 물들도 그를 찬양할지어다 그것들이 여호와의 이름을 찬양함은 그가 명령하시므로 지음을 받았음이로다"(시 148:3-5).

이스라엘의 자원, 서원과 서약(민 30:1-16)

모세가 이스라엘 자손 지파의 수령들에게 말하여 이르되 여호와의 명령이 이러하니라 사람이 여호와께 서원하였거나 결심하고 서약하였으면 깨뜨리지 말고 그가 입으로 말한 대로 다 이행할 것이니라 또 여자가 만일 어려서 그 아버지 집에 있을 때에 여호와께 서원한 일이나 스스로 결심하려고 한 일이 있다고 하자 그의 아버지가 그의 서원이나 그가 결심한 서약을 듣고도 그에게 아무 말이 없으면 그의 모든 서원을 행할 것이요 그가 결심한 서약을 지킬 것이니라 그러나 그의 아버지가 그것을 듣는 날에 허락하지 아니하면 그의 서원과 결심한 서약을 이루지 못할 것이니 그의 아버지가 허락하지 아니하였은즉 여호와께서 사하시리라 또 혹시 남편을 맞을 때에 서원이나 결심한 서약을 경솔하게 그의 입술로 말하였으면 그의 남편이 그것을 듣고 그 듣는 날에 그에게 아무 말이 없으면 그 서원을 이행할 것이요 그가 결심한 서약을 지킬 것이니라 그러나 그의 남편이 그것을 듣는 날에 허락하지 아니하면 그 서원과 결심하려고 경솔하게 입술로 말한 서약은 무효가 될 것이니 여호와께서 그 여자를 사하시리라 … (민 30:1-16).

하나님께서 명령하신 각종 제사와 절기는 모든 이스라엘이 가나안에서 반드시 지켜야 하는 의무였다. 서원과 서약은 모든 이스라엘이 반드시 지켜야 하는 의무가 아니라 자원하는 맹세다. 그러나 서원과 서약을 하면 반드시 지켜야 하는 의무로 전환된다.

서원과 서약은 자신이 임의대로 할 수 있는 것이 아니다. 자녀는 부모 허락 하에, 아내는 남편 허락 하에 해야 한다. 여자가 미혼일 때는 아버지 권위에, 기혼일 때는 남편 권위에 순종해야 한다.

"네 하나님 여호와께 서원하거든 갚기를 더디하지 말라 네 하나님 여호와께서 반드시 그것을 네게 요구하시리니 더디면 그것이 네게 죄가 될 것이라”(신 23:21).

서원이나 서약은 각자의 형편을 고려해 하나님께 해야 한다. 경솔히 결심하면 안 된다. 하나님은 이스라엘에게 서원이나 서약을 명령하신 적이 없다. 그러나 스스로 하나님 앞에서 서원이나 서약을 했다면, 하나님의 원칙에 따라 반드시 지켜야 한다.

미디안에게 원수를 갚는 하나님의 군대(민 31:1-54)

여호와께서 모세에게 말씀하여 이르시되 이스라엘 자손의 원수를 미디안에게 갚으라 그 후에 네가 네 조상에게로 돌아가리라 모세가 백성에게 말하여 이르되 너와 함께 있는 사람들 가운데서 전쟁에 나갈 사람들을 무장시키고 미디안을 치러 보내어 여호와의 원수를 갚되 이스라엘 모든 지파에게 각 지파에서 천 명씩을 전쟁에 보낼지니라 하매 각 지파에서 천 명씩 이스라엘 백만 명 중에서 만 이천 명을 택하여 무장을 시킨지라 모세가 각 지파에 천 명씩 싸움에 보내되 제사장 엘르아살의 아들 비느하스에게 성소의 기구와 신호 나팔을 들려서 그들과 함께 전쟁에 보내매 그들이 여호와께서 모세에게 명령하신 대로 미디안을 쳐서 남자를 다 죽였고 그 죽인 자 외에 미디안의 다섯 왕을 죽였으니 미디안의 왕들은 에위와 레겜과 수르와 후르와 레바이며 또 브올의 아들 발람을 칼로 죽였더라 이스라엘 자손이 미디안의 부녀들과 그들의 아이들을 사로잡고 그들의 가축과 양 떼와 재물을 다 탈취하고 그들이 거처하는 성읍들과 촌락을 다 불사르고 탈취한 것, 노략한 것, 사람과 짐승을 다 빼앗으니라(민 31:1-11).

하나님은 모세에게 이스라엘 열두 지파에서 각 지파별로 일천 명씩을 선출해서 '일만 이천 특공대'를 조직해 미디안과 전쟁할 것을 명령하셨다. 그 이유는 발람의 간계로 미디안 여자들이 이스라엘 군대를 음행과 우상숭배에 빠지게 해, 이스라엘 수령들을 목매어 달려 죽게 하고 염병에 이스라엘 중 이만 사천 명이나 죽게 만들었기 때문이다(민 25:1-9).

하나님은 미디안을 '이스라엘의 원수'(민 31:2)라고 말씀하셨다. 동시에 모세는 미디안을 '여호와의 원수'(민 31:3)라고 말했다. 이스라엘의 원수는 곧 하나님의 원수다. 우리의 원수는 곧 하나님의 원수다. 우리의 문제는 곧 하나님의 문제다. 오늘도 하나님은 원수를 심판하고 우리 문제를 해결하기 위해 일하고 계신다.

"내 사랑하는 자들아 너희가 친히 원수를 갚지 말고 하나님의 진노하심에 맡기라 기록되었으되 원수 갚는 것이 내게 있으니 내가 갚으리라고 주께서 말씀하시니라"(롬 12:19).

이스라엘 군대를 실족하게 한 미디안은 하나님의 원수였다. 하나님은 만일 모세가 그들을 심판하는 사명을 완수하지 못하면, 그가 편히 눈감지도 못하게 하실 것이라고 말씀하실 정도였다. 미디안 족속에 대한 응징은 하나님께서 모세에게 내린 마지막 명령이다. 이스라엘 군대는 미디안 다섯 왕과 남자들을 모두 죽였다. 다섯 왕 중 세 번째로 언급된 수르는 시므온 지파 지도자 시므리를 미혹한 미디안 여인 고스비(민 25:15)의 아버지였다. 거짓 선지자 발람도 마찬가지였다. 미디안의 부녀들과 그들의 아이들도 사로잡고 가축과 재물도 다 탈취했다. 거처하는 성읍들도 불살랐다. 완벽한 승리였다.

그들이 사로잡은 자와 노략한 것과 탈취한 것을 가지고 여리고 맞은 편 요단 강 가 모압 평지의 진영에 이르러 모세와 제사장 엘르아살과 이스라엘 자손의 회중에게로 나아오니라 모세와 제사장 엘르아살과 회중의 지도자들이 다 진영 밖에 나가서 영접하다가 모세가 군대의 지휘관 곧 싸움에서 돌아온 천부장들과 백부장들에게 노하니라 … 너희는 이레 동안 진영 밖에 주둔하라 누구든지 살인자나 죽임을 당한 사체를 만진 자는 셋째 날과 일곱째 날에 몸을 깨끗하게 하고 너희의 포로도 깨끗하게 할 것이며 … 모세에게 말하되 당신의 종들이 이끈 군인을 계수한즉 우리 중 한 사람도 축나지 아니하였기로 우리 각 사람이 받은 바 금 패물 곧 발목 고리, 손목 고리, 인장 반지, 귀 고리, 목걸이들을 여호와께 헌금으로 우리의 생명을 위하여 여호와 앞에 속죄하려고 가져왔나이다 모세와 제사장 엘르아살이 그들에게서 그 금으로 만든 모든 패물을 취한즉 천부장과 백부장들이 여호와께 드린 거제의 금의 도합이 만 육천칠백오십 세겔이니 군인들이 각기 자기를 위하여 탈취한 것이니라 모세와 제사장 엘르아살이 천부장과 백부장들에게서 금을 취하여 회막에 드려 여호와 앞에서 이스라엘 자손의 기념을 삼았더라(민 31:12-54).

이스라엘 군대는 사로잡은 자와 노략한 것과 탈취한 것을 이스라엘 진영으로 가지고 돌아왔다. 모세와 지도자들은 그들을 영접했다. 그러나 이내 모세가 노했다. 이스라엘 군대가 영적으로 부정해졌기 때문이다. 사람을 죽인 자들도, 죽임당한 사체를 만진 자들도, 포로들도, 그들의 소유도 부정했다. 모세는 그들에게 이레 동안 진영 밖에 주둔하는 '정결례'를 명령했다.

이는 여호와께서 모세에게 명령하신 율법에 순종한 것이다. 이스라엘 군대의 힘은 오직 하나님 말씀대로 구분되는 거룩이다. 하나님의 군대가 수행하는 유일하고도 가장 강력한 작전은 하나님 말씀으로 구분되는 거룩이며, 하나님 말씀대로 행하는 순종이다.

이스라엘 군대가 탈취한 것들은 엄청났다. 양이 육십칠만 오천 마리, 소가 칠만 이천 마리, 나귀가 육만 천 마리였다(민 31:32–34). 미디안 군대는 전멸당했지만 이스라엘 군대는 단 한 명의 사상자도 없었다(민 31:49). 전쟁에 능하신 여호와 하나님 말씀에 순종했기 때문이다.

안주하려는 르우벤 지파와 갓 지파(민 32:1–42)

르우벤 자손과 갓 자손은 심히 많은 가축 떼를 가졌더라 그들이 야셀 땅과 길르앗 땅을 본즉 그 곳은 목축할 만한 장소인지라 갓 자손과 르우벤 자손이 와서 모세와 제사장 엘르아살과 회중 지휘관들에게 말하여 이르되 아다롯과 디본과 야셀과 니므라와 헤스본과 엘르알레와 스밤과 느보와 브온 곧 여호와께서 이스라엘 회중 앞에서 쳐서 멸하신 땅은 목축할 만한 장소요 당신의 종들에게는 가축이 있나이다 또 이르되 우리가 만일 당신에게 은혜를 입었으면 이 땅을 당신의 종들에게 그들의 소유로 주시고 우리에게 요단 강을 건너지 않게 하소서 모세가 갓 자손과 르우벤 자손에게 이르되 너희 형제들은 싸우러 가거늘 너희는 여기 앉아 있고자 하느냐 너희가 어찌하여 이스라엘 자손에게 낙심하게 하여서 여호와께서 그들에게 주신 땅으로 건너갈

> 수 없게 하려 하느냐 너희 조상들도 내가 가데스바네아에서 그 땅을 보라고 보냈을 때에 그리 하였었나니 그들이 에스골 골짜기에 올라가서 그 땅을 보고 이스라엘 자손을 낙심하게 하여서 여호와께서 그들에게 주신 땅으로 갈 수 없게 하였었느니라 … (민 32:1-42).

이스라엘 군대는 미디안에게 승리하고 요단강 동편 모압 평지를 정복했다. 가나안으로 들어갈 수 있는 진입로를 확보한 것이다. 그러나 르우벤 지파와 갓 지파는 요단강을 건너지 않겠다고 했다. 미디안과의 전쟁에서 취한 전리품 때문이다. 엄청난 가축을 치기에는 요단 서편 가나안 땅보다, 광활한 목초지 요단 동편 모압 평지가 더 적합해 보였기 때문이다. 후에는 므낫세 지파의 절반도 이들에게 합류하는 안타까운 일까지 벌어졌다.

르우벤 지파 사만 삼천칠백삼십 명과 갓 지파 사만 오백 명과 므낫세 반(반쪽) 지파 군인까지 합치면 십일만 명이 넘었다. 만일 이 수가 빠진다면 이스라엘 군대의 전투력에도 문제가 생길 수밖에 없다. 그들의 결정은 하나님의 언약에 대한 믿음이 아니라, 현실에 안주하려는 불신이었고 지극히 이기적인 생각이었다.

그들의 결정은 이스라엘 군대를 낙심하게 했다. 모세는 40년 광야 생활이 결정된 출애굽 제2년 가데스 바네아에서의 불신을 언급했다. 가나안 땅에 들어가지 않겠다는 열 명의 부정적 보고가 온 이스라엘 백성에게 악영향을 미쳤던 것을 지적하며, 그들의 잘못된 결정을 엄히 꾸짖었다. 결국 그들은 모세의 명령대로 형제 지파들이 가나안을 정복할 때까지 함께 전쟁을 수행했다. 모세는 그들이 가나안 정복 전쟁을 치를 동안 마음을 돌이키기를, 전쟁을 겪으며 오직 하나님만 의지하는 지파가 되기를 소망했을 것이다.

모압까지의 이스라엘 군대의 여정(민 33:1–56)

> 모세와 아론의 인도로 대오를 갖추어 애굽을 떠난 이스라엘 자손들의 노정은 이러하니라 모세가 여호와의 명령대로 그 노정을 따라 그들이 행진한 것을 기록하였으니 그들이 행진한 대로의 노정은 이러하니라 그들이 첫째 달 열다섯째 날에 라암셋을 떠났으니 곧 유월절 다음 날이라 이스라엘 자손이 애굽 모든 사람의 목전에서 큰 권능으로 나왔으니 애굽인은 여호와께서 그들 중에 치신 그 모든 장자를 장사하는 때라 여호와께서 그들의 신들에게도 벌을 주셨더라 이스라엘 자손이 라암셋을 떠나 숙곳에 진을 치고 … 아바림 산을 떠나 여리고 맞은편 요단 강 가 모압 평지에 진을 쳤으니 요단 강 가 모압 평지의 진영이 벧여시못에서부터 아벨싯딤에 이르렀더라 … (민 33:1–56).

이스라엘 군대 40년 광야 여정에서 언급된 장소는 모두 마흔두 곳이다. 출발지 이집트 라암셋과 도착지 모압 평지를 빼면 40년 동안 마흔 곳을 거쳤다. 일 년에 한 번씩 장소를 옮긴 것이다. 마흔 곳은 경유한 지명을 말할 뿐만 아니라, 지난 40년 동안의 이스라엘 역사를 생생하게 증거하고 있다. 시내산에서 가나안까지는 불과 보름 정도 거리지만 40년이나 걸렸다.

이 모든 여정은 지난 40년 동안 이스라엘의 불신과 원망이 반복되었던 현장이었고, 하나님의 은혜가 부족함이 없다는 것을 드러낸 현

요단강의 위치

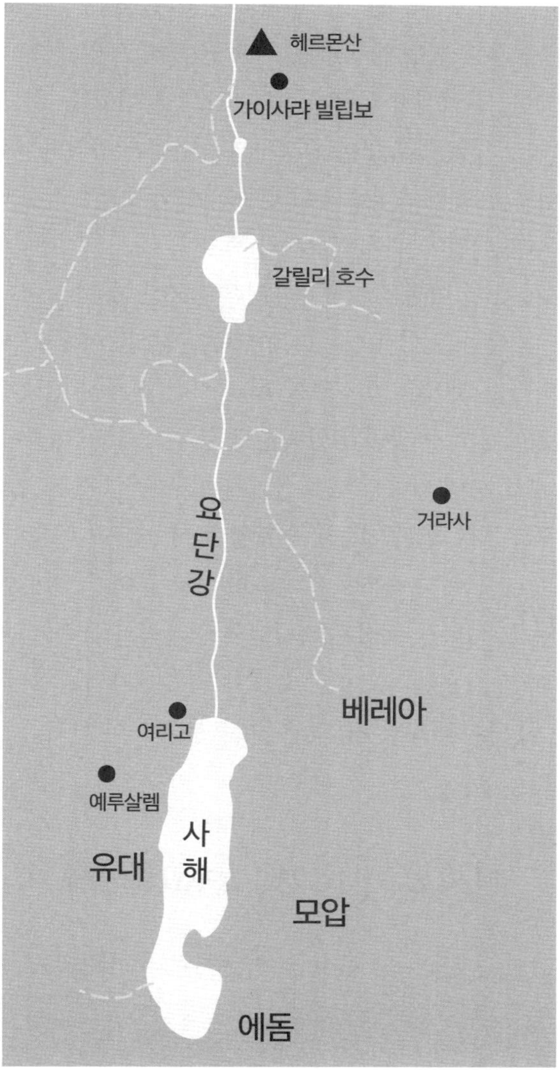

장이었다. 이스라엘은 양식, 물, 더위, 추위, 그리고 전쟁 등을 염려한 나머지 하나님께 불신과 원망을 반복했다. 그런데도 이 문제 때문에 광야에서 죽은 이스라엘은 놀랍게도 단 한 사람도 없었다. 하나님은 만나로 양식을, 반석에서 물을, 구름 기둥으로 더위를, 불 기둥으로 추위를, 그리고 말씀으로 모든 전쟁에서 승리하게 하셨다. 40년 동안 척박한 광야를 거쳐 마침내 약속의 땅 가나안까지 인도하신 하나님의 한량없는 은혜, 이것이 바로 민수기의 주제다.

하나님께서 40년 여정을 기록하라고 명령하신 이유는, 어디를 거쳐 왔는지를 기억하라는 것이 아니라, 어려운 여정을 어떻게 거쳐 왔는지를 기억하라는 것이다. 이집트를 떠나 모압 평지에 이르기까지 40년 광야 생활에서 가장 많이 언급되는 말은 '떠났다'와 '머물렀다'이다. 떠났다는 92회, 머물렀다는 42회 언급된다. 이스라엘은 쉴 새 없이 하나님의 구름 기둥과 불 기둥의 인도를 좇아 떠나고 머물렀다. 그들은 약속의 땅에 들어갈 때까지 언제라도 떠날 준비가 되어 있어야 하는 나그네였다. 하나님 백성은 하나님의 궁극적인 약속의 땅에 도달할 때까지 이 땅을 언제라도 떠날 준비가 된 순례자의 삶을 살아야 한다. 우리는 이 땅이 아니라 저 하늘에 마음을 두어야 한다.

약속의 땅, 가나안 사방 경계(민 34:1-29)

여호와께서 모세에게 말씀하여 이르시되 너는 이스라엘 자손에게 명령하여 그들에게 이르라 너희가 가나안 땅에 들어가는 때에 그 땅은 너희의 기업이 되리니 곧 가나안 사방 지경이라 너희 남쪽은 에돔 곁에 접근한 신 광야니 너희의 남쪽 경계는 동쪽으로 염해 끝에서 시작하여 돌아서 아그랍빔 언덕 남쪽에 이르고 신을 지나 가데스 바네아 남쪽에 이르고 또 하살아달을 지나 아스몬에 이르고 아스몬에서 돌아서 애굽 시내를 지나 바다까지 이르느니라 서쪽 경계는 대해가 경계가 되나니 이는 너희의 서쪽 경계니라 북쪽 경계는 이러하니 대해에서부터 호르 산까지 그어라 호르 산에서 그어 하맛 어귀에 이르러 스닷에 이르고 그 경계가 또 시브론을 지나 하살에난에 이르나니 이는 너희의 북쪽 경계니라 너희의 동쪽 경계는 하살에난에서 그어 스밤에 이르고 그 경계가 또 스밤에서 리블라로 내려가서 아인 동쪽에 이르고 또 내려가서 긴네렛 동쪽 해변에 이르고 그 경계가 또 요단으로 내려가서 염해에 이르나니 너희 땅의 사방 경계가 이러하니라 …
(민 34:1-29).

하나님 군대의 40년 여정과 그들이 정복하고 정착할 가나안 땅 사방 동서남북 경계가 언급되었다. 지나간 과거를 돌아본 것에 이어 다가올 미래를 바라본 것이다. 동쪽 경계는 요단강, 서쪽 경계는 지중해, 남쪽 경계는 네겝 사막지대, 북쪽 경계는 단이다. 그중 주목해야 할 곳은 가나안 동쪽 경계다.

동쪽 경계 북단에는 긴네렛 해변이, 남단에는 염해가 있다. 긴네렛 해변은 갈릴리 바다고 염해 소금 바다는 세계에서 염도가 제일 높다는 사해다. 긴네렛 해변에서 염해까지 선을 그으면 그 선이 가나안 땅 동쪽 경계가 된다.

가나안 땅에 긴네렛 해변에서 염해까지 선명한 선이 그어져 있다. 그 선은 긴네렛 해변에서 염해까지 흐르는 요단강이다. 따라서 르우벧 지파, 갓 지파, 므낫세 반지파가 차지한 요단 동편 모압 평지는 하나님께서 아브라함에게 약속하신 가나안 땅이 아니었다.

약속의 땅 가나안에는 동서남북으로 경계가 있다. 하나님의 약속에도 분명한 경계가 있다. 그 경계를 조금만 넘어서도 하나님의 약속과는 무관해진다.

> 내가 진실로 진실로 너희에게 이르노니 나를 믿는 자는 내가 하는 일을 그도 할 것이요 또한 그보다 큰 일도 하리니 이는 내가 아버지께로 감이라 너희가 내 이름으로 무엇을 구하든지 내가 행하리니 이는 아버지로 하여금 아들로 말미암아 영광을 받으시게 하려 함이라(요 14:12, 13).

예수님은 우리가 주님의 이름으로 무엇을 구하든지 행할 것이라 말씀하셨다. 우리가 무엇을 구하든지 하나님께서 반드시 응답해 주시겠다는 약속의 말씀이다. 반면에 주님의 이름으로 무엇을 구하든지 하나님께서 다 응답해 주시는 것은 아니라는 의미이기도 하다. 우리가 구해야 할 그 무엇에는 경계가 있기 때문이다.

그 경계는 '내 이름'이다. 주님의 이름으로 구한다면 주님의 이름에 맞는 것을 구해야 응답하시는 것이다. 자기 뜻이 이루어지는 기도가 아니라, 하나님 뜻이 이루어지고, 하나님께서 영광받으시는 기도여야 한다. 그분 뜻이 하늘에서 이루어진 것 같이 땅에서도 이루어지기를 원하고 사모하는 것이다. 성도의 경계는 오직 '예수 그리스도 안'이다.

이스라엘을 위한 도피성과 대제사장(민 35:1-34)

> 여호와께서 여리고 맞은편 요단 강 가 모압 평지에서 모세에게 말씀하여 이르시되 이스라엘 자손에게 명령하여 그들이 받은 기업에서 레위인에게 거주할 성읍들을 주게 하고 너희는 또 그 성읍들을 두르고 있는 초장을 레위인에게 주어서 성읍은 그들의 거처가 되게 하고 초장은 그들의 재산인 가축과 짐승들을 둘 곳이 되게 할 것이라 너희가 레위인에게 줄 성읍들의 들은 성벽에서부터 밖으로 사방 천 규빗이라 성을 중앙에 두고 성 밖 동쪽으로 이천 규빗, 남쪽으로 이천 규빗, 서쪽으로 이천 규빗, 북쪽으로 이천 규빗을 측량할지니 이는 그들의 성읍의 들이며 너희가 레위인에게 줄 성읍은 살인자들이 피하게 할 도피성으로 여섯 성읍이요 그 외에 사십이 성읍이라 너희가 레위인에게 모두 사십팔 성읍을 주고 그 초장도 함께 주되 … (민 35:1-8).

하나님은 이스라엘 열두 지파에게 제비 뽑아 가나안 땅을 기업으로 분배받으라 명령하셨다. 그러나 레위 지파만은 예외였다. 레위 지파는 열두 지파가 기업으로 받은 열두 지역에 속한 성읍과 목초지를 분배받게 하셨다. 그들은 각 지파에서 성읍과 목초지를 분배받아, 가나안 전역 열두 지파 땅에 골고루 흩어져 살았다. 그 성읍과 목초지는 열두 지파가 레위 지파에게 영구 임대해 주는 형식으로 제공되었다.

이스라엘이 가나안에 정착하면 이동 생활을 했던 광야와 달리 예루살렘 중앙 성소에 가야 하나님께 제사를 드릴 수 있었다. 그래서 가나안 전 지역에 흩어져 사는 이스라엘 열두 지파가 레위인을 통해 하나님의 율법을 항상 가까이 하고 배울 수 있게 한 것이다.

> 여호와께서 또 모세에게 말씀하여 이르시되 이스라엘 자손에게 말하여 그들에게 이르라 너희가 요단 강을 건너 가나안 땅에 들어가거든 너희를 위하여 성읍을 도피성으로 정하여 부지중에 살인한 자가 그리로 피하게 하라 이는 너희가 복수할 자에게서 도피하는 성을 삼아 살인자가 회중 앞에 서서 판결을 받기까지 죽지 않게 하기 위함이니라 너희가 줄 성읍 중에 여섯을 도피성이 되게 하되 세 성읍은 요단 이쪽에 두고 세 성읍은 가나안 땅에 두어 도피성이 되게 하라 이 여섯 성읍은 이스라엘 자손과 타국인과 이스라엘 중에 거류하는 자의 도피성이 되리니 부지중에 살인한 모든 자가 그리로 도피할 수 있으리라 … (민 35:9-24).

하나님은 도피성을 요단 서편 가나안 땅과 요단 동편에 각각 세 성읍씩 두라고 명령하셨다. 르우벤 지파와 갓 지파와 므낫세 반지파가 옳은 선택을 한 것은 아니지만, 하나님은 그들에게도 긍휼을 베풀어 도피성을 주셨다. 그뿐 아니라 도피성은 타국 이방인을 위해서도 존재했는데 하나님은 온 세상에 긍휼을 베푸시기 때문이다.

"그는 우리 죄를 위한 화목 제물이니 우리만 위할 뿐 아니요 온 세상의 죄를 위하심이라"(요일 2:2).

도피성은 과실로 살인한 사람을 보호하는 사회적 안전장치였다. 살인 사건이 일어났을 때 고의인지 과실인지 사실여부가 가려지기도 전에, 가해자에게 피해자 가족이나 친족의 피의 보복이 이루어진다는 것이 문제였다. 고의적 살인을 저지른 살인자에 대한 피해자의 가족이나 친족의 피의 보복은, "눈에는 눈, 이에는 이, 생명에는 생명"이란 하나님의 공의에 정당한 것이었다.

그래서 과실치사를 주장하는 살인자들은 도피성으로 피해 레위 지파의 보호를 받을 수 있게 하셨다. 그 살인이 고의인지 과실인지 사실 유무를 가려내는 제사장의 재판을 받을 수 있게 한 것이다. 재판 결과가 고의로 드러나면 그는 즉시 도피성에서 쫓겨났다. 그러나 과실로 드러나면 도피성에서 레위 지파의 보호를 받으며 살 수 있었다.

살인자가 도피성 안에 머무는 동안에는 목숨을 보호받을 수 있었다. 그러나 이는 하나님께서 주신 네 가지 기업인 생명, 권리, 자녀, 땅 중 오직 생명만 보존되는 것이었다. 어디서든 자유롭게 살 수도, 경작할 땅에 갈 수도, 마음대로 자녀를 만날 수도 없었다. 하나님께서 주신 기업 중 생명만 보존될 뿐 나머지 기업은 잃어버리는 것이다.

도피성 제도는 살인자의 죄를 사해 주는 것은 아니다. 살인이지만 의도가 없었기 때문에 과실만 사해 주는 것이다. 하지만 사람이 그로 인해 죽었기 때문에 십계명 중 "살인하지 말라"는 제6계명을 어긴 것은 분명했다. 그래서 속죄하며 도피성에서 징역형을 살아야만 레위 지파의 보호를 받을 수 있었다. 그 죄만큼은 모든 이스라엘이 지난 일 년 동안 지은 모든 죄를 속함 받는 7월 10일 속죄일에도 속함 받을 수 없었다.

> 피를 보복하는 자의 손에서 살인자를 건져내어 그가 피하였던 도피성으로 돌려보낼 것이요 그는 거룩한 기름 부음을 받은 대제사장이 죽기까지 거기 거주할 것이니라 그러나 살인자가 어느 때든지 그 피하였던 도피성 지경 밖에 나가면 피를 보복하는 자가 도피성 지경 밖에서 그 살인자를 만나 죽일지라도 피 흘린 죄가 없나니 이는 살인자가 대제사장이 죽기까지 그 도피성에 머물러야 할 것임이라 대제사

장이 죽은 후에는 그 살인자가 자기 소유의 땅으로 돌아갈 수 있느니라 … (민 35:25-34).

과실로 살인한 자가 도피성에 머무는 동안 대제사장이 사망하면 특별사면을 받았다. 사면받은 과실로 살인한 자는 도피성을 떠나 가족에게로 돌아갈 수 있었다. 하나님 공의의 원칙은 눈에는 눈, 이에는 이, 생명은 생명이다. 과실치사죄를 대제사장이 대신 지고 간다는 의미다.

만일 피의 보복자가 사면받은 자에게 보복하면, 고의적 살인을 저지른 것으로 인정되어 사형을 면할 수 없었다. 사면받은 자를 죽이는 것은 정당한 피의 보복으로 인정되지 않았다. 대제사장의 죽음으로 받는 특별사면은 '예수 그리스도의 복음'을 예표한다. 예수 그리스도의 대속은 그분의 백성이 과실로 지은 죄뿐 아니라, 고의로 지은 죄까지도 사면해 주신다. 따라서 사탄에게 사면받은 하나님의 백성을 정죄할 어떤 명분도 없다.

"우리에게 큰 대제사장이 계시니 승천하신 이 곧 하나님의 아들 예수시라"(히 4:14).

기업을 지키는 이스라엘(민 36:1-13)

요셉 자손의 종족 중 므낫세의 손자 마길의 아들 길르앗 자손 종족들의 수령들이 나아와 모세와 이스라엘 자손의 수령 된 지휘관들 앞에 말하여 이르되 여호와께서 우리 주에게 명령하사 이스라엘 자손에게 제비 뽑아 그 기업의 땅을 주게 하셨고 여호와께서 또 우리 주에게 명령하사 우리 형제 슬로브핫의 기업을 그의 딸들에게 주게 하셨은즉 그들이 만일 이스라엘 자손의 다른 지파들의 남자들의 아내가 되면 그들의 기업은 우리 조상의 기업에서 떨어져 나가고 그들이 속할 그 지파의 기업에 첨가되리니 그러면 우리가 제비 뽑은 기업에서 떨어져 나갈 것이요 이스라엘 자손의 희년을 당하여 그 기업이 그가 속한 지파에 첨가될 것이라 그런즉 그들의 기업은 우리 조상 지파의 기업에서 아주 삭감되리이다(민 36:1-4).

하나님은 슬로브핫 다섯 딸의 간청을 들으시고 집안에 아들이 없는 경우, 딸에게 땅을 기업으로 상속하라고 명령하셨다. 그런데 문제는 그 딸들이 타 지파 남자에게 시집가면 땅의 소유권이 넘어가 땅 경계가 흐트러진다는 것이다.

모세가 여호와의 말씀으로 이스라엘 자손에게 명령하여 이르되 요셉 자손 지파의 말이 옳도다 슬로브핫의 딸들에게 대한 여호와의 명령이 이러하니라 이르시되 슬로브핫의 딸들은 마음대로 시집가려니와 오직 그 조상 지파의 종족에게로만 시집갈지니 그리하면 이스라엘 자손의 기업이 이 지파에서 저 지파로 옮기지 않고 이스라엘 자손이 다 각기 조상 지파의 기업을 지킬 것이니라 하셨나니 … 슬로브핫의 딸들이 여호와께서 모세에게 명령하신 대로 행하니라 슬로브핫의 딸 말라와 디르사와 호글라와 밀가와 노아가 다 그들의 숙부의 아들들의 아내가 되니라 그들이 요셉의 아들 므낫세 자손의 종족 사람의 아내가 되었으므로 그들의 종족 지파에 그들의 기업이 남아 있었더라 이는 여리고 맞은편 요단 가 모압 평지에서 여호와께서 모세를 통하여 이스라엘 자손에게 명령하신 계명과 규례니라(민 36:5-13).

하나님은 땅을 기업으로 받은 딸들은 반드시 자신이 속한 지파 남자와 혼인하라는 명령으로 땅의 경계가 흐트러지지 않게 하셨다. 슬로브핫의 딸들도 하나님의 명령에 기꺼이 순종했다. 하나님은 모든 성도에게 반드시 기업을 주신다. 그러나 기업을 지켜내는 것은 성도의 몫이다.

민수기는 하나님의 군대 계수로 시작해 이스라엘이 분배받을 기업으로 마무리된다. 하나님께서 2차에 걸쳐 계수하신 군대의 기준은 '이십 세 이상으로 싸움에 나갈 만한 모든 자'다. 그리스도의 군사 된 자만 기업을 받고, 기업을 지키며, 기업을 누릴 수 있다. 구원은 약속의 땅에 들어가는 것이 아니다. 그 땅에 들어가기에 합당한 하나님의 군대가 되는 것이다. 구원은 교회에 출석하는 것이 아니다. 주 예수 그리스도의 몸 된 교회가 되는 것이다. 우리는 오직 믿음으로 대장 되신 예수 그리스도 명령에 순종하는 충성된 그리스도의 군사가 되어야 할 것이다.

| 감사의 글 |

《성경강독》이라는 이름으로 완전하신 하나님 말씀의 은혜를 거듭 나눌 수 있도록 허락해 주신 하나님께 모든 영광을 돌려드린다.

한 권의 책이 나오기까지 수많은 이들의 도움이 있었다. 든든한 기도 후원자인 예찬교회 가족들과 부모님들, 원고를 꼼꼼히 읽고 유익한 조언을 해준 윤은정 자매, 양지운 형제, 노다솜 자매, 김예빈 전도사 그리고 일일이 말하지 못해도 격려하며 조언해 주신 모든 분께 감사드린다.

무엇보다 곁에서 완전한 빛이신 하나님의 대리자로 함께해 준 아내 김정아와 두 아들 주완, 주성이에게 특별한 감사와 사랑을 전한다.

성경강독 2
레위기 | 민수기

첫판 1쇄 펴낸날 2018년 12월 20일

지은이 이현민
편집·발행인 김은옥
꾸민이 황지은
펴낸곳 올리브북스

주소 경기도 부천시 원미구 신흥로 173
전화 032-233-2427
이메일 olivebooks@naver.com
블로그 blog.naver.com/olivebooks

출판등록 제387-2007-00012호(2007년 5월 21일)

ISBN 978-89-94035-39-0 04230
978-89-94035-34-5 (set)

이 도서의 국립중앙도서관 출판예정도서목록(CIP)은 서지정보유통지원시스템 홈페이지(seoji.nl.go.kr)와 국가자료공동목록시스템(www.nl.go.kr/kolisnet)에서 이용하실 수 있습니다(CIP제어번호: CIP2018039072).

총판 기독교출판유통 | 031-906-9191(전화), 0505-365-9191(팩스)